성폭력에
맞서다

이 도서의 국립중앙도서관 출판예정도서목록(CIP)은 서지정보유통지원시스템 홈페이지(http://seoji.
nl.go.kr)와 국가자료공동목록시스템(http://www.nl.go.kr/kolisnet)에서 이용하실 수 있습니다.
CIP제어번호 : CIP2008003912

성폭력에
맞서다

사례 · 담론 · 전망

사단법인 한국성폭력상담소 기획

이미경 · 허은주 · 김민혜정 · 장다혜 · 최선영 · 권김현영 지음

한울
아카데미

성폭력에 맞서, 성폭력을 넘어서

이미경(한국성폭력상담소 소장)

지난 20여 년 동안 반성폭력 운동의 지형은 진화해왔습니다. 1990년대 초반만 해도 성폭력 개념조차 생경했지만, 1994년에 「성폭력특별법」이 제정된 이후 관련 정책이 도입됐으며 학교와 직장에서 성폭력(성희롱)예방교육도 의무적으로 시행되고 있습니다. 수많은 성폭력 피해생존자들이 특별한 힘과 용기를 내어 시작한 말하기(speak out)가 물꼬를 터주었기에 이러한 변화가 가능했습니다. 한국성폭력상담소에서만 지난 18년간 6만 2,000여 회의 상담을 통해 피해생존자들이 성폭력에 따른 고통과 분노를 표현했으며, 이를 딛고 일어서고자 힘겨우면서도 아름다운 분투를 계속해왔습니다.

그런데도 여전히 성폭력에 관한 법적 규정과 판단이 미흡해 피해생존자들이 수사와 공판, 진료, 보도 과정에서 2차 피해를 당하는 모습을 상담 현장에서 빈번하게 접합니다. 또한 만인에게 평등하고 정의롭다는 법의 '객관성'이 사실상 가부장적 사회문화에 토대를 두고 있어, 피해생존자들의 경험과 의식을 반영하지 못하고 있음을 절감합니다. 이제 잘못된 법담론이 얼마나 많은 피해생존자의 인권을 침해하고 있는지를 성찰해야 합니다. 동시에 그동안 남성 중심적인 잘못된 통념에 가려 들리지 않던 피해생존자의 목소리에 귀를 기울여 이들의 인권을 보장하기 위해 실질적인 인식 전환을 도모하고 관련 정책을 좀 더 촘촘하게 마련해야 합니다.

무엇보다 이제는 피해생존자들이 성폭력에 당당하게 맞서고 있습니다. 그들은 성폭력은 피해자의 잘못이 아니며, 전적으로 가해자에게 책임이 있거나 가부장제 사회구조의 문제임을 소리 높여 말합니다. 그리고 내면에 잠재되어 있던 힘과 용기와 지혜를 찾아내 역량을 강화(empowerment)하고 있습니다. 이러한 새로운 시도와 경험은 우리에게 성폭력을 넘어선 다른 삶을 살아갈 수 있게 하기에 가슴이 뜁니다.

그런 의미에서 이 책 『성폭력에 맞서다』는 내일을 위한 또 하나의 실험이자 힘찬 출발입니다. 그간 한국성폭력상담소에서 발간한 『일그러진 성문화, 새로 보는 성』, 『섹슈얼리티 강의 1·2』, 『아주 특별한 용기』, 『성폭력, 법정에 서다』 등과 더불어 독자 여러분과 좀 더 소통하려는 시도입니다. 이 책은

2008년 봄, 전국의 반성폭력 운동 활동가를 대상으로 한 심화교육 강의안을 정리해 묶은 것입니다. 여성운동을 하는 활동가와 여성학자가 만나서, 현장의 감수성과 날카로운 비판의식 및 통찰력을 기울여 고민한 흔적을 담았습니다.

바쁘신 중에도 진지한 고민과 명쾌한 분석, 그리고 희망을 담아 원고를 써주신 필자들, 후원해주신 서울시, 기꺼이 출판을 맡아주신 도서출판 한울에 감사드립니다. 그리고 기획과 실무를 맡아 수고해준 상담팀 활동가 이어진 님에게 진심으로 고마움을 전합니다. 이 책은 현행 법질서와 관행에 도전적이며 변화를 요구합니다. 또한 많은 논쟁의 지점을 남기고 있습니다. 이를 토대로 앞으로 더욱 발전된 성폭력 담론과 전망이 펼쳐질 수 있기를 기대합니다.

차례

제 2 부 반 성 폭 력 운 동 담 론 을 말 한 다

제**1**강

무엇이 우리의 가슴을 뛰게 하는가

이미경 __ 한국성폭력상담소 소장

1. 시작하며

오늘 제가 맡게 된 주제는 "무엇이 우리의 가슴을 뛰게 하는가"입니다. 우리들은 지금 성폭력 상담과 반성폭력 운동 현장에서 함께 호흡하고 있습니다. 반성폭력 운동 전반을 정리한다는 것은 제 역량을 벗어난 부분인 것 같고, 제가 경험했던 부분을 중심으로 반성폭력 운동의 진행 과정을 살펴보면서 당면 과제는 무엇이고 어떻게 전망하면 좋을지에 대한 의견을 나눴으면 합니다. 이제부터 이야기할 영상물은 두 가지입니다. 첫 번째는 출산 과정을 담았고, 두 번째는 피해생존자들의 목소리를 실었습니다.*

---

* 첫 번째 영상물은 2000년에 SBS TV에서 방송된 〈생명의 기적〉 1부 중 수중분만 장면이고, 두 번째 영상물은 1999년에 한국여성개발원에서 만든 〈성폭력 없는 세상 만들기〉 중 생존자 인터뷰 장면임.

생명의 존엄성, 인권의 의미

2000년 1월에 TV에서 〈생명의 기적〉이라는 3부작 프로그램을 방영한 적이 있습니다. 뮤지컬 배우인 최정원 씨가 출산하는 장면이 나오는데, 특히 아이가 나오는 순간 가슴이 뭉클했던 기억이 납니다. 이 영상을 볼 때마다 모두 저런 과정을 거쳐 태어났을 '인간'이라는 존재의 소중함을 가슴으로 느끼게 됩니다. 베테랑 활동가라도 초심으로 돌아가 마음가짐을 새롭게 할 필요가 있는데, 저는 이 영상을 보면서 제 자신을 다시 한 번 다지고는 합니다.

저도 20여 년 전에 최정원 씨와 같은 병원에서 아이를 낳았습니다. 그때의 출산환경은 지금과는 너무 달랐습니다. 산모들은 줄지어 누운 채 밖에 있는 가족을 만나볼 수도 없는 상황에서 진통을 겪었습니다. 새벽 1시 반에 들어가 밤새 진통을 하는데, 의사 선생님이 들어와 내진을 한 후 "3시엠"이라고 말했습니다. 아마 자궁이 3센티미터 열렸다는 소리인 듯했습니다. 또 조금 있다가 다시 와서는 "4.5시엠"이라고 옆의 간호사 선생님에게 말했지만, 제게는 한마디 설명이 없었습니다. 그 다음에는 왔다가 아무 말도 하지 않고 갔는데, 궁금한 나머지 불렀더니 선생님이 흘끗 쳐다봅니다. 이제 진행 경과를 물어봐야 하는데, 왠지 그분의 용어로 물어봐야 될 것 같았습니다. (웃음) 그래서 "저, 선생님 몇 시엠이에요?"라고 물어봤더니, 선생님이 갑자기 시계를 보더니 "7시 15분이요"라고 하는 겁니다. 그래서 "시계는 저도 잘 보이는데, 제 자궁문이 몇 센티미터 열렸냐고요"라고 했더니, 다시 한 번 저를 위아래로 훑어보면서 "아줌마가 그건 알아서 뭐해요"라면서 나가 버렸습니다.

그때 저는 부당한 처우에 항의했어야 하는데 그러지 못했습니다. 몸에는 태아의 심박을 재는 의료기구가 주렁주렁 달려 있고, 3초마다 한 번씩 오는 진통에 정신이 없었다고 핑계를 댈 수 있지만, 사실 저를 꼼짝 못하게 했던 것은 의사와 환자라는 권력관계였습니다. 제가 문제를 제기하면 어떤 식으로든 불이익이 올 것 같은 생각이 들었기 때문입니다. 지금 생각해도 부끄럽지만, 그 당시 저는 여성학 석사 논문을 준비하고 있었고 우리나라 출산 정책에 대해 나름대로 고민했을 때였는데도 일어나지지가 않았습니다. 그래서 이 영상을 볼 때마다 이른바 여성학을 공부하고, 여성운동을 할 생각을 했으면서도 말 한마디 제대로 못해 결과적으로 다른 산모한테도 그 의사가 똑같은 행동을 하게 방조했다는 점에서 반성하게 됩니다.

그런데 이러한 경험은 활동가로 일하면서 만나는 생존자들을 보면서 다시 살아납니다. 때로는 안타까운 마음에 "그때 소리를 지르지 그러셨어요"라거나 "재빨리 도망쳤어야죠"라고 말하려는 자신을 보곤 합니다. 객관적으로는 아니라고 말해야 하는 순간이지만, 실제로 닥쳤을 때 적절하게 대응하기가 얼마나 어려운지를 잊어서는 안 되는데도 말입니다. 특히 근친성폭력 피해생존자의 경우에는 아버지에 대해 양가적인 감정이 생기며 혼란에 빠지기 쉽습니다. 부당한 일이더라도 문제를 제기할 수 없는 상황이 많은데, 우리 안에 있는 복잡하고 애매한 여러 부분에 대해서도 많이 이야기해야 한다는 생각이 듭니다.

첫 번째 영상물의 마지막 장면에서 출산 과정에 참여했던 아이의 아버지가 "내가 다시 태어나는 것 같다"라고 말한 것은 또 다른 시사점을 줍니다. 출산이나 양육에서 남성은 사회적으로 배제되어 왔습니다. 게다가 양육은 남성의 일이 아니라는 고정관념까지 겹쳐 양육에서도 남성은 배제됩니다. 그간 남성은 아이를 키우면서 느낄 수 있는 소중한 경험을 할 수 없었습니다. 그래서 오브라이언(O'Brien)이란 학자는 '남성들이 재생산 과정에서의 소외를 극복하기 위해 아이에게 자기 성을 따르게 하고 부권(父權)을 주장한다'라고 분석하기도 합니다.

"가슴으로 낳은 아기"나 "한 명의 아이가 자라기 위해서는 온 마을이 필요하다"라는 말이 있습니다. 갈수록 다양한 가족형태가 생겨나고, 가족구성원이나 아이를 기르는 사람의 유형도 매우 다양해졌습니다. 이러한 변화를 자연스럽게 받아들이고 여기에서 새로운 가치를 찾는 노력도 병행되어야 한다고 생각합니다.

21년 전 자신을 강간한 이웃집 아저씨를 살해한 사건

두 번째 영상물은 피해생존자들의 직접적인 목소리이기에 구태여 설명하지 않더라도 그들의 분노와 고통, 그리고 문제의 심각성이 여실히 느껴집니다. 영상에도 잠깐 나오지만, 1991년 1월에 어느 시골마을에서 한 여성이 21년 전에 자신을 강간한 이웃집 아저씨를 살해한 사건이 있었습니다. 5월경에 이 사건의 재판이 진행되면서 중앙지를 통해 세간에 알려졌습니다. 당시 학교에서 돌아온 초등학교 4학년 어린이가 자기 집에는 우물이 없었던 데다가 부모님도 일터에서 돌아오지 않아 저녁밥을 지을 쌀을 씻으러 이웃집에 갔습니다. 그런데 그 집의 아저씨가 안방으로 들어오라고 한 뒤 가해를 한 것이었습니다. 정신없이 집으로 돌아갔더니 아버지가 논에서 돌아와 툇마루에서 담배를 태우고 있었는데도, 어린 마음에 왠지 그 이야기는 아버지한테도 하면 안 되겠다고 생각했다는 겁니다. 아무에게도 말하지 못한 채 초등학교를 졸업하고, 사춘기를 거치면서야 자신에게 무슨 일이 일어났는지를 깨닫게 됩니다. 그때부터 멍하니 혼자 중얼중얼하는 식의 후유증이 시작됩니다. 결혼했지만 남편과의 성관계를 거부해 이혼을 당하고, 재혼했는데도 피해 후유증은 더 심해졌습니다. 왜 그런지 생각해보니 20여 년 전의 그 사건이 떠오른 겁니다. 지금이라도 가해자를 처벌해야겠다는 생각에 경찰서에 가서 고소하려고 하니 경찰에서는 고소할 수 없다고 합니다. 당시에는 「성폭력특별법」도 없었고, 성폭력을 규제하는 형법 제32장 자체가 "정조에 관한 죄"였습니다. 이처럼 성폭력을 여성의 정조를 침해한 죄로 보는 것이 한국의 당시 법철학이었습니다. 게다가 성폭력 범죄는 친고죄여서 6개월 이내에 고소해야 했습니다. 21년이 지났으니 법적 도움을 받을 수 없다는 답을 들은 피해생존자는 그러면 자신이 처단하겠다며 식칼을 들고 찾아가 50대 가해자(성폭력사건 발생 당시 30대)를 살해합니다. 그리고 현장에서 검거됐습니다.

당시 대책위원회에서는 김 씨의 살인은 현재가 아니라, 21년 전 피해를 당하던 아홉 살 어린이 상태로 돌아가 자신을 강간하는 이웃집 아저씨를 살해한 것이기 때문에 정당방위라고 주장했습니다. 지금도 인정받기 어려운 정당방위는 그때도 전혀 받아들여지지 않았습니다. 1심 재판의 4차 공판이 생생하게 기억납니다. 김 씨를 살인죄로 기소한 담당검사가 이렇게 이야기했습니다. "어릴 적 성폭력 피해를 입은 분노와 고통은 충분히 이해한다. 그러나 개인적인 차원에서의 보복행위는 도저히 용납할 수 없어 5년 형을 구형한다." 그러자 재판장이 성폭력 피해생존자이지만 지금은 살인죄의 피고인으로 서 있는 김 씨에게 최후 진술을 하라고 했습니다. "나는 사람을 죽인 것이 아니라 짐승을 죽였습니다." 이 말은 우리 반성폭력 운동사에서 유명한 말인 동시에 많은 함의를 지닙니다. 피해생존자인 김 씨의 삶에서 한시도 떨어지지 않았던 고통과 분노가 절규가 되어 나온 것입니다. 그날 법정에 있던 많은 사람들의 눈시울이 뜨거워졌습니다. 2주 후에 있던 선고공판에서, 판사는 "법이 베풀 수 있는 최대의 관용을 베풀겠다"라면서 2년 6개월 형에 집행유예 3년을 선고했습니다. 이분은 공주치료감호소와 쉼터에 머무르다가 얼마 후 가족의 품으로 돌아갔습니다.

이 사건은 어린이 성폭력은 없다는 당시의 미혹을 벗겼고, 부모나 학교나 지역사회 중 그 누구도 도움도 주지 않았기에 개인적인 차원에서 살인을 저지르는 극단적인 형태의 보복행위로 표출됐다는 점에서 사회에 큰 충격을 줬습니다. 이 사건을 계기로 법적·제도적 장치가 필수적이라는 절박함으로 한국 사회에 성폭력특별법 제정을 요구하게 됐습니다. 1991년 8월에 이 사건 공동대책위원회를 비롯한 여성인권단체들이 중심이 되어 성폭력특별법 제정을 위한 특별위원회가 구성됐습니다.

13년간 의붓딸을 강간한 사건

그 이듬해인 1992년 1월, 상담소에 한 통의 전화가 걸려왔습니다. 60대 남자 어르신이었는데 당신의 아들을 도와달라는 목소리가 몹시 다급했습니다. 아들이 대학생이 되어 여자 친구를 사귀었는데, 그 여자 친구가 13년 동안 의붓아버지한테 지속적으로 성폭력 피해를 입었다는 겁니다. 여자 친구가 사실을 이야기하며 이제 사귈 수 없다고 하니까, 이 남학생이 "그건 네 잘못이 아니다. 너의 아버지한테 지금부터라도 놓아달라고 간청하자"라고 했답니다. 그래서 찾아갔는데 가해자가 "이년이 바람이 나서"라고 반응하자 남학생이 격분한 나머지 식칼로 살해한 사건입니다.

당시 그 전화를 받고 우리 상담소만 지원할 일은 아니라고 판단해 공동대책위원회를 꾸렸습니다. 그때는 성폭력상담소가 그렇게 많지 않았기에 성폭력상담소만이 아니라 전국의 56개 여성사회단체를 함께 묶어 공동대책위원회를 꾸렸습니다. 또 이들이 다녔던 학교의 친구들이 중심이 되어 사건 지원을 위한 전국학생대책위원회도 결성됐습니다. 배금자, 임종인, 전봉호, 최일숙 변호사 등 많은 분들이 무료 변호를 맡았습니다. 저도 공동대책위원회 실무를 맡아 이 사건을 계속 지원했었는데, 참 많은 분들이 재판부에 탄원서를 보냈고 이들의 무죄석방을 비는 수천 마리의 종이학을 접어 공동대책위원회에 보냈습니다. 공판이 있을 때마다 서초동 법원에 수백 명의 시민과 학생들이 모였는데, 먼저 와서 번호표를 받은 사람은 법정에 들어가고 그러지 못한 사람은 법원 잔디광장에 앉아 이들의 무죄석방을 요구하는 침묵시위를 했습니다.

한번은 이 사건의 2심 재판에서 검사가 피고인인 남학생에게 "피고 김○○ 씨, 당신은 앞길이 구만리인 청년인데 왜 하필 저렇게 '더럽혀진 여자'를 사귀어가지고 살인자가 됐느냐?"라고 질문했습니다. 그때 마침 변론을 맡은 배금자 변호사가 분연히 일어나 "재판장님, 이의 있습니다. 지금 검사는 피고 김○○를 가리켜 '더럽혀진 여자'라고 하셨습니까? 누구의 시각에서 '더럽혀진 여자'입니까? 어떻게 신성한 법정에서 '더럽혀졌다'처럼 잘못된 시각이 들어간 용어를 쓸 수 있습니까?"라고 강력하게 문제제기를 했고, 결국 검사가 사과했습니다. 그리고 이 사건을 대학생 연인과 여학생을 근친성폭력한 아버지의 삼각관계처럼 보도하는 황색 저널리즘이 발동하는 등 웃지 못할 일화들도 있었습니다.

항소심 재판의 구형 공판에서 재판장이 남학생에게 최후 진술을 하라고 하니까 남학생이 "하나님 감사합니다. ○○(여자 친구 이름)가 미치지 않고 지금까지 살 수 있게 해주셔서 감사합니다"라면서 "그러나 제가 살인이란 방법을 선택했던 것은 잘못됐음을 깊이 뉘우치고 있습니다. 사회에 물의를 일으켜서 정말 죄송합니다. 처벌을 달게 받겠습니다. 그러나 ○○는 선처해주십시오"라고 하자 법정이 눈물바다가 됐습니다. 1심에서 7년 형을 받았는데 항소심에서 5년 형으로 감형됐고, 여학생은 3년 형에 집행유예 5년을 받았습니다. 김영삼 대통령이 취임하면서 남학생은 잔여 형량의 절반으로 감형됐고, 여학생은 특별사면복권이 됐습니다. 당시 공동대책위원회에서는 이들의 무죄를 주장하며 구명하려고 많은 노력들을 했습니다만, 성폭력 피해에 대한 재판부의 이해가 부족해 무죄 주장은 받아들여지지 않았습니다. 지금이라면 달라졌을까요? 2007년에도 안산에서 차에 매달린 남자에게 성폭력 위협을 느껴 그냥 달려 남자가 죽은 사건에 정당방위가 인정되지 않았습니다. 어쨌든 1992년 당시 공동대책위원회에 함께했던 단체들은 물론 서명 운동에 참여했던 수많은 시민의 힘은 사건의 진행 과정에 큰 도움이 됐을 뿐 아니라 이후 성폭력특별법을 제정하는 데 직접적인 계기가 됐습니다. 성폭력 문제에 대한 사회적 환기에도 지대한 영향을 줬음은 물론입니다.

공동대책위원회가 침해했던 피해생존자의 인권

이 두 사건의 공동대책위원회를 구성할 때 사건을 사회에 빨리 알려야 한다는 절박감에 여러 가지를 고려하지 못한 채 이름을 정했습니다. '성폭력 피해자 김○○ 사건 대책위원회', '근친성폭력 피해자 김○○, 김○○ 사건 공동대책위원회' 식으로 피해생존자 이름을 그대로 넣어 대책위를 꾸려 활동했습니다. 나중에 생각해보니 당사자 분들께 대책위 이름에 대해 전혀 동의를 구한 바도 없었거니와 이 사건은 그때는 물론 20년 넘게 지난 지금까지도 수많은 사람들의 머릿속에 그 이름으로 남아 있고, 연구물이나 방송에서도 사용하고 있습니다. 인권운동을 한다면서 오히려 피해생존자들의 권리를 제대로 지켜내지 못한 것에 대해 늦게나마 성찰하는 계기가 됐습니다. 그래서 1993년도 서울대 조교 성희롱 사건부터 대책위 이름에 피해생존자 이름을 붙이지 않고 좀 더 객관화된 이름을 선택하기로 했습니다. 가해자 이름을 붙여야 한다고 주장하는 사람도 있었지만 사건의 특성을 살리되 객관화해 '서울대 조교 성희롱 사건 공동대책위원회'라고 공식적인 명칭을 붙였습니다.

2004년도에 태국에서 열린 국제회의에 참가했을 때도 이와 비슷한 일이 있었습니다. 미얀마 국경지대에서 활동하던 여성 인권운동 단체 활동가가 발표하면서 배포한 유인물에 사진 한 장이 실려 있었습니다. 군인한테 강간 피해를 입고 살해당한 딸아이의 시신을 안고 통곡하는 어머니의 사진이었는데, 그 어떤 설명보다도 강렬하게 문제의 심각성을 깨닫게 했습니다. 하지만 나중에 발표자를 만나 "우리도 비슷한 경험이 있는데, 죽은 소녀와 가족들의 인권도 있어 주의할 필요가 있을 것 같다"라고 조심스레 말씀을 드렸더니 당시 저희와 똑같은 말씀을 하시는 겁니다. "정말 죄송합니다. 이 사건을 국제사회에 빨리 알려야 한다는 절박감에 거기까지는 미처 생각하지 못했습니다." 활동가들은 생존자를 지원하는 일이고 우리 사회의 성문화를 바꿔나가는 활동이라는 명목으로 이 같은 일들을 하지만, 매순간 치열하고 비판적인 성찰이 필요합니다. 그래서 인권감수성을 간직하며 서로 미흡한 점을 지적해주고 조언과 격려를 나누며 반성폭력 운동을 만들어가야 한다고 생각합니다.

2. 한국성폭력상담소 이야기

이제 본격적으로 무엇이 우리의 가슴을 뛰게 하는지 생각해보겠습니다. 한국성폭력상담소의 역사를 알아보면서 전체 반성폭력 운동사의 한 면을 확인할 수 있을 듯합니다. 그 안에서 우리가 어떻게 세상을 바라보고, 어떻게 세상과 대화해왔는지, 어떤 변화를 꾀했는지 등에 대해 간단히 설명하겠습니다.

한국성폭력상담소가 태어난 배경

1990년 8월 당시 대학에서 여성학 강의를 하던 몇몇 동료들이 "한국 사회에도 외국의 강간위기센터처럼 누구나 이름만 들어도 무슨 일을 하는지 알수 있는 성폭력상담소를 개소해 성폭력 관련 사안에 대해 중점적으로 활동하는 단체가 필요한 때가 아닌가" 하는 이야기를 나눴습니다. 이미 1980년 대부터 한국여성의전화, 한국여성민우회, 한국여성단체연합, 여성평우회, 한국여성노동자회 등의 단체가 전반적인 여성운동을 수행해왔기에 성폭력 주제에 한정한 부문 운동이 가능했던 것입니다. 그래서 그해 여름부터 뜻을 모아 준비를 시작했습니다. 그때나 지금이나 성폭력은 여성들의 평등하고 자유로운 삶을 매우 일상적으로 위협하는 요소입니다. 피해생존자를 상담하고 지원하며, 법제도를 바꾸는 동시에 우리 사회의 성문화를 바꿔가는 예방 차원의 활동 및 문화적인 차원의 운동을 할 필요가 있다고 여겼습니다.

당시 여성학에서도 섹슈얼리티(sexuality) 연구는 매우 주변화된 부분이었습니다. 노동문제에 많은 관심을 가졌던 데 반해 섹슈얼리티 연구는 이제막 시작되는 단계였습니다. 우리는 피해생존자에게 직접적인 힘이 될 수 있는 단체를 만들어 학교에서 배운 여성학 이론을 현장에서 실천하는 활동들을 펼쳐갈 수 있기를 바라며 상담소를 열었습니다. 상담소 정관에 명시했듯이 피해생존자를 상담 지원하고 새로운 성문화를 만들어가는 활동을 통해 여성의 인권을 확보하고 성평등 사회를 정착하는 데 기여하겠다는 철학으로 출발했습니다.

당시에 한국 상황은 다음과 같았습니다. 1983년에 한국여성의전화가 개소해 최초의 여성인권단체로 활동을 시작한 이래, 1986년에 부천경찰서 성고문 사건이 있었습니다. 노동운동을 했던 여대생을 위장취업했다고 구속해 담당 경찰이 성고문을 한 사건으로, 우리 사회에 큰 충격을 줬습니다. 고(故) 조영래 변호사가 무료 변론을 맡았고, 많은 분들이 함께 자원했습니다. 이 사건은 성폭력보다는 노동탄압 측면이 크게 부각됐고, 당시 피해자도 이 부분을 더 중점적으로 언급했습니다. 1988년에는 한밤에 귀가하던 중 두 청년에게 성폭력 가해 위협을 느낀 여성이 키스를 시도한 가해자의 혀를 깨문 사건이 있었습니다. 이 사건은 상해죄로 먼저 고소가 됐는데, 한국여성의전화를 비롯한 단체들이 고소를 무죄로 이끌어내는 운동을 하면서 우리 사회에 알려졌습니다. 원미경 씨가 주연을 맡아 〈단지 그대가 여자라는 이유만으로〉라는 영화로 제작되기도 했던 사건입니다.

1989년에는 강간을 주제로 한 세 편의 석사학위 논문이 이화여자대학교 대학원 여성학과에서 동시에 나왔습니다. 각각 경찰과 일반인을 인터뷰해서 성폭력 관련 통념을 조사한 논문, 성폭력 관련 재판 과정을 모니터링해서 판사·검사·변호사가 어떤 시각에서 재판을 진행하는지 분석한 논문, 피해자를 직접 인터뷰해 연구한 논문이었습니다. 마지막의 피해자 연구는 연구자가 연구 대상을 모집하는 광고를 신문에 냈는데, 광고 자체로도 당시에는 파격적이었습니다. 세 편의 학위논문이 나오면서, 성폭력이란 용어는 아니었지만 강간이란 용어로 성폭력 문제에 대한 학문적 연구가 시작됐습니다. 1991년에는 한국형사정책연구원에서 최초로 한국 사회의 성폭력 실태 조사를 발표했습니다. '2.2퍼센트 신고율'이라는 말이 처음 나왔습니다. 서울과 경기도에 거주하는 여성 2,000여 명을 대상으로 조사해보니 강간 피해자 중 2.2퍼센트만 신고했다는 결과가 나온 것이었습니다. 결국 피해자 100명 중 98명은 숨은 피해자로 있다는 것입니다.

1991년에는 21년 전에 자신을 강간한 이웃집 아저씨를 살해한 사건, 1992년에는 여자 친구를 강간한 그녀의 의붓아버지를 남자 친구가 살해한 사건, 1993년에는 서울대 조교 성희롱 사건 등이 이슈화되면서 성폭력에 대한 사회적 문제의식이 환기됐습니다. 그런데 1995년까지는 형법 제32장의 제목이 "정조에 관한 죄"였던 것처럼 관련 법제도는 마련되지 않은 상황이었습니다.

한국성폭력상담소의 기구

상담소를 열고 전화번호가 알려지면서 눈코 뜰 사이 없을 정도로 많은 상담전화들이 걸려왔습니다. 호소하는 피해도 매우 심각했습니다. 지금도 마찬가지입니다만, "30년 만에 처음으로 내가 이 이야기를 한다"라고 한 할머니도 기억나고, "바로 어젯밤 내 아이가 피해를 입었다"라는 피해 사례도 선명하게 떠오릅니다. 당시만 해도 전국적으로 성폭력상담소가 없으니 상담 요청이 몰릴 수밖에 없었습니다. 야간에도 상담 창구를 열 필요성을 느껴 24시간 상담할 수 있는 **성폭력위기센터**를 1993년 12월에 열었습니다. 그때 대학생 자원 활동가들을 모아 상담원 교육을 해서 이들이 '지킴이'라는 이름으로 조를 짜 밤을 새며 상담했습니다. 그러다가 2000년에 전국적으로 성폭력상담소가 170여 개소로 늘어났고, 1998년부터 여성위기전화 1366이 생겨 24시간 상담하는 기능이 분화됐습니다. 또한 한국이 OECD에 가입하면서 당시 독일 EZE(Evangelishe Zentralstelle für Entwicklungshilfe e.v.)에서 제공한 지원도 끊겨 성폭력위기센터는 2000년에 운영을 마쳤습니다.

한국성폭력상담소의 상담 사례에는 쉼터가 필요한 경우가 많습니다. 특히 상담 지원 사례 중 10~12퍼센트 정도가 근친성폭력 피해인데 이런 경우

거처를 분리해야 합니다. 약 1년간 준비 과정을 거쳐 한국성폭력상담소 부설로 누구에게나 열려 있고 새롭게 삶을 열어가는 의미의 **열림터**가 1994년 9월에 문을 연 이래 지금까지 여성주의 쉼터의 역할을 하고 있습니다.

또한 상담소에서는 성폭력을 예방하기 위한 다양한 활동을 좀 더 전문적으로 수행하기 위해 1997년에는 **성폭력문제연구소**를, 1998년에는 **21세기 미디어운동센터**와 **성평등교육문화센터** 등을 개소해 2006년에 해소했습니다. 그리고 2004년에는 **하담**이라는 자립지지공동체를 열어 3년간 운영하기도 했습니다.

여성의 힘 기르기를 위한 한국성폭력상담소의 활동

지난 22년 동안 한국성폭력상담소에 접수된 7만여 회의 상담은 법적·의료적·심리적 자원으로 연결되고 있습니다. 특히 2000년 중반부터는 생존자들의 힘 기르기(empowerment)를 위한 여러 프로그램을 마련해 시행착오를 겪으면서 진행해오고 있습니다.

2005년부터 **여성주의 자기방어훈련**을 하고 있습니다. 2007년에는 여고생들을 중심으로 **다른 몸 되기** 프로그램을 진행했습니다. 우리가 호신술을 배운다는 것과는 다른 의미로, "과연 우리 몸은 지금까지 어떻게 길러져 왔고, 나는 어떻게 나의 몸을 인식해왔는가? 나는 남이 나를 바라보는 시선에서 자유로운가?" 등의 여러 부분을 다시 보고 자기 안의 힘들을 끄집어내는 작업이었습니다. 주말에 도장에 가서 힘 기르기 훈련도 하고, 수영장에 가서 3미터 깊이의 물에 같이 들어가 공포를 이겨내는 훈련도 하고, 한강변을 따라 자전거를 타거나 지리산 종주도 했습니다. 다른 몸으로 살아가는 여자 축구 선수라든지 격투기 선수를 만나 그들은 어떻게 이런 삶을 택하게 됐고 지금 어떤 느낌으로 사는지 등을 심층적으로 인터뷰를 해서 발표하기도 했습니다. 무엇보다 내면의 힘을 드러내고 자신감을 되찾는 프로그램이었습니다.

성폭력 피해생존자 말하기 대회는 새로운 반성폭력 운동의 시도입니다. 말하기(speak out)는 자신의 피해 사실을 이야기하고, 주변의 지지와 응원을 받아 상처를 치유하는 첫걸음입니다. 1995년에 잠시 공부하러 갔던 시드니에서는 10월 마지막 주 금요일 저녁에 밤길 되찾기(take back the night) 행사를 열었습니다. 시드니는 한국과 계절이 반대여서 10월이면 봄날입니다. 아이와 함께 행사에 참여했는데, 시내 한복판에 있는 공원인 하이드파크(the Hide Park)에 2,000명이 넘는 사람이 모였습니다. 그 자리에 한 여성이 나와서 "나는 근친성폭력 피해자인데 그것으로 인해 많이 힘들었고 지금도 힘들 때가 있지만, 주변 분들의 지지와 도움으로 이제 어느 정도 극복해 잘 살고 있다"라고 당당하게 말하는 것을 봤습니다. 아무리 문화가 다르다지만 근친성폭력 피해 사실을 공개적으로 이야기할 수 있다는 사실이 참 놀라웠습니다. 한국에서는 생존자가 피해 사실을 절대 입 밖에 내면 안 되는 분위기인데, 여기에서는 성폭력을 다르게 의미화할 수 있는 요인은 무엇인지가 몹시 궁금했습니다. 호주, 영국, 미국 같은 경우는 1970년대 초반부터 반성폭력 운동이 활발하게 진행됐는데, 한국보다 20년가량 앞서 운동을 해왔기에 이러한 말하기 기반이 마련된 것이 아닐까 합니다.

2003년에는 처음으로 한국성폭력상담소에서 생존자 말하기 대회를 열었습니다. 당시 행사를 준비하면서 자칫 잘못해 생존자의 사생활이 노출되어 발생할 2차 피해만이 아니라, 말하기를 결심했지만 정작 말하고 난 이후 생존자가 겪게 될 여러 심리적인 혼란과 갈등은 없을지 등 우려가 많았습니다. 모든 것이 모험이었습니다. 제1회 생존자 말하기 대회를 할 때는 듣기를 신청한 200여 명이 소지품을 진행팀에게 맡기고 나서야 행사장에 들어갈 수 있을 정도로 조심스러웠지만, 해를 거듭하면서 조금씩 제약을 풀어 제3회 대회부터는 듣기 참여자들이 말하는 분들에게 자연스럽게 응원의 말을 건네기도 하고, 포옹하기도 했습니다. 2006년의 제4회 말하기 대회는 성균관대학교 대운동장에서 열렸습니다. 완전히 개방된 공간에서 말하기 참여자와 듣기 참여자를 구분하지 않고 50여 명이 말하기를 이어갔고, 200여 명의 참여자들이 한여름 밤의 음악회를 즐기면서 행사를 했습니다. 그리고 2007년 제5회 말하기 대회는 홍익대학교 앞 상상마당에서 콘서트를 곁들여 축제처럼 진행했습니다. 특히 2007년부터는 매월 마지막 주 수요일에 20여 명이 모여 작은 말하기를 하고 있습니다. 이 외에도 반성폭력 운동의 남성 서포터스 활동, 2차 피해 방지를 위한 상폭력 수사·재판 시민감시단, '성폭력 조장하는 대법원 판례 바꾸기 운동', 공소시효 정지 및 연장을 위한 공익소송 등의 법 정책 제·개정 활동, 각종 캠페인과 세미나, 시위, 교육 등을 하고 있습니다.

욕망 찾기 초급 과정의 줄임말인 욕망초라는 프로그램도 진행하고 있습니다. 내 안의 성적 욕망도 잘 모른 채 성적 자기결정권을 이야기하는 현실을 극복하기 위해 프로그램을 만들어 팀원들이 같이 욕망을 찾아가는 여행을 하자는 취지입니다. 또한 춤 세라피와 꿈찾기 프로그램도 함께 진행하고 있습니다.

2004년부터 밤길 되찾기 시위를 전국적으로 열고 있습니다. 밤길 되찾기는 미국, 영국 등 외국에서 1970년대부터 국제적 연대를 형성하며 30여 년간 이어진 전통적인 여성주의 행사입니다. 한국에서는 매년 7월 첫 번째 금요일 저녁 8시부터 같은 시간에 전국의 각 지역에서 우리의 당연한 권리를 되찾고자, 시위라기보다는 축제 형식으로 즐겁게 해나가고 있습니다.

그리고 지하철 성추행 추방을 위한 한마당이라는 캠페인을 하면서, 지하철에서 다리를 쫙 벌린 사람을 '쩍벌남'이라고 이름 붙이고, '오므리'를 개발해 다리를 붙이는 퍼포먼스를 했습니다. 신문을 펼쳐 들고 남에게 피해를 주는 사람을 '펼칠남'이라고 명명하며 문제를 제기하기도 했는데, 그때 상담소 홈페이지가 거의 다운될 정도로 많은 '마초'들이 홈페이지를 방문해 말도 안 되는 반박을 했던 기억이 납니다.

여성주의를 구현하기 위한 상담소 조직의 문제

한국성폭력상담소는 '여성주의' 가치를 실천하는 조직을 꿈꾸고 있습니다. 여성주의는 모든 인간이 평등한 존재인데도 여성들이 사회구조적으로 착취·억압당해온 것을 문제시하고, 여성해방을 추구합니다. 즉, 사회구성원 모두 자유롭고 평등한 존재이며, 누구도 차별받지 않고 서로 배려하고 존중하는 사회를 꿈꿉니다. 따라서 한국성폭력상담소라는 조직의 구성원들은 각자의 역할은 다르지만 평등한 지위를 갖고 활동해야 한다고 생각합니다. 일반적인 조직에서의 소장, 부소장, 총무, 간사 같은 상하 위계관계를 탈피해 좀 더 평등한 관계를 나눌 수 있는 형태를 고민하고 있습니다.

2000년대에 소장 역할을 했던 제 입장에서 보면, 우리 안에서 서로 평등한 관계를 유지하면서 소통하겠다는 철학을 실현하자는 취지에서 만든 조직 구도에 장단점이 있습니다. 모든 의사결정에 민주적 합의를 하고 서로 평등한 관계 안에서 활동하는 것은 추구해야 할 가치이지만, 현실에서는 민주적 합의와 효율이 항상 같이 가지 않고 더러 혼란스러울 때가 있기 때문입니다. 한두 사람이 주도적으로 의견을 내서 이끌고 가는 것이 급변하는 상황에서 훨씬 효율적일 수도 있고, 때로는 이것이 조직의 힘이 되기도 합니다. 그러나 '효율성, 합리성'이라는 허울에 우리의 소중한 가치들이 포섭되어버릴 수 있다는 것을 결코 좌시해서는 안 됩니다. 반대로 구성원들의 의견을 모아 합의를 이끌어가는 과정에 시간과 노력을 너무 들이는 것이 아닌가 하는 염려가 들 때도 있습니다. 실제로는 그렇게 하지 못하고 있기도 합니다. 자칫 이현령비현령이 될 수 있는 이 경계에서 소장으로서 늘 긴장이 요구되고, 조직구성원들도 건강한 비판의식을 갖고 참여할 필요가 있습니다.

같은 맥락에서 대부분의 상담소가 상근활동가 중심으로 활동하는데, 그러면 자원 활동을 하는 분들이 소외됩니다. 그리고 아직도 정부나 언론 등 외부와의 관계에서는 실무를 담당하는 활동가보다는 상담소의 소장이나 보호시설의 원장과 소통하기를 선호합니다. 다소 불안정하고 비효율적이며 경쟁력도 처지지만, 평등한 조직을 추구하고 열린 의사결정구조를 갖는다는 것, 팀별로 결속력을 강화하고 활동가 각자가 책임의식을 갖고 일한다는 것은 반성폭력 운동의 현장에 있는 모두가 지켜내야 할 가치이고, 결국 우리의 운동에 굉장히 중요한 힘이 된다고 생각합니다.

제도화의 두 얼굴

제도화는 많은 고민을 안겨줍니다. 한국성폭력상담소는 1995년부터 정부 지원을 연간 약 5,600만 원씩 받는 대신 정부의 '지도·감독'을 받고 있습니다. 민관협력을 운운하면서도 정부는 보조금을 지급하는 단체에 지도·감독이라는 행정적 용어를 사용합니다. 유쾌하지 않은 단어입니다. 현재 전국적으로 180개가 넘는 상담소 중에서 약 절반 정도만 국고 지원을 받고 있습니다. 지원금을 받지 않는 상담소들도 법에 의해 지도·감독을 받아야 합니다.

분기별로 구청 직원이 상담소를 방문해 업무일지를 비롯한 온갖 서류를 확인하며 감사하고 지적합니다. 물론 회계업무 등 몇 가지 사안에 대해서는 철저히 감사를 받아야 합니다. 그러나 공무원에 준하는 업무 기준을 비정부기구(NGO)에 요구하거나, 출근부 도장을 찍는 문제에 이르기까지 개입하려는 것은 상식적으로 이해하기 어렵습니다.

이 외에도 제대로 알려지지 않은 채 척척 진행되고 있는 것이 일반 상담통계와 회계업무 시스템을 개발해서 중앙 전산망에 집적하는 방식입니다. 이미 1366이나 원스톱지원센터 등 국가위탁기관 및 일부 성폭력상담소에서는 이 프로그램을 사용하고 있습니다.

정부가 이를 시행하기 전에 운동단체 내부에서 시스템 도입을 요구하는 목소리가 있었다고는 해도 지금 형태의 시스템을 요구한 것은 아니었습니다. 여성폭력의 특성을 잘 살려 상담통계와 회계를 처리할 수 있는 시스템을 개발해 보급하라는 요구였는데, 정부에서는 담당자가 중앙 전산망을 통해 한 번 클릭하면 전국 통계를 다 볼 수 있게 하겠다는 취지로 도입했습니다. 그래서 피해자 신상이 다 입력되는 것입니다. 개인정보를 정부가 중앙에서 집적하고 네트워크화하려는 움직임에 대한 즉각적인 대응의 중요성은 전교조의 네이스 투쟁만 봐도 짐작할 수 있습니다.

국제협약에도 정보인권은 보장되어 있고, 개인 정보를 중앙에 집적하려면 반드시 관련법이 마련되어야 합니다. 법으로 규정되어야 할뿐더러 집적된 자료에는 몇 단계에 걸친 보안장치가 구축되어야 합니다. 그 과정에서 당사자들 간의 충분한 의사소통이 이뤄져야 합니다.

또한 구청의 담당 공무원이 성폭력 피해생존자 쉼터에 들어온 인원이 몇 명인지 직접 보고 확인하겠다면서 주민등록증과 입소자 얼굴을 대조해 확인하겠다는 행정에는 제도화의 위험이 도사리고 있습니다. 이 문제를 두고

"이제 상담소나 쉼터의 운영을 정부에 맡기고 활동가 및 운동단체는 정부가 업무를 제대로 수행하는지 모니터링하고 비판·제언해야 한다"라는 주장과 "이항 대립적으로 말할 수 없는 문제이다. 제도화는 그동안 열심히 운동해서 이뤄낸 성과이므로 제대로 활용해야 한다. 제도화는 믿을 만한 자원이며, 운동의 성과를 보호하고 지속적으로 변화할 수 있게 하는 힘이다"라는 주장이 있습니다.

2008년 1월에는 서울시에서 지난 10여 년간 보조금을 지급해왔던 단체를 백지화하고 재선정하겠다는 공문을 보내 물의를 일으켰습니다. 2008년 보조금을 그해 1월에 공고해 재지정하겠다는 서울시의 어이없는 행정적 미숙함에 상담소들은 즉각 반발했고, 결국 서울시는 각 상담소들로부터 사업계획서를 받았지만 이전과 크게 달라지지 않은 결정을 했습니다. 이 같은 제도화에 대한 입장을 정하고 대응 방안을 마련하기 위해 시급히 논의해야 합니다. 정부의 지도·감독뿐 아니라 3년마다 한 번씩 하는 전국 규모의 시설 평가도 객관화된 평가틀에 적용해 그 결과를 어떻게 쓸 것인지를 모두 공유한 상태에서 시행되어야 할 것입니다. 그렇지 않고 정부가 지원금을 빌미로 NGO를 쥐락펴락하면서 자율성을 침해해서는 안 됩니다.

3. 다시 돌아보는 반성폭력 운동

이제 그동안 운동계에서 중점적으로 해왔다고 평가되는 성폭력 관련 법·정책의 법제화 운동이 갖는 의미를 함께 이야기해보려고 합니다.

성폭력특별법 제정 운동

강의의 맨 처음에 소개한 1991년 당시의 두 사건이 직접적인 계기가 되어 여성단체들이 '성폭력특별법 제정 특별위원회'를 꾸려 활동한 지 3년 만인 1994년에 「성폭력특별법」이 제정됐습니다. 그때 많은 법조인들은 성폭력 사안을 일반법인 형법에서 제대로 다루지 않고 특별법을 제정하면 효용도 없어지고 법체계 자체에 문제가 생긴다며 반대했습니다. 하지만 성폭력이 "정조에 관한 죄"로 분류되어 있을 뿐 아니라, 피해자 권리가 제대로 보장되지 않고 있었기에 처벌과 보호를 한꺼번에 묶은 특별법이 필요하다는 주장이 지배적이었습니다. 이때 가정폭력, 성폭력, 성매매 등의 여성폭력을 모두 성폭력특별법으로 묶어야 한다는 주장도 있었지만, 일단 1990년대 초반의 성폭력특별법 제정 운동에는 여성폭력(gender violence)이 아니라, 성폭력(sexual violence)으로 성폭력 개념을 한정하자는 합의 끝에 성폭력특별법 제정 운동에 힘을 모았습니다. 국회에서 1993년 12월에 통과되고 1994년부터 시행된 이래 20여 차례 개정했는데 이 과정을 평가할 필요가 있습니다.

무엇보다 성편향적인 법에도 변화가능성이 있음을 보여줬다는 점에서 큰 의미가 있습니다. 가족법 관련 개정 운동은 50년이나 걸렸던 데 반해, 3년 안에 빠르게 합의를 이끌어낸 점을 성과라고 평가할 수 있습니다. 그리고 운동을 성폭력이라는 이름 짓기(naming)의 정치를 통해 그동안 보이지 않았던 문제를 제기하고, 법 이름에 성폭력이라는 용어가 들어가 「성폭력특별법」이 탄생됐습니다. 그동안 사적 영역이었고 개인적 불운 정도로 여겼던 성폭력 문제를 공론화해 법제화했고, 형법과 다른 의미로 특별법에서 처벌과 보호 두 차원을 다뤘다는 점에서 의미를 찾을 수 있습니다. 그런데 이 법 어디에도 성폭력이라는 개념 정의가 없고, 단지 성폭력 범죄는 형법의 297조,

298조 등 해당 조항을 나열하는 데 그칩니다. 이는 성폭력에 대한 법철학이 무엇인지, 무엇을 성폭력으로 의미 규정하는지를 과제로 남겨두고 있음을 의미합니다. 무엇보다 성폭력 관련 법제화가 여성들의 안전한 삶을 실질적으로 보장했는지는 따로 평가할 부분입니다.

전자팔(발)찌, 유전자 정보은행의 딜레마

법제화 운동에서 나타나는 딜레마는 매우 다양하고 복잡합니다. 사회적 문제가 되고 있는 재범 방지를 위한 방안으로 이미 특정 성범죄자에 대한 위치추적 전자장치(이하 '전자팔찌') 부착에 관한 법률이 시행되고 있습니다. 또한 유전자 정보은행, 화학적 거세 등의 법안이 통과되었고 물리적 거세법안도 국회에 상정되어 있습니다. 또한 많은 생존자 가족은 가해자에게 전자팔찌를 채워야 한다고 주장합니다. 그러나 요즘 들어 곧잘 제기되는 위와 같은 사안들에 명쾌한 찬성과 반대 입장을 표명하기 어렵습니다.

아동성폭력범에게 채우는 전자팔찌도 그렇습니다. 우리는 이런 식으로 재범을 방지하겠다는 발상에 문제가 있다고 봤습니다. 가해자가 100명이라면 그중에 몇 명에게 전자팔찌를 채울 수 있을까요? 강간, 강간미수 피해자 중 7.6퍼센트만(여성가족부, 2010) 고소해, 기소되는 것은 43퍼센트에 그치고, 1심에서 유죄를 판결받는 사람은 절반에도 미치지 못합니다. 따라서 실제 효력을 따지지 않고, 제도만 도입되면 재범을 획기적으로 막을 수 있다는 듯이 과대 포장되는 것도 문제입니다. 정부 예산과 인력은 한정되어 있기에 사용하는 정책결정자의 결정에 따라 우선순위가 정해지는데, 이 정책 하나면 재범 방지는 해결된다는 흐름이 조성되면 다른 실질적인 재범 방지 프로그램이 도입되기 어려워집니다. 제도의 효용성도 따져봐야 합니다. 일단 이 제도는 성폭력 예방 기능은 없고, 문제가 발생했을 때 가해자가 범행 장소에 있었는지 여부를 입증하는 자료로 쓸 수 있을 뿐입니다. 전자팔찌를 착용하면 범죄를 저지를 때 심리적으로 억제되는 효과를 내세우기도 하는데, 얼마나 성범죄 억제 효과가 있는지를 입증한 자료는 외국에서도 나와 있지 않은 상황입니다. 성범죄는 가해자나 피해자의 집에서 많이 발생한다는 점도 전자팔찌만으로는 해결하기 어렵다는 주장의 근거입니다. 이런 식의 전자장치는 사람의 행동을 감시하는 인권침해적 성격을 띤다는 점도 간과할 수 없습니다. 유전자 정보은행도 마찬가지입니다. 그러므로 이러한 시도들을 찬성한다고 말하기는 어렵지만, 동시에 생존자 지원 단체로서 전면에 나서 반대하기도 쉽지 않습니다.

어린이 성폭력 사건 등 강력사건이 발생할 때마다 국회에서 논의되는 중형주의 문제보다는, 사실 믿고 신고할 수 있는 시스템을 마련해 반드시 가해자를 처벌하는 과정이 중요하다고 생각합니다. 성폭력 가해자가 처벌받게 하려면 전담 수사반이 제대로 된 노하우와 올바른 인권감수성을 갖추고 신고된 사건에 대해 전문적이고 철저한 수사로 유죄를 입증해서 바로 기소할 수 있어야 합니다.

우리는 엄벌주의보다 처벌가능성을 높여야 한다고 정부에 이야기하면서, 여전히 정부 대책에 언급되지 않고 있는 아내강간죄 명시 등을 요구하고 있습니다. 다행히 2012년 11월에 그동안 여성계의 숙원사업이었던 친고죄가 폐지되고 공소시효도 일부 배제되었습니다. 그러나 친고죄 폐지 이후 피해자 권리 보장을 위한 제도적 장치 마련 등 남은 과제가 많습니다.

가해자 교정교육이 제대로 되지 않는 것도 문제입니다. 현재 아동성폭력범으로 교도소에 수감되어 있는 사람이 500명을 넘지만 제대로 교정교육을 하지 못한다고 합니다. 전국 250여 곳 교도소에 흩어져 있는 사람들을 모아서 교육하기가 힘들거니와 재소자 중에서도 아동성폭력범은 최악질로 보는 낙인효과 때문에 한데 모으기 어렵다는 것입니다. 가해자들이 자신의 행동을 깊이 뉘우치고 성찰해갈 수 있는 방법을 강구하는 것이 정부의 임무이고, 이를 잘하라고 요구하는 것은 우리의 역할입니다.

성폭력전담수사, 재판부의 전문성도 아주 중요한 문제입니다. 성폭력전담부서 관계자가 대부분 한두 해 지나면 바뀌는 현재의 시스템에서 그들이 전문가로서 노하우를 갖추기를 기대하기는 어렵습니다. 미국에서 만난 한 경찰은 아동성폭력 진술녹화만 담당하는 경찰인데 50대 중년여성이었습니다. 10년 동안 그 일만 해서 아동의 발달상황, 심리, 성폭력 피해의 특성 등을 다 꿰뚫고 있었습니다. 아이들이 진술할 때 태도나 속눈썹이 흔들리는 것만 봐도 참과 거짓을 분간할 수 있고, 피의자(피고) 측의 반대신문에 걸려들지 않도록 유념해 진술을 녹화할 수 있다고 합니다. 이러한 훈련이 가능하도록 제도적 보장이 갖춰진 사회가 참 부러웠습니다.

신뢰관계인 동석제도나 비공개재판, 재정신청 등 현행법에서 보장하는 피해자 권리들이 제대로 운영되는지도 꾸준히 모니터링하고 잘못된 점의 개선을 요구해야 합니다.

피해자화가 갖는 의미와 문제

'피해자화'에 대해서도 따져볼 필요가 있습니다. 피해 여성을 지원할 때도 이른바 '피해자답지 않은 피해자'에 대해 활동가들도 피해자인지를 판단하기 어려워하거나, 특히 법적 단계를 밟을 때 혼란에 빠지기도 합니다. 법적 판결에서는 얼마나 극심한 폭행으로 협박했고 여기에 얼마나 저항했는지를 판단 기준으로 보는 최협의설이 여전히 지배적이기에 상담 현장에서도 '피해자화'는 더욱 강화되고 있습니다. 이는 오히려 성폭력 피해생존자를 비난하거나 의심하는 우리 사회의 잘못된 통념에 일조하기도 합니다. "나는 솔직히 쾌감도 느꼈어요. 그래서 나는 정말 내가 더러워요"라고 이야기하는 사람을 상담한 적이 있습니다. 물리적인 자극이 주어지면 본인도 어쩔 수 없는 쾌감을 느낄 수 있습니다. 때리면 아픈 것처럼 말입니다. 그리고 성폭력 피해에 대해 자기 방식으로 해석하고 대응하면서 전혀 일상생활에 지장을 받지 않고 살아가는 사람도 있습니다. 그런데도 우리 사회는 피해자다운 피해자라면 그 모두를 고통으로 인식하는 불행한 사람이라고 '피해자화'하고 있는 셈입니다.

게다가 자명한 성폭력으로 여겨지는 경우만 있는 것은 아닙니다. 애매모호한 데이트 성폭력도 많고, 경계에 존재해 정형화된 성폭력 범주로 나누기 어려운 경우들은 사회적으로 전혀 드러내지 못하고 있습니다. 사실 지금까지의 반성폭력 운동에서도 제대로 다루지 못한 부분이기도 합니다. 변명하자면 "(사회적 인식이 척박하고 운동 여건이 좋지 않았으므로) 아주 확실한 피해자의 피해만이라도 입증하는 것이 과제였다"라고 이야기할 수 있겠지만, 결코 이 비판에서 자유로울 수 없습니다. 판례 중에 "순결한 여고생의 처녀성을 유린하고 ……"라는 식으로 서술되면서, 가해자는 더 처벌받아야 한다는 사례가 있었습니다. 극렬한 보수파도 이 경우에는 당연히 "그런 쳐죽일 놈 같으니"라고 반응하게 된다는 겁니다. 우리도 상당 부분 이러한 사회 흐름의 맥락에서 운동을 이끌어온 것은 아니냐는 점에서 내부적으로 비판하는 동시에 반성하고 있습니다.

우리 사회에서 피해자(victim)라는 말은 너무 나약하고 소극적인 존재로 인식되는 경향이 있습니다. 이를 극복하고 이들이 수사, 재판, 진료 및 보도 과정에서 범죄 피해자로서 권리를 보장받아야 하는 사람임을 강조하며, 치유를 향한 강한 힘, 용기, 지혜를 지녔음을 내세우겠다는 정치적인 뜻을 담아 생존자(survivor)라고 번역해 명명했지요. 생존자 말하기 대회도 그 연장선 위에 있습니다. 물론 생존자 개념이 생소하고 적절하지 않다고 지적하거나, 성폭력을 경험한 '경험자'로 명명하자는 제안도 있었습니다. 이런 다양한 논의들 속에서 더 적합한 개념을 찾으려는 노력이 운동의 힘을 키우는 의지로 이어지리라고 봅니다.

4. 현장 경험의 이론화와 실천이 만드는 건강한 순환

저는 반성폭력 운동 현장의 경험들이 많이 이론화되어야 한다고 생각합니다. '역사는 기록하는 자에 의해 기억된다'는 말이 있습니다. 우리의 소중한 경험들이 기록되지 않은 채 우리 기억에만 있다가, 담당자가 바뀌는 과정에서 소멸하는 경우를 숱하게 봐왔습니다. 이는 정말 큰 손실입니다. 우리가 반성폭력 운동 현장에서 느꼈던 환희의 순간뿐 아니라 절망했던 순간, 잘못 판단해서 호된 대가를 치러야 했던 시행착오에 대한 반성들이 낱낱이 기록되어야 합니다. 그래야 다음 활동가들이 그 경험의 의미 위에서 새롭게 출발할 수 있습니다. 학자가 개발한 이론의 틀에 맞춰 행동하는 것도 좋은 결과를 가져올 수 있겠지만, 우리의 경험을 가감 없이 기록하고 유형화해도 아주 훌륭한 이론이 나올 수 있습니다.

생존자들이 직접 말하고 써내는 이론화

흔히 이론은 학자들에 의해 전유됩니다. 연구방법론에서 누구의 시각에서 이를 그려내느냐가 매우 중요한데, 성폭력 상담 현장에서는 생존자들이 직접 많은 이야기를 펼쳐내는 것이 중요합니다. 한국성폭력상담소가 생존자 말하기 대회를 하고 있지만, 참여하는 사람들이 흔쾌히 동의해야 하므로 제1회부터 제5회까지의 말하기 대회 경험을 잘 정리하지 못하고 있습니다. 그래서 저는 이러한 작업을 상담소 활동가가 아니라, 생존자가 직접 자신의 목소리로 기록하는 작업을 수행하고 이를 통해 힘을 얻으면 좋겠다고 생각합니다. 한국성폭력상담소 소식지인 《나눔터》에 "수(水)의 이야기"라는 연재 글이 있습니다. 그 글의 필자는 근친성폭력 피해생존자인데 그 경험을 《나눔터》를 통해 풀어냅니다. 이 글은 2012년 『눈물도 빛을 만나면 반짝인다』는 단행본으로 발간되어 문화체육관광부에서 우수도서로 선정되기도 했습니다. 이렇듯 생존자가 직접 글을 쓰거나 영상물을 만드는 등 다양한 시도가 활발하게 펼쳐져야 합니다.

각 상담소에 여러 가지 운동경험은 물론 일상적인 업무일지조차 전혀 기록·분석·연구되지 못한 채 쌓여만 가고 있습니다. 간혹 학자들이 연구 논문을 쓰고 싶다면서 상담 자료를 활용할 수 있을지 문의하기도 합니다. 한국성폭력상담소의 경우에는 외부 연구진에게 폐쇄적인 편인데, 생존자의 비밀은 당연히 보장되어야 하지만 상담이 아니라 일상적인 성문화를 바꿔가는 활동을 위해서는 좀 더 객관화된 눈으로 살펴보려는 이론화 시도에 과감하게 문을 열 필요도 있다고 생각합니다. 생존자 자신이 직접 연구하거나 기꺼이 연구 대상이 되려는 분들도 있습니다.

여성주의 상담, 2차 피해, 최협의설, 판례평석, 군대 내 성폭력, 제도화와 자율성, 성폭력 피해 의미 구성, 공소시효 문제, 직장 내 성희롱, 유형별 성폭력의 문제점과 특성, 우리나라 각 상담 현장에서 드러나는 특성, 성적 자기결정권의 의미, 여성의 재생산권 등의 주제를 이론화할 필요가 있습니다.

성폭력의 판단 기준으로서의 객관성 문제, 합리적 인간(여성)의 관점, 피해자 중심주의, 여성의 힘 기르기, 자기방어, 다른 몸 되기 등을 과연 어떻게 정리할 수 있고, 또 여기에서 각각의 문제는 무엇인지를 치열하게 토론하고 새롭게 인식할 계기도 필요합니다. 그런데 이론화에서 곧잘 생겨나는 문제점은 생존자의 주체성이 발휘되지 못하는 연구 과정에 있습니다. 연구자가 우위를 점하면서 생존자를 대상화하는 연구의 정당성 문제이기도 합니다. 생존자들은 연구에 참여하면서 고통스러운 과거와 직면해야 하는데 연구는 이분들에게 실제로 어떤 도움을 주며, 연구 과정에서 연구자와 참여자가 어떤 식으로 힘과 용기를 주고받는지, 해당 연구로 인한 구체적인 변화는 가능한지 등을 중시해야 합니다. 그리고 연구 성과물을 연구자와 참여자가 함께 공유하고 있으며, 연구자와 활동가가 어떤 긴장관계와 협조관계를 형성할지 등의 현실적인 문제도 있습니다. 현장 활동가들이 겪는 박탈감도 좀 더 솔직하게 드러내고 이를 해결할 방안을 적극적으로 찾아봐야 합니다. 연구의 당위나 필요가 명백하더라도 어느 한쪽의 일방 통행적 연구 관행은 문제가 되므로 생존자, 내부 활동가, 외부 연구자가 균형을 유지하며 연구하는 것이 이상적이라고 생각합니다.

기록하기, 글쓰기의 훈련

이론과 현장이 유기적으로 발전해가려면 생존자나 현장 활동가의 적극적인 참여가 필요합니다. 글(논문)은 일정한 형식이 있고 시간과 노력, 짧지 않은 훈련 과정을 요구합니다. 의무적으로 자기계발을 위한 프로그램의 연간 계획을 세워 실천하거나, 상담소 내·외부의 워크숍이나 학회 등에 적극적으로 참여하는 것이 중요합니다. 또한 자기 생각을 자기 방식대로 쓰면 되는데, 대부분의 활동가가 여기에서 자유롭지 못합니다. '다른 이들이 운동 몇 년 했다는 사람이 쓴 글이 이 정도밖에 안 되느냐고 생각할 텐데……. 차라리 가만히 있겠다'라고 생각해버립니다. 그런 부분에서 좀 더 창의적이고 자유로워야 하지 않을까요? 활동가 집필을 기피하는 경향은 자신을 너무 과대평가하기 때문일 수도 있습니다. 활동가로서 겪은 경험과 현재 생각을 보여주고 활동가이기에 갖는 힘 있는 목소리를 내는 것만으로도 충분합니다.

5. 무엇이 우리의 가슴을 뛰게 하는가

누구나 살아가면서 특별한 사람을 만나거나 어떤 활동을 하면서 가슴 뛰는 경험을 하게 마련입니다. 저는 1992년에 만난 어르신이 남겨준 '평범 속의 비범'이라고 할 만한 가르침을 잊을 수 없습니다. 그분은 강의의 앞부분에서 언급했던, 13년간 여자 친구에게 성폭력을 저지른 그녀의 의붓아버지를 살해한 남자 친구의 아버지입니다.

당시 저는 이 사건 공동대책위원회 활동을 하면서 그분을 모시고 구치소에 있는 여학생을 면회하러 갔습니다. 남학생의 아버지 입장에서는 '금쪽같은 내 아들이 이 여학생만 만나지 않았더라면…….' 하는 원망의 마음이 들 수도 있었을 텐데, 그분은 여학생에게 "그동안(13년 동안) 얼마나 힘들었는가? 지금 많이 힘들겠지만 밖에서 다른 분들이 너희를 위해서 노력하고 있으니 용기 잃지 말고 밥 잘 먹고 건강하게 있어라"라고 말씀하셨습니다. 그분의 진정성이 가득 담긴 말과 따뜻한 태도는 제 가슴에 커다란 울림으로 다가왔습니다. 교과서에서 배운 유명한 인권운동가들의 뛰어난 업적과 정신들은 하나같이 활자로 각인됐을 뿐 이렇게 가슴을 치면서 깨닫게 한 것은 아니었습니다. 그런데 누구나 쉽게 만나봤을 법한 평범한 어르신이 긴박하고 경황없는 와중에도 상대의 입장을 먼저 헤아리고 배려하며 존중하는 마음을 보여주셨습니다. 그분이 보여준 삶의 철학과 실천은 제게 인권의 의미를 새삼 깨닫게 했습니다. 저로 하여금 20년 가까이 반성폭력 운동을 하게 이끈 원동력이었을지도 모릅니다.

반성폭력 운동 현장에는 이 외에도 참 많은 감동과 힘이 있습니다. 무엇보다 생존자들의 용기 있는 '말하기'는 우리 사회의 성편향적 법제도와 잘못된 인식들을 바꾸는 물꼬를 트고 있습니다. 이 안에서 활동가로 살아가면서 가끔 주위 분들에게 "좋은 일 한다", "힘든 일 하느라 참 애쓴다" 등의 응원과 지지를 받곤 하지만, 해를 거듭할수록 반성폭력 운동 현장에서 많은 것을 배우고 느끼며 제 자신이 성장해가는 소중한 경험에 오히려 감사함을 느낍니다. 무엇보다 생존자 분들이 상담이나 힘 기르기 프로그램을 통해 내면의 숨은 힘들을 재발견하고 새롭게 삶을 개척해가는 모습은 언제나 저를 들뜨고 신나게 하는, 가슴을 뛰게 하는 것들입니다.

몸으로 읽는 여성의 폭력 피해 경험

변화에 대한 탐색

허은주 _ 前 한국성폭력상담소 활동가

1. 시작하며

제가 준비한 강의의 제목은 "몸으로 읽는 여성의 폭력 피해 경험: 변화에 대한 탐색"입니다. 왜 여성의 폭력 피해에 대해 이야기할 때 몸을 키워드로 가져올까요? '변화'에 대해 이야기하고 싶기 때문입니다. 그렇다면 폭력 피해에 대해 이야기할 때 변화를 키워드로 가져오는 이유는 무엇일까요? 그 이유를 간단하게나마 말씀드리기 위해 제가 성폭력 상담을 하며 느꼈던 것을 나눠보겠습니다.

먼저 몸을 성폭력 상담에서 중요하게 생각하게 된 계기를 말해보겠습니다. 상담을 하다보면 중요한 원칙이 있습니다. 처음에 상담소를 찾아온 여성들의 상당수가 사회의 어떤 공간에서도 자기 피해 경험을 이야기했을 때 지지나 공감을 받지 못했던 사람들입니다. 그와 달리 여성주의 상담자인 저는 이 여성들을 전폭적으로 지지하고 공감하고 싶다는 생각이 듭니다. 지지와 공감이 중요하고, 잘 듣는 것만으로도 얼마나 많은 이야기를 나누고 많은 것을 할 수 있는지 우리는 알고 있습니다. 그런데 계속 지지와 공감을 하는 데 그치면 '정작 나는 폭력 피해자들과 어떤 이야기를 나누고 싶었던가?'라는 생각에 휩싸입니다. 지지와 공감이 상담의 최우선 원칙처럼 이야기되는 분위기에서, 상담원이란 버튼을 누르면 지지와 공감의 말을 자동적으로 쏟아내는 자동 응답기처럼 느껴지기도 했고, 앞으로 그녀와 어떻게 소통하고 어떤 사회에서 어떻게 살지에 대한 이야기, 즉 지지와 공감 이후에 나눌 이야깃거리는 참 빈곤하다는 생각도 들었습니다. 좌표를 잃어버리는 순간입니다. "우리 삶의 행복에 대해서 어떤 이야기를 더 할 수 있을까? 지금 고통스러워한다면 더 행복한 삶에 대해 어떻게 이야기할 수 있을까?" 등의 질문이 강의를 준비한 문제의식이었습니다.

　성폭력상담소에서 피해 경험을 듣다보면 마음이 몹시 무겁습니다. 무섭고 두려운 순간에 처했던 사람들의 경험을 들으면 그 힘든 마음을 잘 보듬어주고자 노력하게 됩니다. 시선을 마주치거나 고개를 끄덕거리는 등 진지하게 경청하는 제스처를 보입니다. 하지만 그런 순간에도 머릿속으로 지나가는 짧은 생각들이 있습니다. 예를 들어 누워 있는 자세에서 성폭력 피해를 당했다는 여성이 있을 때 떠오르는 것은 지지와 공감 이전에 "가해자가 두 팔로 당신의 목을 눌렀군요. 하지만 당신의 두 팔은 자유로웠는데 왜 두 팔을 쓰지 않고 피해를 당하셨나요?" 같은 궁금함입니다. 이런 궁금함을 상담원이 갖는 것은 자연스럽고 당연하지만 그녀들을 비난하는 것으로 여겨지는 것이 두려워 이에 대해 직접적으로 말하기는 쉽지 않습니다. 상대가 두 팔을 모두 사용하면 몸에는 빈 곳이 많습니다. 우선 목을 조르고 있어 옆구리가 드러났을 때는 주먹의 뼈 있는 부분으로 세게 옆구리를 친다든지,

뒤에서 목을 잡았을 때는 단단한 팔꿈치로 짧고 강하게 상대의 옆구리를 타격하면 상대방을 고통스럽게 할 수 있습니다. 상담할 때 "얼마나 무섭고 힘드셨겠어요"라고 이야기하는 것과는 달리 "옆구리를 쳐봐야겠다는 생각은 안 해보셨나요?"라고 이야기하기는 어렵지만, 이런 이야기를 어떤 방식으로 할지에 대해 고민하는 것은 매우 중요합니다.

2. 변화를 위한 키워드 '몸'

'이후 똑같은 피해상황이 겹쳤을 때 어떻게 달리 대처할 것인가? 다른 인간으로 살아갈 수 있을 것인가?' 같은 생각을 상담 과정에서 여성들과 나누는 것이 중요하겠다고 생각했습니다. 지지와 공감이라는 중요한 여성주의 상담 원칙을 이야기할 때도 변화에 대해, 즉 '나는 이후의 삶에서 어떻게 이전과 다르게 대응할 것인가?'를 염두에 두지 않으면 상담이 어디로 흘러갈지에 대한 좌표를 찾기 어려워 상담 자체도 수월하게 진행되기 어렵습니다.

요즘 유행하는 말 중에 힘 기르기(empowerment)가 있습니다. 여성의 힘 기르기는 변화에 대한 탐색과 맞닿아 있는 말입니다. 힘 기르기는 내면의 힘을 밖으로 끄집어낸다는 것입니다. 우리 모두가 내면적으로 자신에게 힘이 있음을 확인하고, 그 힘으로 어떻게 살아갈지를 계획하는 것이 여성의 힘 기르기로 설명됩니다. 힘 기르기라는 용어를 성폭력 상담원 교육 때 이야기하는 이유를 생각해보면 다음과 같습니다. 여성단체에서는 세계를 기존과 다른 시각으로 설명하고, 여성주의적 시각으로 사회 현상을 해석할 수 있는 틀, 그중에서도 주로 사회구조에 대한 설명을 중시해 다뤄왔습니다. 구조에 대해서는 많은 사람들이 이야기해 왔습니다. 성폭력이 무엇인지 규명하기 위해 여러 구조와 그 구조를 유지시키는 규범들, 즉 성별 규범이나 가부장제에 대한 설명이 시도됐습니다. 성폭력이 일어나는 구조는 가부장제이고, 가부장제는 남성들이 여성을 성적으로 통제하는 기제를 통해 유지된다는 설명입니다. 구조에 대한 설명이 여성들에게 이 세상을 새롭게 해석할 수 있는 큰 힘을 준 것은 사실입니다. "당신의 피해는 당신의 잘못 때문도 아니고, 당신만 입은 것도 아닙니다. 이 사회가 성폭력 피해를 만들고 있습니다. 이 사회에서 여성들은 모두 잠재적 피해자입니다" 같은 설명이 그러한 예입니다. 이는 성폭력 피해자들에게 "네 잘못이 아니야"라고 이야기할 수 있는 중요한 힘을 부여하는 혁명적인 설명이었습니다.

하지만 피해자들에게 힘을 주는 동시에 그들의 힘을 빼버리는 이야기일 수 있다는 점에서 동전의 양면입니다. 구조의 변화를 이야기할 때는 성폭력 피해를 없애기 위해 가부장제를 타파해야 합니다. 구조가 성폭력 피해의 원인이기 때문입니다. 이런 논리는 자연스럽습니다. 하지만 개별 피해자를 만나는 활동가인 우리가 "성폭력은 가부장제 사회에서 여성을 성적으로 통제하는 기제입니다"라고 말하면 매우 허탈해집니다.

가부장제는 각자의 머리에서 떨어져 존재하는 추상적인 틀이 아닙니다. 성차별적 제도와 규범이 여성들의 자긍심을 훼손하고 있다는 사실이 간과되어서는 안 됩니다. 이를 탐색하기 위해 여성 개인에게 가부장제가 어떻게 경험되고 있는지도 매우 중요합니다. 이는 가부장제에 대한 설명과는 다른 차원의 이야기이기도 합니다. 가부장제에 대한 문제를 제기하지만, 가부장제를 여성들이 일상에서 어떻게 경험하고 있는지를 이야기해야 이후에 일상에서 어떻게 바뀔지를 이야기할 수 있기 때문입니다. 그러면 어떻게 할까요? '생물학적 성별'이라는 것이 있습니다. "여자는 태어날 때부터 몸이 약해, 수동적이야, 여자가 하긴 뭘 해?" 이것이 일상적으로 개인들이 경험하는 '생물학적 성별'이라는 이데올로기의 내용입니다. 머릿속으로는 '평등하게 교육받을 권리가 있다, 차별받지 않을 권리가 있다, 나도 남성들과 동등한 사람이야'라고 생각하지만, '그래도 애는 여자가 키워야지', '그래도 성폭력 피해가 있을지 모르니 일찍 다녀야지'라는 굉장히 모순된 생각도 한 개인 안에 함께 존재합니다. 이렇게 한 개인에게 '당신은 평등한 권리를 가졌습니다'라는 말과 '그래도 이 사회는 아직 여성들에게는 위험하니까 현실적으로 자신을 조금 통제해서 맞춰갈 필요가 있습니다'라는 관념이 공존하는 문화가 여성들의 힘을 뺍니다. 여기에서 (여성의) 힘 기르기라는 말이 나옵니다. 이렇게 힘을 빼는 사회에서 여자들끼리 힘을 키우면서 행복을 이야기하려는 것입니다.

여성의 힘 기르기를 말하기에 앞서 여성단체의 위치, 혹은 성폭력 피해를 상담하는 우리의 위치에 대해 고민해야 합니다. 이는 폭력과 차별을 이야기하는 성폭력상담소의 존재 목적에 대한 근본적인 질문이기도 합니다. 여성단체들도 역사가 오래되고 성폭력상담소도 200개가 넘습니다. 이렇게 여성운동이 대중화되자 성이나 폭력에 대한 이야기가 늘어났습니다. 그러면서 가부장제 사회에서 성과 몸이 폭력과 피해로 경험된다는 말이 많아졌습니다. 하지만 성에 대해 이야기하자면 꼭 성폭력만 있는 것은 아닙니다. 성이라는 말을 접하면 여러분의 일상에서는 어떤 경험이 떠오르나요? 굉장히 다양할 것입니다. 모순적이고 갈등적인 것들이 섞여 이름 붙이기가 어려운 나머지 섹슈얼리티(sexuality)라는 번역될 수 없는 말로 쓰기도 합니다.

한국성폭력상담소에서는 성이라는 이슈를 성폭력이 아닌 다른 말들로 풀어보자는 시도가 늘어나고 있습니다. 예를 들어 '욕망 찾기 초급 과정'이라는 프로그램을 2007년도에 시작했는데 꾸준히 계속할 예정입니다. 이 프로그램은 성은 성폭력만이 아니라 욕망이기도 하고, 자위(masturbation)이기도 하며, 성관계할 때의 체위이기도 하고, 관계이자 삶이라고 말합니다. 자위에 대한 정보를 나누면서, 자신이 지금껏 생각했던 폭력과 피해의 개념이 변하기도 합니다. 성폭력을 이야기해야만 성폭력 피해를 극복한다는 강박은 이런 프로그램의 운용 사례에서는 맞지 않습니다. 여성주의 자기방어를 통해 자신의 몸을 더 단련하면, 성폭력 위험에서 자신을 지킬 수 있을뿐더러 자존감도 높아지고, 관계에서 주도권을 잡으며, 섹스를 하는 방식이 달라지는 경험을 하게 됩니다. 성에 대해 이야기할 수 있는 방식은 무수히 다양합니다. 그런데 왜 많은 여성들은 꼭 성폭력을 주제로 이렇게 많은 운동을 지속해왔고, 왜 여성단체들 중에 성폭력, 성희롱, 데이트강간, 가정폭력, 성매매를 다루는 단체가 많을까요? 폭력과 차별, 고통으로 경험되는 '성'을 주제로 다루는 경우가 태반입니다. 고통스럽고 힘드니까 이를 구제하기 위해 사회도 뭔가 해야 한다는 것입니다. 성에 있어 굉장히 폭력적인 피해에 집중하면서 제도를 만들어온 것이 여성운동의 역사이기도 합니다. 현장에서 보면 아시겠지만, 많은 여성들이 자신의 피해를 법적으로 구제받을 수 있는 계기가 생겼습니다. 예전에는 "여자 팔자 더럽다"라고 했던 것이 이제는 "성폭력은 정조에 관한 죄가 아니라 사회적인 문제이고 성적 자기결정권에 대한 침해이다. 그러므로 가해자, 혹은 가해자를 옹호하는 2차 가해인 국가와 경찰이 부정의한 것이다"라는 여성단체의 주장으로 대체됐습니다. 현실은 어떨지 몰라도 이런 주장은 이제 성폭력상담소에서 통용되는 상담 매뉴얼의 하나이기도 합니다. 법적 변화를 시도해왔던 여성운동, 혹은 상담소의 성과입니다.

하지만 여기에도 문제가 있습니다. 성폭력 피해 사건에 대한 법적 지원을 하다보면 '존경하는 재판장님'으로 시작하는 진정서와 탄원서를 써야 할 때가 있습니다. 활동가들에게 다중인격을 경험하게 하는 상황이 바로 이 '존경하는 재판장님'으로 시작하는 진정서 작성입니다. 예를 들어 데이트강간으로 상담소를 찾아온 여성의 이야기를 들었습니다. 얼마나 힘들었는지 충분히 알겠지만 그 상황을 경찰에게 진술했을 때, 경찰은 이해하기 힘들겠다는 것을 상담원 자신은 알고 있습니다. 가령 다섯 번의 피해가 있었다고 했지만 고소해놓고 상담을 진행하는 과정에서 이 여성이 첫 번째와 두 번째는 좋아했던 것 같다고 하면서 (피해인지 아닌지) 잘 모르겠다고 말합니다. 하지만 나머지는 강간이었습니다. 이걸 가지고 경찰 진술을 다시 하고 재판까지 갑니다. 판사에게 어떻게 이런 이야기를 하겠어요? "첫 번째 두 번째는 사랑한다고 생각했어요"라고 진정서에 솔직히 쓰라고 이야기하기는 힘듭니다. 판사는 대뜸 "어쨌든 연애관계네요. 결국 내심 동의한 거 아니었어요?"라고 할 가능성이 매우 높습니다. 이런 상황을 우려해 상담자는 그 여성에게 "첫 번째와 두 번째는 경찰 진술할 때부터 이야기하지 마세요"라고 이야기하거나 "첫 번째와 두 번째도 동의하지 않았다고 하세요"라고 이야기하고픈 마음이 생깁니다. 나는 이 여성과 충분히 소통하고 이 여성과 함께 이 사회의 가부장제 규범과 맞서 싸우겠다고 하는 사람인데, 어느 순간 수사기관과 법원의 시각에서 그녀의 경험을 재단하고 있음을 깨닫습니다. 이럴 때 나는 실제 여성의 삶과 다른 규범성을 주장하기도 합니다. 나는 이 여성의 이야기를 다 들었기 때문에 이 고통이 어떻게 출발했고, 그녀의 애인과의 관계가 어떻기 때문에 관계를 거절하지 못했는지에 놓인 복잡한 맥락을 다 압니다. 하지만 그것을 드러냈을 때는 재판에서 질 것을 알기 때문에 내담자 여성과 전략회의를 합니다. "법원에서는 눈물을 흘리는 것이 좋을 수도 있습니다", "너무 대차게 재판장한테 욕하거나 참고인으로 나와 있는 가해자에게 삿대질하며 욕하지는 마세요"라고 하는 식입니다. 이런 순간에 여러분의 마음은 복잡해집니다. 재판장이 피해자에게 호감이나 동정심을 품게 해야 한다는 생각에 이렇게 실제 여성의 삶과 다른, '규범적인 여자다운 여성의 삶'으로 이야기를 각색해 누가 봐도 '피해 입었을 만하네, 고통스럽겠네'라고 생각할 수 있는 경험만 골라 이야기하게 됩니다. 그래서 사실 '존경하는 재판장님'으로 시작하는 진정서를 쓰면 쓸수록 우리는 실제로 재판장님을 더욱 존경하게 됩니다. 사법부와 어떻게 하면 맞설지 고민하기보다는 어떻게 하면 사법부에 잘 보일까, 어떻게 하면 가해자가 집행유예가 아니라 1년이라도 징역을 살게 할까 하는 생각이 우리의 지원에서 많은 시간을 차지할수록 비판적 시각이 크기는 어렵습니다. 여성이 앞으로 이런 피해를 입지 않는 삶, 본격적으로 삶과 일상의 시뮬레이션에 대해 이야기하기보다는 "명예훼손으로 고소당할 위험이 있으니 (화가 나도) 좀 참으세요"라고 이야기할 수밖에 없는 순간이 폭력 피해에 대해 이야기할 때 우리가 겪는 갈등입니다. 이는 폭력 피해를 법적·구조적으로 이야기하는 것의 한계이기도 합니다.

그러나 여기에서 하고 싶은 이야기는 피해를 입거나 피해를 법적으로 구제받는 등의 사안에 골몰하는 것이 아니라 '피해를 입지 않는 것'은 어떻게 가능할지입니다. 상담을 하는 현장에서는 도발적인 질문입니다. 자신의 피해를 안고 오는 사람들과 어떻게 이런 이야기를 할 수 있을까요?

'높아진 여성의식'과 이를 따라가지 못하는 일상의 괴리를 말하고 싶었습니다. 일례로 제가 당당한 여성, 평등한 여성, 차별받지 않을 권리에 대한 강의가 끝나고 저녁 8~9시쯤 집으로 가는 길의 어두운 골목을 걷다보면, 무섭기도 하고, 뒤에서 누가 쫓아오는 듯한 두려움에 사로잡히기도 합니다. 여성을 당당한 주체라고 이야기해왔지만 동시에 폭력과 차별에 대한 공포를 느끼고 있다는 것에 자존심이 상하고 짜증과 분노를 경험합니다. '나 또 이러고 있어!'라는 것을 느낍니다. 밤길 되찾기 시위에 참여하면 일부러 노출된 옷을 입기도 합니다. "야한 옷이 문제냐? 야한 옷을 입었다는 핑계로 성폭력을 하는 가해자들과 가해자를 방치하는 이 사회가 문제다"라는 주제의식이 밤길 되찾기 시위의 콘셉트이니까요. 그래서 일부러 밤길 되찾기 시위를 할 때는 가슴이 다 보이는 푹 파인 셔츠를 입거나 속옷 같은 바지를 입거나 해보는 겁니다. 하지만 밤길 되찾기 시위에서 야한 옷을 입고 급진적 구호를 외치고 있는 나의 권리와 어두운 골목에서 나 홀로 품고 있는 현재의 공포 사이의 엄청난 간격을 어떻게 조절할까요? 어렵습니다.

  또 다른 예로 아버지의 가부장적 인식과 삶에 분노하지만 여전히 힘없는 아버지의 기 살리기를 하고 있는 딸들이 참 많습니다. 아버지가 성폭력 가해자일 때 "넌 성폭력 가해자야, 이 새끼야"라고 따지며 고소하기 어려운 이유는 뭘까요? 그건 캄캄한 마루의 소파에 앉아 혼자 텔레비전 방송 프로그램을 보고 있는 아버지를 보면 가슴 한쪽이 쓰라린 감정과도 연결될 것입니다. '그래도 아버지는 가장인데, 아버지가 가장의 권위를 가질 수 있도록 내가 먼저 아버지를 섬겨야 하는 것은 아닐까? 아버지의 잘잘못을 묻는다는 것은 자식된 도리로서 하지 않는 것이 맞는 걸까?'라는 생각으로 폭력적이고 권위적인 아버지를 사랑하는 딸들이 많습니다. '가장의 권위를 유지해야 한다. 가장에게 인정받는 것이 중요하다'라는 것은 사실 머리에서 나온 생각이라고 할 수 없습니다. 몸에 배어 있는 지식입니다. 아버지를 증오하지만 사랑하기에 아버지에게 인정받고 싶다는 마음의 공존은 모순적이지만 우리의 삶이자 현실입니다. 이런 간격을 어떻게 메울 수 있을까요? 피해를 호소하는 과정에서 '존경하는 재판장님'이라고 하지 않아도 되는 방법은 뭘까요? 굳이 사법부에 납작 엎드리지 않고도 결과적으로 피해를 입지 않을 수 있는 방법은 무엇이며, 행복에 대해 이야기하려면 어떻게 해야 할까요? 여기에서 하고 싶은 제안은 '말을 바꾸기보다 몸을 바꾸자'는 것입니다. 그렇다면 몸을 바꾸는 것이 무엇이기에 말이 아니라 몸을 바꾸는 것이 중요하다고 이야기하는지에 대한 의문이 생깁니다. 그에 대해 두 가지를 이야기할 겁니다.

3. 자발적으로 종속되는 몸

첫 번째는 자발적으로 종속되는 몸이라는, 어렵지만 흥미로운 이야기입니다. 여기서 이야기하는 몸은 생물 교과서에 나오는 몸, 즉 뼈와 피와 살에 대한 것만은 아닙니다. 태어날 때부터 아주 익숙하게 몸에 딱 붙어 있는 것처럼 느껴지기에 문제시되지 않는 습관에 가깝습니다. 운전하다보면 속상한 일이 많습니다. 제한속도인 시속 80킬로미터로 가고 있는데 뒤에서 누군가가 내 차를 추월해서는 차문을 내리고 "이 쌍년아, 운전 똑바로 해" 하고 지나갔습니다. '지금 나보고 그런 거야?'라며 너무 놀랄 상황입니다. 이런 상황에서 어떤 여자가 죽을힘을 다해 쫓아가 빵빵거리고 비상등을 켜며 그 차를 갓길에 세웠습니다. 거기까지는 잘 했는데 그 뒤에 어떻게 할지를 모르겠다는 겁니다. 상대방이 차를 세우고 나왔습니다. 운전을 거칠게 한 사람일수록 꼭 적반하장으로 나옵니다. 당장 삿대질을 시작하고 기차 화통을 삶아 먹은 듯이 커다란 목소리로 말합니다. "솥뚜껑 운전이나 하지, 여자가 왜 차를 갖고 나오는 거야." 대뜸 반말로 기선을 제압해옵니다. 그에 반해 많은 여성은 예의 바르고 조심스러운 제스처와 몸놀림에 너무 익숙합니다. 실제 이런 순간에 어떤 여성이 자기도 모르게 "선생님, 이러시면 안 되죠"라고 말했다고 생각해봅시다. 왜 갑자기 선생님이라는 말이 튀어나왔을까요? 그건 이 사람을 생각해서 나온 말이 아닙니다. 몸에 배어 자연스럽게 나온 것입니다. 상대방은 거친 상욕을 하며 본격적인 공격을 시작하는데, 이 여성이 '선생님'이라고 하는 것은 잘못된 선택입니다. 그쪽에서 거칠게 나올 때에 대비해 이쪽에서도 평소 모습인 '나'와는 별개의 모습으로 혼낼 방법을 알고 있어야 합니다. 여러 가지 중에서 선택할 수 있는 삶의 모습을 가져야 합니다. '선생님, 이러시면 안 되죠'라는 식으로는 위기 대처 능력이 떨어져 살기 힘듭니다. 저는 그런 모습을 보면서 여자들이 자기 몸을 다른 장(場)으로, 자기가 써보지 않았던 몸으로 변화시키는 훈련을 해본 적이 없다는 생각을 했습니다. 한 번도 그러한 훈련을 경험하지 않은 사람은 갈등 상황에서 목소리를 낼 수 없습니다.

　이 상황을 설명하는 몸에 대한 키워드로 '자발적 종속'이라는 말을 소개하고 싶습니다. 플라세보(Placebo)라는 영국 록 그룹의 노래 중에 「프로텍트 미 프롬 왓 아이 원트(Protect me from what I want)」라는 노래가 있는데, 자신이 원하는 것으로부터 자신을 보호하라는 말입니다. 뭔가 시적인 말이죠? 어렵고도 힘든 말입니다. 이해를 돕기 위해 한 가지 예를 들어보겠습니다. 사랑하는 사람의 고통이 어디서 시작되는지에 대한 질문입니다. 여러분의 지난 연애 경험이나 지금 하고 있는 연애 경험을 떠올려보시기 바랍니다. 처음에 내가 먼저 상대방에게 끌렸습니다. 그 사람도 나한테 호감이 있는 것 같은데, 아무리 봐도 내가 상대를 좋아하는 만큼 나를 좋아하지는 않는 것 같습니다. 그럴 때 마음이 어떨까요? 내가 문자 메시지를 보냈는데 답장이 안 오면 '나를 어떻게 생각할까?' 하는 질문이 꼬리에 꼬리를 물고 생겨납니다. 잠도 이루지 못할 정도로 힘이 듭니다. 이렇게 고통스러운 것은 그 사람을 너무 사랑하고 있기 때문입니다. 사랑하지 않았다면 고통도 없었을 것입니다. 덜 사랑하는 사람이 권력을 잡고 있습니다. 덜 사랑하면 저 사람이 나한테 전화하지 않아도, 문자 메시지를 보내지 않아도, 나를 심드렁하게 대해도 그냥 헤어지자고 할 수 있습니다. 덜 사랑하기 때문입니다. 사랑하는 사람의 고통은 사랑에서 시작됩니다. 욕망하지 않는다면 고통 없이 편안한 상태를 유지할 것입니다.

연애 상담을 하겠다는 친구들을 만나면 똑같은 이야기인 것 같지만 정작 자신은 새롭다며 이야기하고 있습니다. 이런 이야기를 듣다보면 "그 사람이 뭐가 그렇게 좋니? 그렇게 단순하고 너한테 사기나 치는 남자한테 빠져 있으니 참 걱정된다. 누구를 만나더라도 그 사람보다 훨씬 좋은 사람 만날 거야. 더 좋은 사람 많으니까 다른 사람 소개해줄게"라고 말해주고 싶어집니다. 하지만 소용이 없습니다. 이미 그 사람을 욕망하고 사랑하고 있기 때문입니다. 그렇게 고통스러워하고 마음속에 심한 폭풍우가 지나가야 시간도 지나갑니다. 시간이 지나면서 인생에 연애가 아닌 다른 사건들이 생기고, 다른 관계가 이뤄지고, 다른 사람들이 눈에 들어옵니다. 시간이 흐른다는 것은 시간 속에 있는 나의 역사가 계속 축적된다는 것입니다. 그리고 나와 내 주변에 일어나는 일들을 통해 나에게 익숙한 몸의 느낌과 습관이 변화한다는 것을 의미합니다. 이런 과정을 거쳐 자연스럽게 고통이 사라집니다. 고통이 사라진다는 것은 상대를 점점 덜 원하게 되는 과정입니다. "고통스럽지 않으려면 욕망하지 마라." 이게 앞서 말한 플라세보의 노래 제목일 것입니다.

이런 이야기를 통해 성폭력 피해의 경험을 이야기하는 방식을 새롭게 만들 수 있을지에 대해 생각을 나누고 싶습니다. 좀 더 설명을 하자면, 종속적으로 주체화되는 몸이 바로 사랑하는 사람의 고통과 비슷합니다. 종속적으로 주체화된다는 것은 모순 어법입니다. 종속이라는 말이 '내 의지와 상관없이 외부 압력에 따른다'는 말이라면 주체화는 '자신이 적극적으로 행동하는 주체가 된다'는 말이기 때문입니다. 종속과 주체는 마치 사랑하는 사람이 고통스러워하듯 동전의 양면처럼 붙어 있습니다. 이런 예를 들 수 있습니다. 여성단체에서는 다이어트, 결혼제도, 성매매 같은 성별 규범이나 성차별적 제도들을 매우 많이 비판합니다. 그런데 페미니즘의 설명 틀을 갖고 설명하다가도 어느 순간 예쁜 페미니스트들에게 복잡한 감정을 갖기도 합니다. 어쨌든 사회적으로 발언권을 가지려면 어느 정도의 몸매와 표정을 갖춰야 합니다. 사회에서 '팔리는' 표정, 분위기, 생김새 등의 외모가 있습니다. 같은 이야기를 하더라도 사회적으로 요구되는 외모를 지녔고 매너를 갖춘 사람의 말발이 통하는 경우를 겪어봤을 겁니다. 이 사회에서 주체가 되고 적극적 발언권을 가지려면 어떻게든 일정 수준 이상의 사회규범에 맞춰야 합니다. 즉, 이 제도와 구조에 종속되고 그 구조에 내 몸을 맞추면서 사회의 성원권을 얻게 된다는 것입니다.

미셸 푸코(Michel Foucault)가 권력을 설명하는 틀이 이와 유사합니다. 근대 이전에는 사회를 통제하는 방법 중 하나가 죄수에게 공적 공간에서 신체형을 행하는 방식이었습니다. 공적인 자리에서 사람들을 찢어 죽이고 태워 죽이는 과정에서 직접적으로 개인들의 몸이 파괴되는 것을 목격하면서 통제되는 것입니다. 내 눈앞에서 파괴되는 신체를 보며 권력의 존재를 느낍니다. 하지만 근대의 권력은 그렇지 않습니다. 형벌은 밀실에서 행해지고, 개인들은 처벌받는다는 사실을 일상적으로 확인받지 않아도 알아서 자기 몸을 거기에 맞춥니다. 이를 자발적 종속, 주체적 종속이라고 이야기합니다. 강제적인 권력을 노골적으로 사용하지 않기 때문에, 권력이 있고, 가부장제와 성별 규범이 나를 통제하고 있다고 생각하지 않습니다. 그나마 시간이 지나면 통제한다는 생각 자체를 잊고 '원래 태어날 때부터 그런 거야'라고 생각하기도 합니다. 이것이 몸을 해석할 때의 핵심입니다. 너무 당연하게 여겨지는 것은 그것이 '몸'에 붙은 습관이기 때문입니다. "나는 다이어트 같은 것이 사회적으로 문제라고 생각하지만, 너무 뚱뚱하면 게을러 보이잖아"

라고 이야기한다거나, "이성애 결혼을 안 하면 평생 사회 성원권을 인정받지 못하는 사회가 문제라고 생각하지만, 솔직히 결혼하지 않은 여자들이 예민하고 곧잘 히스테리를 부리잖아"라고 이야기합니다. 그러면서 "경험 삼아 결혼 한번 해보는 것도 나쁘지 않지"라고 말합니다. 강제적 지배를 통하지 않고도 권력과 위계는 유지됩니다. 예를 들어 초등학교 다니는 아이들이, 심지어 1학년인데도 화장하는 것을 봤습니다. 학교 앞 문구점에서 색조 화장 세트를 팔 정도입니다. 성별 규범이 익숙해지는 연령대가 점점 더 낮아지는 것 같습니다. 그 규범은 시장과 결합해 상품을 만들어내고 구매됩니다. 규범과 위계에 대한 비판 능력이 있더라도 규범과 위계가 요구하는 사람이 됐을 때 누릴 행복감을 포기하기란 거의 불가능합니다.

요즘에도 '아이스께끼'를 하나요? 예전에는 말도 못했습니다. 당시에는 딸들에게 분홍색 원피스와 흰색 타이츠를 입히는 것이 '로망'인 어머니들이 많았습니다. 어머니가 옷 깨끗하게 입으라는 말을 군이 하지 않더라도 흰색 타이츠에 구멍이 나거나 운동장에서 뒹굴며 놀다가 옷이 찢어지는 것이 '창피한 일'이라는 생각을 하게 되는 나이가 있습니다. 이 깨끗하고 한 점 더러움 없는 원피스와 타이츠의 상태를 유지하는 것을 중요하게 생각했던 것 같습니다. 사실 많은 10대 여성들이 축구를 하고 싶어 하거나 달리기를 좋아했는데 나중에 그런 활동적인 운동을 흰색 타이츠 때문에 못했다고 생각하면 참 억울해할 일입니다. 예를 들어 뒤에 큰 리본이 달린 분홍색 원피스를 입고 흰색 타이츠를 신고 집에 걸어가고 있습니다. 그런데 남자애들이 치마를 들어올리고 '아이스께끼'라고 하면서 도망가서는 자기들끼리 킥킥댑니다. 이 여자애의 반응은 어떨까요? 내 팬티를 본 너의 바지를 벗기기 위해 지구 끝까지 쫓아가겠다는 여자애들은 거의 없습니다. 왠지 창피해하면서 쫓아가 혼내주고 싶지만 그렇게 하면 안 될 것 같아 울기 일쑤입니다. 아이들이 선생님한테 이야기하면 선생님이 남자애들을 불러 "힘센 남자가 여자를 괴롭히면 쓰나. 보호해줘야지" 하며 타이릅니다. 그럼 여자애는 어떤 생각을 할까요? 머리끝까지 화가 나 있는데 선생님은 자신을 괴롭힌 부당한 남학생에게 자신이 느낀 고통을 겪게 하는 것이 아니라, 힘센 남자가 여자를 보호해줘야 한다고 말합니다. '그럼 저 아이는 나를 괴롭히는 사람이기도 하고, 언젠가 나를 보호해줄 사람이기도 하다는 건가? 왜 저 싸가지 없는 놈이 나의 보호자가 될 수 있다는 거지?' 이런 복잡한 생각을 하며 집으로 가서는 부모와 가족을 만납니다. "담임선생님이 힘센 남자애가 나를 보호해주는 거래. 근데 나는 미워죽겠어. 때려주고 싶어." 이런 이야기를 하면 어머니는 딸이 울고 있으니 화가 나다가도 우선 위로해야 한다는 생각에 이런 이야기를 합니다. "우리 ○○가 너무 예뻐서 그래. 널 좋아해서 그런 거니까 신경 쓰지 마." 이때 이 여자애는 혼란스러움을 느끼며 이 세상에 대해 이상한 해석 틀을 갖게 됩니다. 하지만 그 순간에 가장 자연스러운 감정은 복수심입니다. 괴롭힘을 당하면 누구나 화가 나고 다시는 그러지 못하게 하고 싶은 마음이 들기 때문입니다. "걔가 다음에 또 너를 괴롭힐 수 있으니까 가만히 있으면 안 되는 거야. 누군가가 너를 때리려고 하면 주저하지 말고 방어해. 그러다가 네가 맞더라도 네 잘못이 아니야. 너를 괴롭힌 그 녀석 잘못인 거지." 이렇게 이야기했다면 여자아이의 인생이 많이 달라졌으리라고 확신합니다. "밖에서 네 (여자)친구들이 괴롭힘을 당하면 적극적으로 도와줘. 그게 '정의(正義)'라는 거야." 부모에게 이런 이야기를 듣고 자란 여성은 자기가 '정의로운 사람'일 수 있음을 어렸을 때부터 깨닫고, 그것이 자기의 자부심이 될 수 있음을 알게 됩니다. 힘센 남자가 나를 보호해줘야 한다는 생각이 없는 여성의 삶은 어떻게 될까요? 남자들과의 관계가 달라질 것입니다. 내가 누군가를 보호해주거나, 다른 사람이 나를 보호해주는 것이 성별에 따른 역할이 아니라, 상황에 따라 언제라도 달라질 수 있는 행동일 수 있다고 생각할 것입니다. 그뿐 아니라 다른 여자들과의 관계, 사람들과의 관계, 그리고 이 모든 관계와 삶의 총체로서 자신의 비전을 형성할 것입니다. 많은 것이 달라질 겁니다. 주변에 자신과 비슷한 비전을 갖는 사람들과 네트워크가 생기고, 자신이 중요하게 생각하는 관계나 인생의 가치를 형성하며, 좋은 친구들도 많이 만나게 될 겁니다.

여성들이 자신을 무기력하거나, 누군가가 괴롭혀도 눈물만 흘릴 뿐 도와달라는 말밖에 못하는 존재로 생각하며 살아가는 것이 현실입니다. 사회에서 이야기하는 적당한 사회규범을 몸에 체화하고 살아가는 것이 자연스럽다는 것은 이미 몸이 알고 있습니다.

이제 본격적으로 성폭력 피해를 이야기해볼까요? 앞서 욕망은 고통의 다른 얼굴이고 더 사랑할수록 더 고통스럽다고 했습니다. 이를 성폭력 피해자에게 적용해보겠습니다. 성폭력 피해 고통 중 가장 많이 이야기하고 그럴 것이라 추측하는 것은 성적 수치심입니다. 사람들 얼굴도 못 쳐다보겠고, 제대로 된 결혼생활을 할 수 있을지 두려워하거나 심지어 그런 말도 하지 못한 채 울고만 있기도 합니다. 수치심으로 고통스럽다는 것은 무엇을 욕망하는 것일까요? "여자는 정숙해야 해. 여자한테는 '성적으로 정숙하다'는 가치가 최고야. 아무리 똑똑하고 돈 많아봤자 여자가 '걸레'면 무슨 소용이냐? 아무짝에도 쓸모없다." 이런 말들이 가부장제 사회의 규범입니다. 많은 이들이 이런 규범을 내면화하고 있습니다. 자기주장과 자의식이 강한 여성이고 그에 대한 자긍심이 있지만, 성적으로 문란한 것은 싫다는 마음을 가지면 가질수록 성폭력 피해를 입은 후, 성적 수치심에 따른 고통은 극대화됩니다. 그리고 나서 '나는 이제 평범한 사람이 아니야. 남들처럼 평범하게 살고 싶었는데 인생이 바뀌어버렸어. 나는 평범한 여자가 아니라서 괴로워'라고 생각하고는 합니다. 이 고통은 어느 욕망과 맞닿아 있을까요? 도식적으로 말하자면 정숙한 여자를 좋아하는 남자를 욕망하는 것과 닿아 있습니다. 이를 원하면 원할수록 자신이 평범한 여자가 아니라는 사실이 고통스럽습니다. 정숙한 여자를 좋아하는 남자이든 섹스 경험이 많은 여자를 좋아하는 남자이든 간에, 남자가 인생에서 중요하지 않다면 고통을 받지 않을 수도 있습니다. 그리고 '왜 여자에게 정숙한 것이 중요하다고 했지? 정숙한 여자가 중요하다고 한 사람들은 누구였지? 내가 중요하고 당연하게 생각했고, 욕망한다고 느낀 것은 사실 나의 욕망이 아닐 수도 있어. 나는 다른 행복을 욕망했을 수도 있는 거야'라는 생각으로 이어질 수 있습니다.

"아무에게도 말할 수 없어서 상담원 선생님에게만 말하는 거예요. 부모님께도 말할 수 없고 남자 친구에게도 알리고 싶지 않아요." 그런데 아무에게도 말할 수 없는 고통스러운 답답함은 어디서 오는 걸까요? 가족에게 걱정을 끼치지 않고 함께 잘 지내고 싶은 마음일 것입니다. 그런데 이 가족은 어떤 가족인가요? "남자는 사기그릇이고 여자는 유리그릇이야. 사기그릇은 깨지면 붙일 수 있지만 유리그릇은 붙일 수 없으니까 조신해야 해." 이런 이야기를 어릴 때부터 듣고 자란 사람은 부모에게 성폭력 피해에 대해 이야기할 수 없습니다. 그 사람에게는 자기의 성폭력 피해보다 부모에게 말하지 못하고 혼자 속병을 앓으며 사는 것이 더 힘든 일입니다

어떤 가족인지가 중요합니다. "가족들과 어떻게 소통하고 싶은가요? 앞으로 자신의 인생에서 어떻게 함께 살아갈 건가요?"를 반드시 물어야 합니다. "얼마나 힘드시겠어요"라고 하는 것이 성폭력 상담의 끝이 될 수는 없습니다. "당신이 그렇게 중요하다고 생각하는 가족은 어떤 사람들입니까? 그 관계는 어떤 관계인가요?" 등을 묻지 않는다면 고통을 직면하기 힘듭니다. 가족에 대해 질문하기란 어렵습니다. 하지만 어렵다고 해서 이 이야기

를 놓아버린다면 여러분이 피해 여성들을 만나는 의의를 찾기 어렵습니다.

'내가 왜 술을 먹었지? 그때 내가 술만 안 먹었어도…….' 하지만 이 회한 어린 자책은 "어째서 이 사회는 성폭력을 입은 여자에게 호의적이지 않은가?"라는 질문으로 바뀔 수 있습니다. 자신이 느끼는 고통에 대해 다른 활로를 찾아보자는 것입니다. 당연하게 생각했던 내 인생의 행복, 여자로서의 삶을 바꿀 수 있는 강력한 질문이 필요한 순간이 많습니다. 일상적으로 상담하다보면 이런 도전적인 질문을 놓칠 수 있고, 이를 나누는 방법을 훈련받기도 어렵습니다.

이렇게 고통과 연결되는 욕망은 어떻게 만들어질까요? 다음과 같은 예를 들 수 있습니다. 제가 중학생일 때, 학교로 전학해온 친구가 있었는데 '걸레'라고 소문이 난 친구였습니다. 학교 '일진'이 있는데 그 일진의 일등부터 십등까지 그 친구와 성관계를 하지 않은 아이가 없고 낙태를 몇 번 했다는 식의 소문이 휩쓸자 그 친구는 그 소문 때문인지 다시 전학을 갔습니다. 그때 제가 들었던 '걸레'라는 말. 누군가를 '걸레'라고 말하면서 욕하는 모습을 보고 경험한 후에 저는 사람한테 걸레라고 하는 것은 몹시 모욕적이고 기분 나쁜 것임을 중학생일 때 이미 알게 된 것입니다. '여러 남자와 섹스를 한다는 것은 성적으로 매우 은밀한 부정행위이다. 나는 절대 걸레가 되지 말아야지'라고 생각하게 되는 것입니다.

요즘은 좀 달라졌다고는 하지만 어렸을 때부터 순결교육이 이뤄져 왔고, 여기에는 성별화된 규범이 존재합니다. 자위를 예로 들 수 있습니다. 남학생을 대상으로 했을 때에는, 공부에 집중하게 하려면 아들 방에 '크리넥스 티슈'를 넣어주라는 말을 합니다. 딸에게는 성적인 욕구 때문에 공부를 못하면 안 되니까 크리넥스를 넣어주라는 말은 하지 않습니다. 여자들에게 하는 성교육에서 섹스와 관련된 이야기로는 '아이를 낳을 몸이니 청결해야 한다'는 위생 문제를 언급할 뿐입니다. 많은 것들이 성별화시키는 교육입니다. 고리타분한 순결교육이 없어졌다고는 해도 여전히 남자와 여자는 어떻게 하라는 식의 규범이 재생산됩니다.

힘센 여자를 농담의 소재로 삼는 개그 프로그램이 많습니다. 신혼여행 첫날밤에 여자를 살짝 들어서 침대로 살포시 던지는 것은 로맨스이지만, 반대로 팔 근육이 우람한 여자가 남자를 살짝 들어 침대로 던지는 것은 웃기는 일이 되어버립니다. 사실 남자가 들 수 있을 만큼 여자가 가벼울까요? 드라마에서 이런 장면을 찍을 때 NG가 많이 나는 것도 여자가 생각보다 무거워서입니다. 여중생의 이미지는 어떨까요? 찰랑거리는 단발머리에 잘 다려진 교복 치마, 베이비로션 냄새. 하지만 실제로 여중생 교실에 가보면 더럽습니다. 치마 속에 체육복을 껴입고 세 계단씩 올라가다 치마가 찢어지는 일은 다반사입니다. 여자 중학교에는 별일이 다 있습니다. 보통 우리가 경험하는 여중생의 이미지와 우리가 따라야 하는 이미지는 그렇게 다릅니다.

힘센 여자는 멋있습니다. "도와주세요!" 하고 소리 지르지도 못한 경험담보다는 누가 자신을 공격하려 할 때 상대방의 옆구리를 가격해봤고, 무섭지만 상대방을 가격하고 도망칠 시간을 벌어봤다는 경험담이 훨씬 멋집니다. 성폭력 피해를 입은 여성들과 상담하기보다는 피해를 입지 않는 법에 대해 더 많이 이야기하고 싶습니다. 광고, 규범, 교육, 주변의 소문들을 통해 어떤 여자가 되어야 하는지에 대한 정보를 습득합니다. 그 결과 "나는 여자니까 이렇게 살래. '겨털'(겨드랑이 털)도 없고, '걸레'도 아니고, 힘도 세지 않은 여자로 살고 싶어"라고 말하게 됩니다. 모든 사람이 이 규범에 맞춰 행동하거나 말하는 것을 보면 신기할 정도입니다. 마치 전 세계에 음모가 도사리고 있는 것처럼 보이기까지 합니다.

이렇게 자발적으로 원하게 되고, 그것에 종속된다고 이야기되는 주체는 어떻게 해방되고 변화될 수 있을까요? 다만 기억할 것은 제도나 규범, 성별 이데올로기, 성별 이중 규범, 여자를 창녀와 성녀로 나누는 성적 등급화 같은 제도나 규범 등은 단지 개개인의 몸을 통해서만 유지된다는 겁니다. 제도는 절대 몸과 분리되어 존재하지 않습니다. 개인이 규범을 통해 자신의 몸을 익숙하게 움직여야 제도가 유지됩니다. 즉, 권력관계, 피해를 만드는 구조는 개인들이 그 구조에서 요구하는 규범이 몸에 자연스러울 때 비로소 원활하게 유지·재생산됩니다. 이를 체현(體現)된 규범이라고 합니다. 체현은 몸에 딱 붙었다는 것, 즉 이유를 반문할 필요도 없이 자연스럽게 보이는 것을 의미합니다. 그래서 규범의 변화를 이야기할 때 몸이 변화한다는 것이 매우 중요하다는 생각을 하게 됩니다.

4. 의사소통하는 몸

몸에 대한 두 번째 키워드로 넘어가겠습니다. 바로 '의사소통하는 몸'입니다. 의사소통은 보통 '너와 내가 이야기를 통해 서로의 의사를 파악한다'는 것을 의미합니다. 하지만 사실 말(언어) 이외의 것이 의사소통에서 훨씬 더 많이 활용된다고 합니다. 서로에 대한 정보는 이야기를 나누기 전에 이미 몸으로 파악됩니다. 많은 심리학자들이 의사소통의 거의 70퍼센트 이상이 비(非)언어적인 의사소통이라고 이야기합니다. 이런 상황을 떠올릴 수 있습니다. 나는 저 사람과 밥을 먹기 싫지만, 굳이 그 이유를 설명할 수는 없습니다. 다만 느낌이 있을 뿐입니다. 그 사람과 같이 먹으면 체할 것 같은 느낌이 들 때, 상대가 "밥이나 먹고 가세요"라고 하면 "약속이 있어서⋯⋯."라고 하게 됩니다. 말하지 않아도 이미 몸으로 서로의 느낌을 소통해 아는 겁니다. 내가 불편함을 느끼면, 웬만한 경우가 아니고서는 대부분 상대도 나의 불편함을 감지합니다. 몸의 메시지는 잘 감춰지지 않습니다.

우리가 상담을 할 때도 몸으로 하는 의사소통이 중요합니다. 말 이전에 이미 몸으로 뭔가 오갑니다. 시선, 눈빛, 제스처, 손가락의 움직임 같은 것들이 훨씬 중요할 때가 있습니다. 몸으로 하는 의사소통은 말로 할 필요가 없기 때문에 즉각적으로 알게 됩니다. 의식할 필요가 없기에 빠르게 몸으로 판단해버립니다. 이는 일생에 걸쳐 반복적으로 훈련받는 것입니다. 꾸중 들을 때 선생님을 똑바로 쳐다보면 "어디서 버르장머리 없이 어른을 똑바로 쳐다봐?"라고 합니다. 몸에 대한 훈련 과정입니다. 누군가가 자신을 혼내고 있을 때, 그 사람을 똑바로 쳐다보면 여러분은 혼날 수 없습니다. 즉, 누군가는 혼내는 위치에 있고, 누군가는 혼나는 위치에 있어야 '꾸중하는 순간'이 만들어질 텐데, 둘 중 하나가 역할을 수행하지 않으면 꾸중이 불가능해집니다. 시선을 아래로 향해야 한다는(이른바 '눈을 까는') 것을 어렸을 때부터 반복적인 몸 훈련을 거쳐서 터득합니다. 따라서 자연스럽다고 할 수 없습니다. "어디서 눈을 똑바로 뜨고 어른을 쳐다봐!" 이런 말을 100번쯤 듣다보면 사람이 어떻게 될까요? 누군가가 자신을 꾸중하는 상황이 되면 자연히 위축됩니다. 위축된다는 것은 몸이 특정하게 움직인다는 겁니다. 어깨가 움츠러들고, 시선은 다소곳하게 발끝을 쳐다보고, 두 손은 얌전하게 마주잡아 최대한 상대에게 복종하는 몸으로 변화하는 겁니다. 선생님한테 혼날 때 '한 대라도 덜 맞으려면 눈을 깔아야 한다'는 것을 깨닫게 됩니다. 비굴한 몸이 될 때 상대에게 복종하게 되고, 그럴 경우 상대의 비위를 가장 잘 맞춰 당시의 잡음을 최소화합니다. 신입사원과 사장이 같은 엘리베이터에 탄 상황을 가정해봅시다. 사장이 "자네, 집은 어딘가?" 하면서 어깨를 툭툭 칠 수 있습니다. 몸으로 이미 아우라를 전달하는 겁니다. 하지만 반대로 신입사원이 사장에게 같은 질문을 하면서 어깨를 툭툭 칠 수는 없습니다. 사장과 신입사원이라는 권력관계는 몸의 의사소통을 통해서도 계속 유지되기 때문입니다. 사장 앞에서 머리를 조아리는 것은 '당신에게 복종하고 있다'는 나의 의지를 표현하는 것입니다. 꾸중을 듣고 있을 때 상대를 도발적으로 빤히 쳐다보거나, 사장의 어깨를 툭툭 치는 몸의 움직임은 권력관계에 대한 도전으로 여겨집니다. 권력에 도전하므로 큰 문제가 되는 것입니다. 그런 신입사원이 회사를 오래 다니기는 쉽지 않을 겁니다. 이런 식으로 말이 아닌 몸으로 권력관계가 유지되고 재생산됩니다. 이 예는 낸시 헨리(Nancy Henry)가 쓴 『몸의 정치학(Body Politics)』에 나옵니다. 이런 권력관계는 도처에 깔려 있습니다. 몸의 상호작용 혹은 커뮤니케이션이 어떻게 그 권력관계를 부드럽고 오랫동안 유지시키는지에 대한 이야기입니다.

같은 책에 나와 있는 또 다른 예를 들어보겠습니다. 이 책의 저자는 미국 사람이기 때문에 인종차별과 관련한 예들을 많이 소개합니다. 미국 사회에 사는 흑인인 당신이 직장을 구하고 있습니다. 당신은 예의가 바른 데다가 자신이 받은 교육이나 경력에 대한 자부심이 있습니다. 그렇게 자부심을 가진 당신이 입사를 원하는 회사에 면접을 보러 찾아갔습니다. 긴장되는 순간이겠죠? 그런데 문을 열고 들어가 면접실에 앉아 있는 면접관이 모두 백인이라는 사실을 발견한 순간, 말하지 않아도 어떤 불편함을 느낍니다. 면접관들은 다른 백인 피면접자들보다 유독 자기에게 별 관심이 없다는 느낌이 듭니다. 자기 능력에 자부심이 있던 당신은 갑자기 불안해집니다. 불안한 모습은 백인 면접관이 갖고 있는 '흑인에 대한 편견'을 입증합니다. 백인 면접관은 '흑인은 무능력하고 자신감 없으며 공적 장소에서 불안감을 감추지 못한다'고 생각하고 있으며, 실제 흑인 피면접자는 백인 면접관 앞에서 스스로 신경질적이고 불안해하는 모습으로 변해갑니다. 백인 면접관들이 흑인 피면접자에게 조직의 비전을 묻는 대신 "흑인이지만 잘할 수 있겠나?"라고 질문하는 순간, '상대가 나에게 바라는 모습과 태도가 있음'을 알게 됩니다. 상대방이 내게 전달하는 액션을 보면서 나는 거기에 맞게 리액션을 합니다. 상대의 액션에 반응하지 않고서는 의사소통 자체가 불가능하기 때문입니다. 이 책은 결국 흑인은 백인의 인종차별주의에 거부하거나 저항하는 것이 아니라 백인이 생각하는 흑인에 대한 편견대로 대응할 뿐이라고 설명합니다. 결국 백인과 흑인 간의 권력관계는 몸을 통해서 재생산됩니다. 일상적으로 우리가 체험하는 권력은 우리의 몸을 통해 적극적으로 만들어집니다. 가장 무서운 것은 '나는 원래 그런 사람'이라고 생각하게 만들어 구조적 문제제기를 원천적으로 봉쇄한다는 점입니다. 이것이 차별을 정당화하는 기제가 됩니다. '흑인은 원래 그래', '여자는 몸이 약하잖아. 그러니까 조심했어야지 왜 밤에 늦게 돌아다녀?'라는 식으로 만들어지는 연결고리가 생깁니다. 여자들의 이동권, 시간 사용에 대한 권리 박탈은 '여자들은 원래 그래'라는 생각으로 정당화됩니다. 사실 우리 몸에는 '원래' 그런 것이 없는데도 말입니다.

부녀 관계도 마찬가지입니다. 감정적 유대가 있으면 더 어렵습니다. 무술을 오랫동안 배운 언니 한 명을 알고 있습니다. 운동을 오래 한 사람은 몸이 다르다는 것을 느끼시죠? 예전에 이 언니는 터미네이터처럼 날아다녔다고 합니다. 어렸을 때부터 무술을 해서 몸에 밴 겁니다. '나는 원래 꿀리는 것이 없다! 누가 나를 때리면 바로 상대의 팔을 쳐낼 수 있다'는 느낌이 몸에 붙어 있었답니다. 이 언니가 중학교 1~2학년이었는데 어느 날 아침 식탁에서 밥을 먹던 중에 큰언니와 아버지 사이에 말싸움이 붙었습니다. 아버지가 참지 못하고 벌떡 일어나 손이 올라가는 것을 본 순간, 자기가 좋아하는 언니를 (내가 사랑하는 아버지라고 해도) 때리는 것을 두고 볼 수 없어서 아버지에게 달려갔답니다. 이런 경우에 보통 너무 무서워서 아버지를 막아서기보다는 울거나 도움을 요청하는 장면이 그려질 텐데, 이 언니는 그게 익숙하지 않았던 것입니다. 자기도 모르게 달려가서 아버지를 뒤에서 꽉 껴안고, 무릎 뒤편을 자기 무릎으로 세게 밀어버렸습니다. 결과적으로 아버지가 무릎을 꿇는 장면이 연출됩니다. 그리고 자연스럽게 손으로 아버지의 팔을 뒤로 비틀어 깍지를 껴버렸답니다. 아버지는 물론 언니 자신도 놀랐습니다. '내가 지금 뭘 했지?'라는 생각은 몸이 우선 움직인 다음에야 머리에 떠올랐습니다. 갈등 상황이 발생했을 때 몸으로 뭔가 할 수 있음을 아는 사람은 그 상황을 자신에게 유리하게 파악해 자연스럽게 해결할 수 있습니다. 사실 부녀 관계에서 딸이 아버지에게 예절을 갖추고 존경심을 표현하는 것은 몸적 소통입니다. 아버지가 딸이나 어머니를 때리는 것은 (물론 부당한 일이지만) 상상할 수 있어도 반대 상황, 즉 어머니나 딸이 아버지를 때리는 장면은 어색하고 웃기거나 '패륜'이기 때문에 논할 가치도 없다고 치부됩니다. 한마디로 불미스러운 일이기 때문입니다. 하지만 남편이 아내를, 아버지가 딸을 때렸다고 하면 "맞을 짓을 했으니까 때렸겠지. 오죽했으면 그랬겠어"라고 합니다. 서로의 관계가 그런 몸적 소통을 가능하게 하는 관계이기 때문입니다.

마지막 순간에 협상하는 것은 몸적인 협상입니다. 아무리 설득해도 안 되고, 때리지 말라고 애원해도 안 되면 어떻게 하시겠어요? 팔이 나가든지 다리가 올라가든지 옆에 있는 물건을 집어던지거나 깨든지 다양한 방법을 통해 몸으로 그런 메시지를 전해야 합니다. 공격이 안 되면 잘 피하는 기술을 터득해 상대의 '때리려는 의도'를 실패시켜야 합니다. 부녀 관계라고 해서 자신이 원하지 않는 폭력 상황을 견딜 이유는 없습니다. 그러기 위해 '부녀 관계'에서 가능하다고 여겨지는 '몸'이 아니라, 그 몸을 벗어나 다른 몸이 되는 훈련을 해야 합니다.

지하철에서는 소위 '쩍벌남' 때문에 불쾌함을 토로하는 분들이 많습니다. 의사소통은 액션과 리액션입니다. 액션이 있고 리액션이 있어야 상황이 완성되는 겁니다. 다리를 벌린 사람은 말 대신 몸으로 이미 자기 메시지를 주고 있습니다. '다리 좀 벌려도 되겠지? 나는 내 옆 사람이 불편한지 아닌지에 대한 관심도 감각도 없어'라는 식입니다. 하지만 반대로 그 옆에 앉아 있는 사람은 심기가 불편합니다. 다리를 벌리고 신문을 쫙 펼쳐서 보고 있는 사람들의 모습은 매우 자연스러워 보이고 편안해 보이는데 어째서 옆에 있는 여자는 불편하고 자연스럽지 않게 느껴질까요? 쩍벌남 사이에 있는 여자가 불편한 기색이 역력해 보이는 상황에서, 그 여성은 '밀쳐내는 것이 왜 이리 어렵지? 답답하고 화가 나지만 어떻게 해야 할지 모르겠어'라고 리액션을 하는 셈입니다. '불편해도 뭔가 말하거나 어떤 행동을 취하는 것이 더 힘드니 그냥 있을게요'라는 메시지를 보내는 것일 수도 있습니다. 다른 칸으로 가거나 "다리 좀 오므려주세요"라고 이야기할 수 있는데도 끙끙거리며 앉아 있는 사람은 그 메시지를 상대에게 보내기가 힘들다는 것을 몸으로 말하고 있습니다. 쩍벌남의 메시지에 대한 위와 같은 응답은 그냥 있겠다는 메시지로 읽힐 수도 있습니다.

사람들의 움직임을 유심히 관찰하면 남녀 간 차이점을 발견할 수 있습니다. 걸을 때 팔을 휘젓는 각도, 보폭, 자기 몸을 기준으로 팔다리를 움직이는 폭, 시선 등이 다릅니다. 특히 시선을 타인에게 두는 것을 얼마나 편하게 생각하고, 타인에게 시선을 주는 것을 얼마나 익숙하게 여기는지를 살피다보면, 남자와 여자의 몸놀림이 상당히 다르다는 것을 알게 됩니다. 몸을 많이, 크게, 다양한 방식으로 써본 사람들은 몸놀림이 상당히 자연스럽습니다. 사람들은 이를 "남자와 여자가 원래 다르다"라는 식으로 말합니다만, 남자와 여자가 몸을 무척 다르게 써왔기 때문에 결과적으로 몸놀림이 달라지는 것입니다. 예를 들어 공이 날아오고 있을 때 여러분들은 그 공을 어떻게 하시나요? 공을 가지고 놀아보지 않은 사람은, "어, 어, 어, 공이 오네, 오네" 하다가 그대로 맞습니다. 머리로는 피할 수 있음을 알지만 실제로 공을 피해보거나 잡아보지 않은 사람은 피할 생각을 못하거나 반사적으로 등을 돌리게 되고, 공은 등을 때립니다. 공이 오면 피할 수도, 잡을 수도 있습니다. 다른 물건으로 막을 수도 있습니다. 공을 치거나 막는다는 것은 내 공간이 넓다는 뜻입니다. 내 공간으로 들어온 이질적 존재를 스스로 통제할 수 있다는 것입니다. 자신이 통제할 수 있는 공간이 넓어지는 것은 자신의 공간이 넓다는 말과 같습니다. 반대로 공에 대해, 세상의 다른 물체에 대해, 타인의 행동에 대해 무방비상태라는 것은 내게 속한 공간이 그저 내 몸 자체일 뿐임을 말합니다. 주변 상황을 통제하는 것을 어려워한다는 의미입니다. 자기의 몸 공간이 넓다는 것은 우리가 일상적으로 느끼는 감수성과 연결되어 있습니다. 안전함에 대한 감수성은 위험을 어느 정도 통제할 수 있는지와 연결됩니다. 통제할 수 있다면 예측할 수 있고, 예측할 수 있다면 안전함을 느낄 것입니다. 몸으로 느낄 수 있는 공간이 작으면 내 공간이 딱 그만큼인 겁니다. 내 공간을 누가 침범했을 때 "이건 내 공간이거든?"이라고 바로 반응하지 못하면 나는 위축되고 축소된 공간에서 살아가게 됩니다.

상당수의 성폭력 혹은 폭력 피해는 가해자와 피해자가 이러한 메시지를 나누는 의사소통의 결과로 완성됩니다. 가해자는 '여자니까 나보다 힘도 약하고 날 무서워할 거야. 난 칼도 가졌으니, 여자가 소리를 지르더라도 한 손으로 입을 막을 수 있어. 입을 막아버리면 여자니까 위축될 거야'라고 기대하며 가해를 시도합니다. 많은 피해 여성들이 가해자가 원하는 바로 그 몸으로 변화합니다. 마치 흑인이 면접을 볼 때 백인 면접관이 기대하는 상태로 변하는 것처럼 말입니다. 두렵고 위축감을 갖는 순간 몸이 확 얼어버려서 소리도 안 나옵니다. 갑자기 누가 뒤에서 나를 안았다고 생각해보세요. 가해자가 판단하기에, '어려 보이고, 몸도 약해 보이고, 여자가 힘이 세면 얼마나 세겠어?'라고 생각하며 가해를 시도한 상황입니다. 그런데 이 여자가 만만하지 않았던 것입니다. 우선 손을 물거나 옆구리를 칠 수 있고 소리를 엄청나게 지를 수 있습니다. "꺅"하는 소리가 아니라 뱃속에서 나오는 짐승의 소리를 지른다면 가해자는 움찔하고 놀라면서 '이 여자 뭐야?' 하고 몸을 사리게 됩니다. 그럴 때 고환을 세게 친다든지, 정강이를 찬다든지, 눈을 찌르는 행동을 하면 적어도 100미터쯤 달릴 시간은 벌 수 있습니다. 손에 피를 묻히기 싫으면 도망가는 것도 좋은 방법입니다. 만약 그렇게 상황이 바뀐다면 성폭력 피해의 순간은 만들어지지 않습니다. 피해자가 될 뻔했던 여성이 가해자가 기대하는 몸으로 응답하지 않았기 때문입니다. 성폭력 피해도 발생하지 않습니다. "피해 입을 뻔했지만, 그 자식이 나를 우습게 봤다가 큰 코 다쳤어"라는 상황으로 이야기가 다시 쓰일 수 있습니다. 피해 후 상담하고 치유하기보다는 피해를 입지 않는 방법을 살펴보자고 이야기한 것입니다. 성폭력 피해는 가해자의 의도만으로 만들어지는 것이 아닙니다. 가해자의 의도, 피해자가 무기력할 것이라는 가해자의 기대 그리고 이에 대한 피해자의 응답, 즉 무기력하고 소리도 지르지 못하는 피해자의 몸이 만든 메시지가 가해자에게 전달되는 순간에 성폭력이 이뤄지는 경우가 많습니다.

그렇다면 성폭력 가해자의 의도가 실패했을 때의 상황을 떠올려봅시다. 버스에서 누가 내 엉덩이에 자기 페니스를 문지르고 있습니다. 그 남자는 '나보다 어린 여자니까 내가 엉덩이 좀 만져도 가만히 있겠지'라는 메시지를 몸으로 보내는 것입니다. 그 남자는 이제까지 자기가 버스에서 만지고 추행했던 여자들이 별 반응 없이 부끄러워하면서 가만히 있거나 황급히 버스에서 먼저 내리는 것을 봤기 때문에, 자기 경험칙에 근거해 액션을 하는 겁니다. 그런데 이번에 자기가 엉덩이를 은근히 비비고 있는 이 여자는 다른 여자들처럼 가만히 있지 않을 것입니다. 욕을 할 수도 있고, 신발로 상대의 발등을 찍을 수도 있습니다. 뒤꿈치로 상대의 정강이를 때릴 수도 있고, 페니스를 꽉 잡아버리거나 사람들에게 "여기 이 사람이 자기 꼬추를 내 엉덩이에 비비고 있어요"라고 알리는 등 여러 가지 방법이 있습니다. 이 여성이 이렇게 행동하는 것은 그 남자의 메시지에 '사람 잘못 골랐거든? 나는 당신이 생각하는 그런 몸이 아니야'라고 대응하는 것입니다. 근데 이런 행동이 마음을 먹는 것만으로 실행에 옮겨질까요? '감히 나를 건드려?'라는 생각은 있으나, 남자 페니스를 만지는 것이 끔찍해 손을 댈 수 없다면 내 손으로 상대의 페니스를 움켜쥐고 고통을 느끼게 할 수 없습니다. 누군가를 때려본 적도, 욕해본 적도 없다면 그 상황에서 상대에게 욕을 하거나 발등을 찍는 것도 쉽지 않을 겁니다. 하지만 그런 행동을 해본 적이 있고, 페니스에 대한 공포감보다는 나의 분노를 표현하는 것이 더 익숙한 사람은 이런 행동을 반사적으로 할 수 있습니다. 이런 공격은 보통 '여성적'이라고 여겨지는 몸의 모양새, 행동과 반대되는 것으로 보입니다. 피해자에게는 여자다운 규범이 요구되고 가해자에게는 남자다운 규범이 요구되는 톱니바퀴가 어긋나면 톱니는 돌아가지 않습니다. 성추행을 하려고 했던 상대의 의지는 실패하게 됩니다. 가해 의도를 갖고 나를 공격하는 상대에게, 그 상대가 예상하지 못했던 행동과 말을 함으로써 여성들은 성폭력상담소에 찾아오지 않고도 이런 상황을 종료시킬 수 있습니다.

이런 문제의식은 지하철 성추행 같은 사건들을 상담할 때 어떻게 현실화될 수 있을까요? 어떤 메시지를 어떤 내용으로 여성들에게 전달할 수 있을지는 모든 상담원들이 생각하는 과제입니다. 모든 여성에게 "그때 왜 이렇게 하지 않았어요?"라고 말하는 것이 상대의 행위를 비난하는 것처럼 들릴 위험요소가 있는 것은 사실입니다. 하지만 "다음에 똑같이 누군가가 나를 성추행하려고 할 때, 어떻게 하면 좋을까요?"라는 이야기를 하는 것은 매우 중요합니다. 상담하러 찾아온 여성에게 "그것은 성추행이 맞습니다. 「성폭력특별법」상 공중밀집장소에서의 추행은 처벌받을 수 있습니다. 다만 증거나 증인, 증언해줄 목격자가 있어야 유리합니다. 기동수사대에 전화해 도움을 요청하세요. 경찰서에 가서 고소장을 접수하세요"라는 식의 정보를 많이 제공하시죠? 물론 이런 정보를 내담자에게 드리기 위해 우리도 많은 훈련 및 교육을 받아야 합니다. 그런 것들은 피해 이후에 어떤 행동을 할 수 있는지를 알려주는 내용이 대부분입니다. 하지만 피해를 입지 않을 수 있는 훈련을 함께 할 수 있습니다. 체육관에서 몸을 사용해서 훈련할 수도 있고, 머릿속으로 모의 상황(simulation)을 만들어볼 수도 있습니다. "내가 공격당했을 때 어떤 몸의 반응이 주로 나오나? 이제까지 어떤 반응이 자연스럽게 나왔나? 그때 상대의 반응은 어땠나?" 같은 질문을 해보면서, 지금까지 내 몸이 상대가 기대하고 예상하는 반응만 보였다면, 이제 상대가 예상하지 못하는 방식으로 반응해보는 겁니다. "어머, 왜 이러세요"라며 눈물 흘리는 것이 아니라, 대차게 소리를 질러보는 연습, 욕을 해보는 연습을 같이 해볼 수 있습니다. 이렇게 가해자가 의도한 의사소통이 실패하는 일이 많이 생겨날수록, 여성들에게 자행되는 성폭력 피해는 줄어들고 많은 여성들이 자기만의 자랑스러운 무용담을 갖게 될 겁니다. "그때 나 만만하게 본 자식들이 있었는데 이렇게 했더니 뼈도 못 추렸지"라거나 "전에는 몰랐는데 나 전생에 싸움닭이었나봐. 너무 잘 싸워"라는 식의, 자기 몸과 자신에 대한 새로운 인식과 그로 인한 자신감이 싹트기 시작합니다.

이런 과정을 통해 당연히 피해가 일어날 거라고 예측하는 순간들은 뒤엎어집니다. 그러면서 여성, 피해자들이 경험하는 세상, 이들이 체험하는 세계는 달라집니다. 구체적으로 어떤 몸 훈련들이 이뤄질 수 있고, 이것들이 어떤 프로그램으로 변주되는지에 대한 이야기는 제3강에서 다룰 것이므로 세부적으로 언급하지는 않겠습니다. 다만 몸을 자기에게 익숙하지 않은 방식으로 써보는 경험을 통해 여자들은 더 많은 선택지와 전략을 갖게 된다는 점을 강조할 필요는 있습니다. 드라마를 보면 싸우는 장면이 많이 나오는데, 그때 여자들은 툭하면 눈물을 흘리곤 합니다. 말싸움이 심각하게 벌어지다가, 남편 혹은 남자 친구가 화를 주체하지 못해 여자 친구나 부인의 뺨을 때립니다. 그때 여러분은 어떻게 하시겠어요? 드라마를 보면서 어떤 느낌이 드시나요? 기분이 좋지 않습니다. 내가 맞은 것처럼 얼굴이 화끈거리기도 하고, 그렇게 맞았는데도 분노하기보다는 눈물만 흘리는 여자 배우를 보면서 속이 터지기도 합니다. 내 말을 안 듣고 나를 때리려는 생각으로 다가오고 있는 사람에게 "때리지 마세요", "오빠 왜 이래?", "오빠 나 사랑했잖아?"라며 계속 말만 할 건가요? 심지어 그런 남자들은 때리고 나서도 "내가 널 너무 사랑해서 그랬다"라고 합니다. 로맨스의 한 장면입니다. 여러분은 어떻게 할 건가요? 날 너무 사랑하는 그 사람이 나를 때리도록 둘 건가요? 오히려 나를 너무 사랑한다고 하는 그 사람과 어떤 관계를 맺을지, 그 관계를 맺기 위해 나한테 무엇이 필요한지를 생각해야 할 것입니다. 그런 생각을 할 여유 공간을 만들기 위해, 우선 그 사람이 나를 때리려고 하는 상황 자체를 변화시켜야 합니다. 때리려는 사람의 의지를 막을 수 있는 것은 무엇일까요? 내 뺨을 때릴 때 맞지 않기 위해 할 수 있는 행동에는 무엇이 있을까요? 팔을 이용해 막거나 상대방이 상상하지 못하는 '깨는 행동'을 할 수도 있습니다. 욕을 하거나 침을 뱉거나 방귀를 뀔 수도 있습니다. 창의적으로 생각해보면 주변에 있는 사물을 이용해 상황을 조절할 수 있을 겁니다. 협상이 이뤄지지 않았을 때 마지막으로 쓸 수 있는 협상카드는 몸이라는 사실을 많은 여자들이 잊고 있습니다. 한 번도 써보지 않았기 때문입니다. 신체적 협상력이 없다면, 누구와 관계를 맺더라도 갈등 상황에서 불리해질 수 있는 위치에 머물게 됩니다. 상대가 예의바른 사람이라면 갈등 상황에서도 우아한 의사소통을 할 수 있겠지만, 그렇지 않은 사람을 상대한다면 주먹 한 방에 "살려주세요"라고 빌면서 한순간에 비굴하고 모멸적인 의사소통을 할 수도 있습니다.

5. 성폭력 피해 상담 사례, 몸으로 다시 읽기

여러분이 상담을 한다고 생각하고, 세 가지 가상 상황을 설정해 성폭력 피해 경험을 몸으로 읽는 연습을 함께 해보겠습니다.

> **상황1** 집으로 돌아가는 길에 낯선 사람이 다가와 나를 근처 주차장으로 데려갔다. 가서 자신의 성기를 입으로 빨게 한 후, 증거를 인멸하기 위해 정액을 마시게 했다. 경찰에 신고하면 죽이겠다고 협박했다.
>
> **상황2** 술만 마시면 뻗어버리는 여성이 있다. 술을 마시는 상대는 늘 다른 남성이지만, 공통적인 것은 대부분 같이 마시는 남자들에게 강간 피해를 입는다는 것이다.
>
> **상황3** 결혼한 여성이 있다. 아이는 대학생이고 남편은 사업을 하고 있다. 오랜만에 친구 찾기 사이트에서 고등학교 동창을 알게 되어 오프라인에서 만났다. 그 남자 동창과 술을 마시다가 강간 피해가 있었다. 남편이 이 사실을 알게 될까봐 불안해한다.

각각의 사례마다 여러분들이 중요하게 포인트를 두고 상담하는 내용이 다를 겁니다. 변화에 대한 탐색이라고 한 만큼 '몸'으로 경험을 읽는 것이 상담에서 여성의 '변화'를 이야기하는 데 어떤 가능성을 제시하는지 생각해보면 좋겠습니다.

첫 번째 상황입니다. 변화를 탐색하기 힘들어 보입니다. 저도 이분의 피해를 들으면 많이 압도되고 걱정될 것 같습니다. 이분과 어떤 대화를 나누게 될까요?

교육생 1 그 상황이 피해자 입장에서는 자기가 할 수 있는 최대한의 방법이었음을 인정해주면서, 그 상황에서는 나도 그렇게 할 수밖에 없었을 것이라고 말하겠습니다. 소리를 지르지 못했던 것에 대한 자책감과 여전히 남아 있는 두려움을 해소하기 위해 공감하는 것입니다.

많은 피해자들이 그 상황에 처한 것 자체를 자신의 잘못이라고 간주합니다. 피해 이후에 사람들에게서 "네 잘못도 있는 것 아니냐?"라는 식의 비난을 듣게 되면 더욱 그럴 수밖에 없습니다. 그런 사람들에게 "당신이 특별히 이상해서 피해를 입은 것이 아닙니다. 그런 상황에 처했다는 것이 당신 잘못은 아닙니다"라고 말해주는 겁니다.

교육생 2 지금 전화했을 때는 뭔가 마음에 걸리는 것이 있어 전화했을 테니, 그에 대해서 함께 이야기해보자는 식으로 이야기를 이끌어갈 것 같습니다.

맞습니다. 전화나 면담을 통해 어떤 이야기를 할지를 논의하며 상담을 통해 도달할 목표를 함께 설정할 수 있습니다. 그런데 이 여성과 함께 설정할 수 있는 목표는 무엇일까요? 이 여성은 가해자가 시키는 대로 고소도 안 했고, 증거인멸을 위해 옷도 다 버렸습니다. 이 여성이 말하는 것은 '신고하고 싶고 고소해버리고 싶다'가 아닙니다. 다만 너무 무서워하고 있습니다. 가해자의 협박에 압도되어 자신에 대한 정보도 일절 주지 않고 있습니다. 상담원에게 자기 사건을 이야기하는 것도 가해자에게 도청되고 있을까봐 두려워하는 상황입니다.

보통은 이런 경우 '법적 지원', 즉 경찰은 나를 보호해줄 수 있는지, 신고하면 나에게 도움이 될지 등에 대한 이야기를 많이 나누기도 합니다. 가해자들이 이렇게 피해자들을 협박했을 때, 경우에 따라서는 그 협박이 현실화되기도 하므로 협박 내용을 거짓이라고 단정해서는 안 됩니다. 경찰이 늘 피해자를 보호할 것이라는 보장도 없기에, "가해자가 협박한다고 해도 괜찮아요. 그냥 신고하세요"라고 할 수는 없습니다. 그렇다면 불안함이 여전히 남아 있는 일상을 어떻게 살아갈지, 하루하루의 삶을 어떻게 이어갈지에 대한 이야기로 시작하는 것이 좋습니다. 여기서 내 앞에 앉아 있을 여성과 이야기를 시작하기 어려운 것은 이 여성이 여전히 가해자의 협박과 폭력에 압도된 나머지 그 상황을 현재로 여기며 살고 있기 때문입니다. 당시 상황에서 아무런 액션도 못했습니다. 너무 무서웠고, 누군가가 나를 공격할 수 있음을 피부로 느낀 것은 처음이었습니다. 그 상황을 떠올리는 것이 너무 싫고 괴로운 겁니다. 이 여성의 공포와 무력감을 극대화시키는 것은 무엇일까요? 아마 '나는 피해 상황에서 너무 무기력했고, 지금도 당시 상황으로 되돌아가면 비슷한 반응을 보이며 당하고 있을 거야'라는 생각이 그녀의 고통을 극대화시키고 있을 것입니다.

변화에 대한 탐색은 실제로 내 삶에서의 그리고 구체적 장면에서의 나의 반응에 대한 '변화'를 상상해보는 것입니다. 이 여성이 앞으로 또 비슷한 상황에 처한다면 어떻게 할 것인지 이야기해보는 것이 중요합니다. 이 이야기를 하기 위한 친밀감 형성은 당연히 선행되어야 합니다. 그와 함께 상담 현장에서 이야기할 수 있는 조건이 생긴다면 다음과 같이 이야기할 수 있을 듯합니다. 피해자는 지금 가해자에게 오럴 섹스를 강요당했는데 그것이 굉장히 혐오스럽게 느껴지면서 자신이 싫어집니다. 오럴 섹스 피해를 입었다면 여러분은 피해자의 마음이 어떨 것이라고 짐작하시나요? 오럴 섹스의 피해에는 남성의 페니스에 대한 혐오나 공포심이 연관되어 있을 것입니다. 그와 관련해 피해자 여성과 어떤 이야기를 나눌 수 있을까요? 남자의 페니스는 기본적으로 말랑말랑한 살덩어리입니다. 페니스에 뼈가 있는 것이 아닙니다. 발기하면 단단해지기도 하지만 평소에는 다른 신체부위보다 더 외부 고통에 민감한 살덩어리입니다. 하지만 페니스는 유약한 외관과 다른 사회적 의미를 지닙니다. 자기 페니스를 꺼내 자위하는 사람을 '바바리맨' 혹은 '아담'이라고 합니다. 제가 다니던 학교에서는 이 사람들을 '존레논(좃내논)'이라고도 했습니다만, 바바리맨들이 자기 방 침대가 아니라 공적 장소에서 자위할 때 성적 흥분을 느끼는 것은 자기 페니스를 보고 소리 지르며 도망가는 여학생들이 있기 때문입니다. 즉, 다른 것은 몰라도 자기의 페니스만은 힘을 과시한다고 느끼는 것입니다. 살덩어리일 뿐인 페니스가 황당할 정도의 힘을 지닌 무기가 되는 셈입니다. 남자 페니스에 대해 사회적으로 공유하고 있는 의미와 감수성은 강간 피해의 중요한 내용을 구성합니다. 상담할 때 사회적 의미의 페니스에 대한 질문도 던질 수 있어야 합니다. 피해자 여성이 느끼는 고통, 말하지도 못하는 감정이 무엇인지를 이야기할 때 필요한 질문입니다. 그 사람의 페니스를 입으로 빨았다는 것이 왜 나에게 엄청난 고통을 주는지에 대한 물음은 페니스를 보는 우리 사회의 규범과 관련됩니다. 남성의 페니스를 깨물 수도 있고 씹을 수도 있습니다. 자신에게 닥친 상황에 빠르게 대처하는 것을 방해하는 요소가 무엇인지 생각해봐야 합니다. 페니스에 대해 말하는 것을 어렵게 하는 것에 대해 이야기하다보면 그와 관련해 이 여성이 중요하게 생각하는 가치는 무엇인지, 이 여성이 상상하는 미래에 대한 행복과 비전이 무엇인지에 대한 이야기까지 연결될 수 있습니다. 무기력해진다는 것은 실제로 신체적 능력이 없어진다는 것이 아닙니다. 많은 경우 무기력감은 실체가 없는 공포입니다. 실체가 없는데도 그 공포는 절대적이고, 실체가 없기 때문에 그것을 극복할 수도 없습니다. 성폭력 상담원들은 실체 없는 공포와 무기력감을, 대면할 무언가로 만드는 작업을 해야 합니다. 구체적 실체를 이야기할 필요가 있습니다. 상대의 페니스를 빨았다고 해서 당신이 더러워진 것이 아니라고 함께 말하지 못하고, 그저 '고소 과정에 대한 (법적) 정보'만 제공하는 것으로는 그녀의 고통에 다가가지 못합니다. 그녀의 고통에 다가가기 위해 욕망에 접근해야 한다면 무슨 이야기를 시작해야 할까요?

두 번째 상황은 술만 마시면 뻗어버리고 강간을 당하는 여성에 대한 사례입니다. 이렇게 같은 상황에 놓일 때마다 비슷한 피해를 입는 사람들을 만납니다. 이들에게 "당신 잘못이 아니에요"라는 이야기만 반복하면 무슨 효과가 있을까요? 당신 잘못이 아니기 때문에 다음번에 일어날 피해도 당신 잘못이 아니고, 작년에 있었던 피해도 당신 잘못이 아니었다는 이야기에만 그치면 '변화를 모색하는 작업'이라고 하기 어렵습니다. 그렇다면 이야기를 더 발전시키기 위해, 당신 잘못은 아니지만 피해가 일어나는 패턴에 익숙해져 있음을 깨닫게 하는 것부터 시작할 수 있습니다. 즉, 자신이 피해 상황을 완성시키는 데 일조했음을 알려주는 것입니다. 상황을 만든 것이 자신이라면, 상황이 일어나지 않게 할 수도 있습니다. 이는 몸의 의사소통이라는 부분으로 설명될 수 있습니다. 다소 기계적으로 사례를 넣기는 했지만, '애교'

는 여성화된 의사소통 방식이자 성적인 의사소통 방식입니다. 애교와 콧소리에 익숙한 여성이 술만 마시면 뻗어버리고 동석한 사람한테 강제적으로 성관계를 당했다며 상담소에 전화를 하는 경우, 이 여성과 어떤 이야기를 나누고 싶은가요? 여러분들의 솔직한 심정은 '앞으로는 (이제까지처럼) 같은 피해가 생기지 않았으면 좋겠다'일 겁니다. 아마 저는 술을 마시면 드는 기분, 술을 마시고 나서 주로 하게 되는 행동에 대해 먼저 이야기를 나눌 것 같습니다. 몸의 상호작용이라는 측면에서 볼 때, 상대의 의지가 있고 내가 그 기대에 부응하고 응답해야 피해가 생기기 때문입니다. 애교를 통해 섹스어필하는 데 익숙한 여성을 앞에 둔 상대 남성은 '저런 성적 제스처는 한 번 자자고 하는 거야'라고 믿을 수 있습니다(물론 잘못된 생각일 수 있지만 논의를 위해 옳고 그름을 따지지는 않겠습니다). 자신의 행동이 상대에게 어떻게 해석되는지 생각해보기 위해 "어떤 남자들(가해자)은 당신의 의도를 오독하는군요. 그러지 않게 하려면 당신은 어떻게 의사소통을 할 수 있을까요?"라는 물음으로 시작해봅시다.

중요한 장면들에 대해 이야기해볼 수 있을 겁니다. 예를 들어 남자가 술을 마시다 옆자리로 왔을 때 자신의 행동은 어땠는지 물어보세요. "옆자리에 앉는 것은 불편하니까 다시 자리로 가주세요"라고 이야기하지 못하는 사람이라면, 왜 그런지에 대해 이야기해보면 어떨까요? "별다른 의도 없이 다가온 사람을 오해하게 될 것이 미안해서요"라고 한다면, 그녀의 피해가 반복되고 있다는 사실을 짚어줄 필요가 있습니다. 그리고 많은 사람이 이 여성과의 의사소통에서 '성적 도발'을 보고 '성적 유혹'을 느끼며 반응한다면, 많은 사람이 그렇게 느끼는 이 여성의 의사소통 특징에 대해서도 이야기해볼 필요가 있습니다. 애교와 같은 의사소통 방식과 많은 남성이 그런 의사소통을 해석하는 공통적인 방식에 대해서도 알아야 또다시 비슷한 상황이 벌어져도 상황을 통제할 수 있기 때문입니다. 여관 가서 손만 잡고 자자는 남자들의 말을 계속 믿어주고, 갈 때마다 약속을 저버리고 자신을 강간하는 남성들에게 분노하는 상황을 반복하지 않기 위해서라도 필요합니다. 이 상황에서 상담원이 "당신 잘못이 아닙니다"라는 메시지만 주고 있다면 그만큼 무력한 상담이 없을 것입니다. 오히려 "당신은 상대에게 어떤 메시지를 주었나요?"라거나 "상대의 말에 당신은 어떻게 반응했나요?"라는 식으로 비슷한 상황에 대해 다양한 시뮬레이션을 해봐야 할 것입니다.

세 번째 상황은 성폭력 피해 자체에 대해 상담하기보다, 자기가 피해 입은 것을 남편이나 부모가 알게 될 것을 더 걱정한 끝에 전화하는 사람들입니다. 막상 통화를 해도 자신의 강간 피해에 대해서는 거의 말이 없습니다. 그 부분을 걱정할 여력이 없는 것입니다. 오히려 "남편이 알까봐 미치겠어요. 제가 상담하는 거 남편에게 절대 비밀이에요" 같은 말을 남기곤 합니다. 이런 이야기를 듣다보면 거의 가정 내 관계에 대한 상담으로 이어지기도 합니다. "우리는 성폭력상담소니까 남편이나 가정 관련 상담은 다른 데 전화해보세요"라고 할 수는 없습니다. 어떤 면에서 성폭력 상담은 성폭력 사건에 대한 상담이 아니라, 성폭력이라는 단어를 둘러싸고 여성에게 전가되는 수많은 편견에 맞서 함께 싸우는 겁니다. 나를 강간한 고등학교 동창을 죽이고 싶다는 분노가 아니라 내 인생의 동반자가 나를 비난할까봐, 나를 믿지 않을까봐, 나를 더러운 여자로 생각할까봐 걱정되는 마음에 대한 상담인 셈입니다. 평소 남편과의 관계가 어땠는지를 살펴보면, 남편이 부인의 피해 사실을 알았을 때 어떻게 반응할지를 예측할 수 있습니다. 남편과의 관계를 이야기할 때 중요한 것은 삶의 지향입니다. 누구와 함께 어떤 이야기를 나누며 어떤 파트너십을 가져왔는지를 이야기하지 않고는 이를 파악하기 어렵습니다. "당신의 피해 사실을 알게 될까봐 노심초사하는 바로 그 남편과의 관계는 어떻습니까? 결혼 이후 가족들과의 의사소통과 관계의 지형은 어땠고, 당신의 미래에서 남편은 어떤 위치에 있나요?" 같은 것들을 물어야 합니다. 그러지 않는다면 이 고통에 대해 들어간다고 할 수 없습니다. "왜 남편이 그렇게 중요하죠? 왜 남편이 피해 사실을 아는 것이 문제가 되죠?" 라고 물어야 합니다. 이 질문을 마음속에 품고 상담을 하는 것과 놓친 채 상담하는 것은 하늘과 땅 차이입니다. 답이 없습니다. 너무 어렵습니다. 삶에 대한 이야기이기 때문입니다. 내 고통이 어떤 경로를 통해 사라질지 알 수 없습니다. 다만 그 고통을 만들고 있는 욕망이 무엇인지 파악하고, 그 욕망이 고통과 연결된 지점을 확인하는 것이 아주 중요합니다. 이때 변화가 시작됩니다.

'가부장제 반대, 성별화된 규범 반대'에 대해 머리로 잘 알고 있다고 해서 여성주의를 지향하고 여성운동의 가치를 소중하게 받아들인다고 할 수는 없습니다. 오히려 나의 몸이 여성주의적 가치나 규범에 익숙해질 때 여성주의적으로 산다고 볼 수 있습니다. 여성주의 상담도 마찬가지입니다. 상담을 하면서 나누고 싶은 메시지가 방향을 잃지 않으려면, 그 메시지가 상담원의 삶에도 익숙해서 몸에 편안하게 붙을 수 있는 내용이어야 합니다. "머리로 아는 것과 몸이 아는 것은 다르다"라는 말은 사실입니다. 한번 몸에 습관이 붙으면 내 것이 되지만, 그것이 바뀌는 데 많은 시간과 노력이 필요합니다.

그러므로 고통이 아니라 욕망을 질문할 수 있는 힘, 자신의 삶을 새로운 질문으로 이끌어갈 수 있는 능력 같은 새로운 상상력이 필요합니다. 사실 여러분에게도 여성주의적 질문들이 몸에 붙어 있어야 합니다. 그런 상상력을 발휘하기 위해서는 몸의 변화가 필요합니다. 결혼과 '여자됨'이라는 것, 성별 제도와 규범이 어떻게 연결되어 있는지에 대해 끊임없이 성찰해야 합니다. 스스로 바뀌기 전에는 변화를 예측하기 힘들고, 페미니스트 의식 교육만으로 충족되지 않는 것을 보완하기 위해 낯선 곳으로 몸을 던지려는 용기 있는 시도가 필요합니다. 이 과정을 거쳐 자신의 몸이 변화하는 것을 느끼고 그 변화의 즐거움을 알게 된다면, 여러분은 이미 돌아올 수 없는 강을 건너게 되는 것입니다.

제3강

여성주의 자기방어훈련
반격과 넘어서기의 구상과 실제

김민혜정 __ 前 한국성폭력상담소 활동가

1. 시작하며

이번 강의는 제2강에서 살펴봤던 '몸에 주목하는' 시선의 이동이 성폭력
에 맞서는 운동에서, 혹은 성폭력 피해를 경험하게 되는 여성들과 그 상황
에 어떻게 적용될 수 있을지 생각해봅니다.

나를 위한, 그들의 대항 폭력?

촛불시위 이야기를 꺼내보겠습니다. 잘 알려진 대로 촛불시위는 어느 여
자 중학생이 인터넷에 올린 글에서 시작됐습니다. 미국산 쇠고기에 대한 괴
담과 다른 부당한 정책들에 대한 분노가 인터넷과 10대들의 문자메시지 사
이에서 폭주하고 있을 때, 거리로 나와 그 목소리를 촛불의 움직임으로 모

아낸 것이 10대 여성들이었습니다. 문화제 형식으로 시작한 촛불은 자신들의 목소리가 대통령에게 잘 들리게 하려고 청와대로, '도로'로 나오기 시작했습니다. 이때부터 평화롭던 시위에 폭력적인 공권력이 행사됐습니다. 아니러니하게도 공권력의 폭력적인 진압과 과잉대응은 촛불을 폭발적으로 결집시켰습니다.

한편으로는 다른 현상도 있었습니다. 바로 예비군 클럽의 등장입니다. 예비군 클럽은 예비역으로 이뤄진, 일종의 인터넷 기반의 동호회·동창회입니다. 이 사람들은 이미 군인의 신분에서 벗어났기 때문에 평소에는 평상복을 입고 평범하게 살아갑니다. 촛불시위에 오는 다른 시민들과 다를 바 없이 머리도 평범하게 기르거나 염색한, 대학생 혹은 20대 중반의 남성들입니다. 그런데 폭력진압이 시작되자 이들은 예비군 클럽을 결성해 예비군복을 입고 예비군으로서 현장에 나타났습니다.

속마음은 모르겠지만 겉보기에는 촛불소녀들의 행동에 감응해 나타난 것도, 촛불시위의 일원으로 참여한 것도 아니었습니다. 예비군 클럽의 주요 행동은 "위험합니다. 들어가세요"라고 하면서 시민들이 선을 넘어가지 않도록, 어떤 행동 이상을 하지 않도록 통제하는 것이었습니다. 그 근거는 '위험하다'였습니다. 촛불시위를 시작한 것은 무기가 없는 맨손의 시민들이었는데, 이 시민들이 두려움을 무릅쓰고 청와대로 물밀듯이 밀려가는 와중에 시민이면서도 군이 예비군이라는 이름을 달고 온 사람들은 시위 참가 시민들을 제지했습니다.

이들은 시민 중에서도 특히 여자와 어린이를 지키러 왔다는 말을 강조했습니다. 현재 정부가 나쁜 것은 다른 것이 아니라 여자와 어린이까지 때리고 있기 때문이라는 것인데, 이들이 그에 맞선 방식, 즉 그 폭력에 대항한 방식은 촛불소녀들이 시작한 시위에 힘을 보태는 것이 아니라, 촛불시위대를 막아 세우면서 공권력과 대치하는 식이었습니다. 촛불시위의 적극적인 참여자가 아니라, 시민을 지키고 막아서는 '예비군'으로 그 자리에 있었습니다. 폭력에 대항하는 또 다른 폭력이었을까요? 전경에 맞설 수 있는 것은 과거에 전경이었거나 군인이었던 남성이라는 것입니다. 공권력이 행사하는 수단이 무엇인지 잘 알고 있기에 그에 맞서 '시민'들을 지킬 수 있고 막아낼 수 있다고 자부하는 집단이었습니다. 다양하고 기발한 저항이 살아 있던 광장에서 군인과 군인의 대치를 만들고 촛불시위의 주체들을 뒤로 빠져야 할 존재로 가두는 것을 보며 누가 폭력자인지, 무엇이 폭력이며 폭력에 대한 저항인지, 무엇이 폭력을 막았는지 (혹은 불렀는지) 생각하게 됐습니다.

대리인 남친

성폭력도 비슷한 양상이 있습니다. 성폭력은 젠더화된 폭력이고 피해자 중 90퍼센트 이상이 여성입니다. '여성'이 이에 대항하기 위해 선택할 수 있는 선택지, 즉 일상적으로 써왔던 성폭력에 대한 대책은 무엇이었을까요?

성폭력이 발생하면 어떻게 일이 전개되는지 상담 현장에서 많이 보게 됩니다. 피해자가 직접 전화하는 경우도 있지만 대리인 상담도 많습니다. 대리인 중에서도 '남친'이 우선 떠오르는 것은 이들의 대사가 거의 비슷하기 때문인 듯합니다. "제가 가서 죽여버릴까요?" 사건이 이미 지나간 다음에 이들은 분노의 주인공이 되어 "넌 가만있어. 넌 뒤로 빠져. 내가 알아서 처리할 테니까 넌 저리 가 있어"라며 고소 여부나 복수 여부를 결정하려 듭니다. 피해 당사자에게는 새로운 불안요소가 되는데도 그들은 잘 모르는 듯합니다.

특히 여성의 성을 '유린'한 사건에서 이러한 양상은 두드러집니다. 자신이 보호해야 할 여성을 성적으로 취한 상대 남성에 대한 남성의 분노. 여성은 자구 수단이 없는 보호대상으로 간주되므로, 여성에 대한 공격은 그녀의 보호자인 남성에 대한 선전포고가 됩니다. 성폭력 가해자와 피해자가 동등한 맞수로 싸우게 되는 것이 아닌, 남성 대 남성의 전투. 폭력 자체는 철저히 남성화된 개념입니다. 여성이 폭력을 주체적으로 다뤄본 적이 있던가요? 여성은 폭력적일 수 없는 존재이며 폭력을 경험해서도 안 되는 것으로 여겨집니다. 싸움이 벌어지면 빠져 있어야 하고, 그녀를 제외한 양측이 싸워서 승부를 결정하는 방법밖에 없습니다. 사실 남친들의 흥분은 용두사미로 끝나는 경우가 대부분입니다. 결국 여성들이 여러 방식으로 지난한 과정을 거쳐 자신의 문제를 해결하고자 스스로 싸우는 경우가 대다수입니다.

안전을 의탁하라: 성폭력에 대한 대책

성폭력의 위험성이 강조되는데, 일반적으로 제시되는 대책은 안전을 누군가에게 위탁하라는 것입니다. 위탁은 원래 내가 무언가를 가지고 있었음을 전제하는 개념입니다. 그런데 여성의 안전과 보호가 위탁된 과정이 너무 자연스러워 여성이 이것의 주체임을 상상하기 어려울 정도입니다. 누가 누구에게 맡겼는지, 누가 먼저 맡아간 것인지, 어떤 계약이 이뤄졌는지 곰곰이 생각해보는 사람은 없습니다. 어렸을 때부터 여성의 안전을 책임진 사람들은 아빠, 오빠, 남자 친구 등이었습니다. 특히 선택가능한 남자 친구의 경우, 잘 싸우지 못하는 사람은 조건에 미달합니다. 여성보다 체구가 작고 목소리도 작으며, 성격도 여리고 경제적 능력도 못 미치는 사람은 남자 친구의 후보에 오르지 못합니다. 남동생이 어리더라도, 누나와 엄마에 대한 책임은 남동생에게 부여됩니다. 이건 실제 그런 기능이 잘 수행되느냐와 관련 없는 사회적인 약속이고 믿음입니다. 폭력에 대항하고 안전을 책임질 주체는 결국 성별에 근거를 두어 결정됩니다.

이 속에서 여성은 어떻게 폭력을 당하는 몸이 되며, 저항할 수 없는 몸이 됐을까요? "저항할 수 없으므로 보호됐다기보다는 보호되기 위해 보호받을 수밖에 없는 몸으로 키워지는 것은 아닐까?"라는 의문이 생깁니다. 이를 위해 10대 이전과 이후 여자들의 몸 - 살이를 한 번 생각해봅시다.

2. '보호받는 몸'이라는 정체성

여성으로 자라나는 몸

"우리 딸이 남자애 세 명을 팼는데 커서 뭐가 될지 ······." 초등학교 여자애들의 우악스러움에 어른들은 혀를 내두릅니다. 남동생이 말을 너무 안 들어 남동생 손을 문틀에 놓고 방문을 닫아 손등을 으깬 어느 초등학생 이야기, 같은 반 남자아이들이 깐죽거리고 여자애들 무시한다고 그들의 팔을 깨물어 살점이 떨어지고 남자아이의 부모가 와서 내 아들이 잘못했다고 항복했다는 이야기가 곁들여집니다.

그런데 이들의 몸이 10대가 되면서 달라지기 시작합니다. 몸이 달라지는 것을 배운다는 표현이 정확할 것입니다. 10대 성교육에서는 '2차 성징'을 가르칩니다. 2차 성징은 굉장히 생물학적이고 의학적인 개념인 것 같지만, 그저 날짐승 같았던 그들이 성숙한 인간이 됐다는 증명이고, 이 교육은 엄숙한 철학교육에 가깝습니다.

10대 여자아이들에게 나타나는, 아니 가르치는 2차 성징에는 가슴 발달

및 생리가 있습니다. 자궁의 발달, 난소와 배란, 생리하는 이유, 가슴이 여자의 몸에 있는 이유 등이 성교육의 주요한 내용입니다. 성징을 소개하면서 그 기능과 존재 이유를 가르칩니다. 가슴, 자궁, 난소의 역할은 출산과 임신입니다. 정부에서 만든 공식 성교육 교과서에 보면 남성의 성기가 음경이라면, 이에 대칭되는 개념을 여자의 자궁이라고 써놓았습니다. 남성의 음경과 여성의 음핵이 아니라, 남성의 성기와 여자의 자궁이 세트로 묶여 있습니다. 여성의 생식기와 성이 임신과 출산을 위해 존재한다는 것을 못박아둡니다. 양육 책임과 의무도 가르칩니다. 출산과 임신을 하도록 만들어진 몸은 양육하는 존재이기도 하며, 여성의 몸 생김 자체만 봐도 본능적으로 모성을 타고난 존재라고 가르칩니다. 여자아이들은 어려서부터 아기를 안아보고 기저귀를 갈아주며 젖을 먹이는 흉내를 내거나, 누군가를 도와 그것을 해봅니다. 그러니 양육하는 몸에 익숙하고, 익숙하니 도맡게 되는 일이 반복되면서 본성화되는 것입니다.

임신·출산하는 몸의 태도

한마디로 여자들은 중성화·탈성화되어 있던 시기를 지나 "너 이제 여자가 됐구나"라는 말과 함께 2차 성징을, 더불어 어떻게 살아야 하는지에 대한 가치관을 교육받습니다. 몸가짐과 몸의 태도가 어때야 하는지도 배우는 것입니다. 생리의 시작, 가슴의 발달과 함께 '여자로 살아간다는 것'이 화두가 됩니다. 월경을 배울 때, 아이를 가질 수 있는 건강한 몸이라는 사실에 기뻐하고 축하받거나 감사하게 됩니다. 남자아이들이 첫 몽정을 했을 때, "자식, 남자가 됐구나"라는 말을 "드디어 성에 눈을 떴구나"라는 은근한 뉘앙스로 말하는 것에 비해, 첫 월경파티는 뭔가 조신하고, 내 한 몸 건사하는 것이 아니라 뭇 생명에 대한 책임과 돌봄이 넘치는 여성이 되라는 덕담을 나누는 시간이 됩니다.

첫 월경이 근사하게 축하받는 것에 비해 관리 책임은 엄격합니다. 냄새 나지 않고 티 나지 않게 관리해야 제대로 된 여성으로 간주됩니다. 팬티와 바지에 빨갛게 흘리고 묻히던 초등 시절을 지나 중고등 '청소녀'가 되면 TV 광고에 나오는 10대 모델처럼 예쁘고 맑고 자신 있게 순백의 생리대를 청결하고 능란하게 관리할 수 있어야 합니다.

우악스럽게 싸우던 여자애들이 성교육을 한 번 받고 나면, 그 교육을 잘 이해한 아이일수록 전처럼 남자아이들과 싸우지 않습니다. 남자아이들이 철없이 덤비면, 똑 부러지는 말투와 단호한 눈빛으로 "저질!" 하면서 "난 아기를 가질 몸이야" 혹은 더 세련된 말로 "내 몸은 소중해"라며 두 주먹을 교차해 가슴을 지킵니다. "엄마가 찬 데 앉지 말랬어", "여자는 때리는 거 아니야", "남자애들이 여자애들을 보호해줘야지" 같은 대사를 구사합니다. 똑똑할수록 이렇게 이지적이고 도도한 여자아이들이 되어갑니다. 그러고 보면 이러한 메시지는 여자아이들에게 매우 주체적이고 능동적인 방식으로 체화됩니다.

임신과 출산을 하는 여성의 몸은 밭에 비유되는데 씨 뿌리는 사람은 따로 있고, 이 기능은 철저히 이원화되어 있기에 그 기능을 수행해야 하는 여성은 혼자서는 존재할 수 없습니다. '밭'과 '씨'라는 생식적 몸의 기능은 본성화되고, 개체의 본성적 특질로 자리 잡게 됩니다. 남성은 능동적이고 더 커지는 몸, 더 빠르거나 크고 더 많은 몸이 되고, 그것을 받는 여성은 수동적이며, 기다리고, 수용하고, 보완하는 몸이 됩니다. 보완자인 여성이 제 스스로 문제를 해결하고 자기 능력으로 살아갈 수 있는 독립적이고 완전한 몸을 가진다면 어울리지 않습니다. 자신을 지킬 수 있는 근육이 없을수록 더 좋은 여성의 몸으로 여겨집니다.

모든 사람에게 태어날 때부터 두 성별 중 하나가 주어지고, 그렇게 결정된 남성이나 여성이 그 기능에 걸맞게 자라난 몸으로 그에게 충족된 삶이 된다는 식의 몸 결정론. 여성이라면 모두 다 그 기능을 수행해야 한다고 믿으며, 그렇지 않은 몸을 상상하지도 않는 규범과 신화. 그러나 실제로 사람들은 다양한 생식기를 지니고 태어납니다. 생리를 거의 하지 않는 사람도 있고, 성기의 모양도 다 다릅니다. 생물학적인 성과 성 정체성, 규범적인 역할이 서로 일치한다는 것도 일종의 믿음입니다.

여성 – 몸이 맺는 사회적 관계들

이렇게 구성되는 몸은 사회적인 관계에도 그대로 이어집니다. 여성의 몸 기능은 임신·출산과 연동되는데, 대개 결혼이나 가족 내에서 이뤄지는 역할입니다. 여성의 역할과 몸의 기능은 재생산에, 활동 영역은 사적 공간에 놓입니다. 세상이 많이 바뀌었다고 하지만 저출산 담론에서는 여전히 이것이 가치명제로 살아 있음을 확인합니다. 대표적 보수 여성단체인 모 협회는 얼마 전 "출산이 국력이다", "출산하여 애국하자"라는 캐치프레이즈를 내걸었습니다. 누구보다 왕성하게 사회활동을 하는 여성들이 이런 구호로 자신의 존재를 어떻게 설명하려는 것일까요?

성폭력은 불과 얼마 전까지만 해도 형법상 "정조에 관한 죄"였습니다. 성폭력은 여성의 인권이나 인격을 침해했기 때문이 아니라 여성이 속한 집안과 혈통에 중대한 침해를 했기에 처벌 대상이 되는 것입니다. 혈통을 잇는 것이 여성의 의무인데, 그 성을 훼손하고 혼란을 일으켰으니 가부장제에 도전한 강간은 그 어떤 중대 범죄보다 큰 범죄였던 것입니다. 그러니 강간범과 함께 여성도 죄인이 됐습니다. 이제 "강간과 추행에 관한 죄"가 됐지만, 지금도 성관계 경험이 있는 여성은 성관계 전력이 없는 여성보다 법의 보호를 받기가 어렵고 쉽게 비난에 휩싸입니다. 법은 바뀌었는데 정조 관념은 고수되어 여전히 성폭력은 가해자를 부끄럽게 하는 대신 피해자를 숨게 하는 '범죄'입니다.

그 반면 우습게도 '친족성폭력'의 발생 비율은 한국성폭력상담소 상담통계 중 15퍼센트에 육박합니다. 가족, 집안 내에서 무소불위의 권력을 휘두르는 가부장과 유사 가부장들은 가족, 집안 내 여성들에게 성적 혹은 물리적 폭력을 자유롭게 행사합니다. 이들의 이야기를 들어보면 그것은 가부장으로서의 책임에 따른 당연한 권리이자 책임감의 실천 그 자체라고 합니다. "내가 먹여 살리는데 내 맘대로 못하냐?" 혹은 "여자들에게 여자로서의 도리를 가르친 것이다. 말로 해서는 듣지 않는다"라는 변명을 정말 그렇다고 믿으며 반복합니다.

여성이 안전을 의탁하고 보호를 구한 사람 혹은 그 역할을 자처한 사람이 그렇게 획득한 권력으로 피보호자에게 폭력을 행사할 수 있는 시스템. 의탁을 했으니 권력(힘)이 생겼고, 권력이 있으니 의탁하게 되는 구도. 보호 - 피보호가 자연스럽게 공식화되고, 그 공식 아래 여성들은 가부장제를 유지하는 역할을 수행하며, 그것을 유지하기 위해서 절대 성폭력을 당해서는 안 된다는 금기. 하지만 여성의 보호자가 바로 그 성폭력의 가해자가 된다는 것은 무엇을 의미할까요?

재미있는 사실은 여성이 '사회생활'을 하면서 만나는 대부분의 관계에서도 이러한 위탁의 관계가 적용·자임된다는 것입니다. 직장에서 만난 동료, 상사, 부하나 학교에서 만난 선후배도 어디에서든 여성의 든든한 보호자와 후견인을 자처합니다. 술자리의 풍경을 떠올려볼까요? 챙겨주는 역할을 자처하는 남성이 주변에 없는 여성들은 아마도 '여성적이지 않은' 외모를 가져서 사회생활에서 무언의 차별을 경험한 적이 있거나, '지나친' 독립심으로 주변에서 "너 여자 맞니?"라며 타박을 받거나 원성을 사는 사람일 겁니다.

이렇게 보호를 자청·자임하는 경우, 이는 빈번하게 로맨스가 되거나 성희롱으로 이어집니다. 회식 후 집에 데려다준다거나 챙겨줄 때 주변 사람들은 이를 로맨스의 시작으로 간주합니다. 가방을 대신 들어주거나 추울 때 옷을 덮어주는 행동을 하면서 그 남성들은 동생 같다거나 딸 같다는 식으로 사적 관계에 비유해 무리 없이 설명합니다. 가족 내 관계가 아닌데도 사회생활을 하며 만나게 된 동료, 선배를 '오빠'라고 부르게 되는 일도 흔합니다. 여성이 사회생활에서 정해진 역할이 아닌데도 모임 내에서 감정이나 관계 유지 노동을 한다든지, 함께 식당에 갔을 때 잡다한 일을 챙기게 되는 데 반해, 남성들은 여성을 가족 내 여동생이나 딸처럼 '편하게' 대하고 보호자가 되는 관계를 맺으려 합니다. 그러니 안심하라는 상대의 호의를 거절하는 것은 과도한 예민함으로 해석됩니다.

그렇지만 이런 관계가 성폭력, 성희롱 혹은 직장 내 스토킹, 무례한 강압이 될 때가 참 많습니다. 게다가 관계가 그렇게 형성되어 있었기 때문에 애초부터 문제제기를 하기가 힘든 상황도 곧잘 벌어집니다. 상황이 그랬는데도 딸 같고 동생 같아서 그랬는데 그걸 고작 오해와 모함으로 갚는다는 적반하장식의 반응도 적지 않습니다.

3. 피해 - 가해 질서를 넘어서

문화화된 각본

이런 와중에 성폭력 가해자의 70퍼센트가 아는 사람이었다는 통계를 몸으로 겪으면서 여자들은 의문을 품기 시작했습니다. 성폭력에 대한 조심과 걱정이 나를 위한 것이 아니었고, 성폭력은 생각했던 것보다 가까운 곳에서 매우 불편하고 설명하기 어려운 방식으로 오며, 내 몸이 그런 구도의 부속물처럼 역할을 수행하고 있음을 자각했습니다. 여성이 여성으로 자라고 존재해온 방식에서 모순과 배반을 발견하고 내 정체성, 역할, 존재감, 몸을 내 것으로 돌리겠다고 결심하게 됩니다. 자신이 경험한, 자연스럽게 자신에게 발생한 그 문제를 '성폭력'이라 명명하고 문제를 제기하는 여성들. 이제 무언가로부터 이탈하기로 다짐합니다.

성폭력이 예외적인 것이 아니라, 자신이 성폭력 피해자가 되지 않더라도 내가 살아가고 있는 많은 영역에서 이미 문화와 질서로 흐르고 있었으며, 이성애주의가 자리 잡은 모든 곳에서 이러한 역할과 공식은 너무나 당연한 것임을 보게 되고, 성폭력은 나만 그것을 폭력이라고 느낄 뿐 이미 자연스럽게 짜진 각본이고, 돌발적이고 예외적이라기보다는 패턴화되어 있음을 느끼고, 성폭력이 내가 여성으로 태어났다는 이유로 겪게 된 세상의 메커니즘 속에 있음을 알게 됐을 때 성폭력의 현실은 어떻게 바뀔 수 있을까요? 이 구도를 조금씩 균열 내고 바꾸거나, 여기서 벗어나 다른 것을 상상하지 않고서는 성폭력 문제를 근본적으로 없애거나 해결하기란 어려울지도 모릅니다.

현재 성폭력 상담은 사건이 발생한 이후에 이뤄지므로 해당 사건을 지원하면서 소송으로 가해자를 처벌하거나, 이번 사건은 당신 잘못이 아니며 가해자가 '미친놈'이라며 지지·위로·해석하는 방식으로 진행됩니다. 그러나 이 여성이 다른 직장으로 간다고 해서 같은 일을 겪지 않으리라는 보장은 없으므로 정말 그 가해자가 미친놈이었을 뿐인지 분석할 필요가 있습니다. 한 사건을 겪은 뒤 그냥 '똥 밟은 셈 치고' 잊어버리고자 노력하는 것만으로 진정한 치유, 즉 앞으로는 다르게 살아갈 힘을 얻을 수 있을까요? 성폭력이나 그녀에게 일어날 수 있었던 구도와 원리를 알고, 다른 삶을 위한 전략을 세울 필요가 있지 않을까요?

자기방어, 가부장제가 권했던 호신술을 넘어

마사 매코이(Martha McCaughey)가 쓴 『진짜 쓰러뜨리기(Real Knockout)』에는 북미의 자기방어(self-defense) 운동이 소개되어 있습니다. 앞에서와 같은 깨달음을 얻은 여자들, 자신을 스스로 지키기 시작해야겠다고 생각한 여자들, 현실 속의 성폭력을 경험한 여자들이 모여 자기방어를 위한 훈련을 하게 된 것입니다. 성폭력의 문화에서 수동적인 피해자로 머무르지 않고, 다른 움직임의 주체가 되겠다는 것, 혹은 그 너머로 몸에 각인되어 키워진 여성성을 다시 성찰하고, 다른 몸이 되는 상상과 실험을 하겠다는 운동입니다.

자기방어 도장은 심리적 지지집단, 자조집단의 형태를 띱니다. 성폭력 피해 경험, 자신이 경험한 공포, 그것을 깨보겠다고 결심하게 된 동기를 서로 나누고 지지합니다. 매일 훈련을 마칠 때 함께 어깨를 마주 안고 발을 구르며 구호를 외치기도 합니다. 여성들을 위한 도장의 사범들은 그냥 발차기, 지르기를 가르치는 것이 아니라 집단 프로그램의 진행자 역할을 합니다. 여기까지 왜 왔는지 생각하게끔 돕고, 자신감을 얻지 못해 도저히 할 수 없다는 여성들에게 할 수 있다며 기운을 북돋고, 차근차근 훈련에 접근할 수 있도록 돕습니다. 즉, 각자가 자신에 대해 다른 도전을 할 수 있도록 세밀한 과정과 프로그램을 설계하는 것입니다.

한국성폭력상담소에서도 자기방어 운동을 알게 됐습니다. 『청소녀를 위한 호신가이드』를 만들겠다고 계획을 세우던 시기였습니다. 성폭력에 취약하고 위험에 많이 노출되어 있는데도 어떻게 해야 할지 몰라 걱정이 많은 청소녀에게 좋은 정보를 제공하겠다는 계획이었습니다. 호신이라는 말이 지닌 보수적인 의미 때문에 주저하기도 했습니다. '호신' 하면 무엇이 떠오르세요? 오래된 호신 도구로는 한국의 은장도가 있는데, 은장도는 뭔가를 지키기 위한 무기이지만 자신을 죽이기 위한 무기입니다. 정조를 지키기 위해 나를 죽이라는 메시지의 산물입니다.

요즘 홈쇼핑에서 판매하는 가스총이나 호루라기, 전기 충격기도 있는데 가스총을 쓰려면 여러 가지 준비가 필요합니다. 바람이 어디서 부는지 알아야 합니다. 잘못 쏘면 분사된 최루액이 자신에게 날아옵니다. 사정거리에 따라 공격자와의 간격도 조정해야 합니다. 가스총을 꺼내려는 순간을 상대가 알아챘을 때 급작스럽게 가해지는 공격에 대응할 이차적 방도도 생각해야 합니다. 호루라기도 참 쉬운 도구처럼 보이지만 힘껏 부는 동시에 다른 액션을 취하기도 해야 하고, 큰 소리가 시끄럽게 계속되는 것에 대해 자신이 놀라고 불편해하지 않게 대비할 필요가 있습니다. 전기 충격기도 사람 몸에 대야 하는데, 공격자와 가까워졌을 때 발생하는 변수에 대응책이 있어야합니다.

이런 도구들을 자유자재로 다룰 수 있는 몸이 되어야 합니다. 하지만 보통 그런 몸이 될 수 있는 훈련과 연습의 기회는 거의 없습니다. 호신 도구를 지녔다는 것만으로는 여성이 스스로 방어하고 맞서 싸우겠다는 바람을 다

구현해줄 수 없습니다. 여성주의 자기방어훈련은 맞서 싸우기(fight back)의
원리를 고민합니다.

성폭력보다 먼저 싸움을 맞이하라

맞서 싸우기라는 말은 성폭력 피해나 피해자 같은 말 이전에 싸움이 있었
음을 보여줍니다. 여성이 날 때부터 성폭력의 잠재적 피해자로 살 것이 당
연시되는 강간문화(rape culture)에서 사건은 곧 '가해자 = 남성', '피해자 = 여
성'을 의미합니다. 사건이 발생하는 동시에 가해와 피해가 만들어지는데,
여성은 이때 피해자가 되어 이후에 상담이나 치유를 받아야 할 존재일 뿐
그 전에 정당하게 싸움의 주체로 참여할 수 없는 위치에 있습니다.

자기방어 운동에서는 피해나 가해라고 부르기 이전에 '공격'이라는 말을
씁니다. '성폭력' 이전에 '성적 공격'이 있다는 겁니다. 공격이 왔다는 것, 공
격이 오고 있다는 것은 무슨 뜻일까요? 공격이 오고 있다는 것을 아는 것은
감지한다는 것입니다. 혹은 그것을 '공격'이라고 판단한다는 뜻입니다. 가
해자의 70퍼센트가 원래 알던 사람인 현실에서, "그 사람이 그럴 줄 몰랐어
요", "설마 했어요, 설마"라고 수없이 되뇌기 전에 그 사람의 행동이 그의
말처럼 호의나 선의가 아닐 수 있음을 인지하고 판단한다는 것입니다. 이를
짧은 시간에 벌어지는 해석투쟁이라고 한다면, 잠재적 피해자로 살아온 사
람의 해석투쟁은 불리한 위치에 있습니다. "네가 예뻐서 그래. 나를 이상한
사람으로 보지 마. 나 그런 사람 아니거든? 너 예민하구나?"라는 말에 이미
익숙해져 있기 때문입니다. 이때 자기만의 해석 틀을 작동시키고 자기만의
의문을 부여잡는 데는 연습이 필요합니다. 저 사람이 주는 느낌이 무엇인지
통찰이 생기고, 이러한 판단에 걸리는 물리적인 시간을 점점 단축시키도록

연습합니다. ① 감지 및 인지, ② 싸움 인지, ③ 조건 판단, ④ 진행, ⑤ 결과의 단계에서 ①부터 ③까지가 한순간에 끝날 때까지 연습합니다.

공격을 감지했고 싸움임을 인지했다면, 그 다음에는 현재 조건을 판단하는 과정이 있습니다. 여기에는 저 사람이 가하는 공격과 가해를 그냥 겪어야겠다는 판단도 포함됩니다. 지금 당장 사용할 수 있는 무기나 자원이 없고, 컨디션이 좋지 않고, 도와줄 사람도 없고, 저 공격자는 여러 명이 함께이고, 다른 무기나 자원까지 넉넉히 갖추고 있다면 그냥 오늘은 저들의 공격을 감내하겠다고 판단하는 것이 합리적일 겁니다. 혹은 달리 판단할 수 있는 상황도 있습니다. 직장 내 성희롱을 떠올려봅시다. 이 같은 경우 공격자들이 나름의 계획을 가지고 접근합니다. 여러 가지로 압력이 될 만한 상황을 만들면서도 들킬까 걱정하면서 눈치를 보며 탐색하는 것입니다.

이런 조건들을 판단할 수 없게 했던 것이 여성들에게 부과됐던 과도한 '공포'입니다. 엘리베이터에서 단둘이 있던 사람이 뭐라고 말을 붙였을 때 그 사람이 술에 취했는지, 몸은 잘 가누는지, 목소리는 굵은데 실제로 어떤 사람인지, 중학생 정도인지, 칼을 들었는데 그것이 과도나 커터 칼(문구용 칼)인지 큰 칼인지 등 상황은 언제나 다릅니다. 이때는 쪼개서 판단할 수 있습니다. 예컨대 커터 칼을 들고 온 사람은 본인이 먼저 두려운 내심을 보였다는 뜻으로 볼 수 있습니다. 정말 칼부림을 해본 사람은 칼을 잡은 손의 모양이 다릅니다. 당연히 대응책도 그에 따라 달라집니다.

자기만의 판단을 한 이후 진행되는 맞서 싸우기는 여러 가지 다양한 방식과 내용으로 펼쳐지고, 결과는 그 이후에 있을 것입니다. 이 결과는 자기가 판단한 후의 결과입니다. "하나도 기억이 안 나요. 이런 일이 생길 줄 몰랐어요"가 아니라 "그래서 그때 이렇게 하기로 마음먹었죠. 괜찮아요. 생각한 대로 됐어요"가 돼야 합니다. 결과가 무엇이 됐든지 간에 자신이 평가할 수 있고 받아들이는 과정이 좀 더 빠르고 명확해집니다. 다른 사람이 "어떻게 너 그렇게밖에 못했니?"라고 비난하거나 "정말 아무것도 할 수 없었겠지. 아무 생각도 안 났을 거야"라고 위로하는 것에서 벗어나 자신만의 판단이나 평가를 확보할 과정이 마련된다는 것입니다.

교육생 1 맞서 싸우기 개념으로 들어가면 가해 - 피해가 당연했던 때와 비교해, 결과가 신체적으로는 같을지라도 심리적으로는 달라진다는 건가요?

성폭력에서 '피해'를 구성하는 것은 무력감이나 소통 단절이라든지 신뢰감의 파괴에서 오는 후유증, 또는 오랫동안 발설할 수 없었던 것이 크다고 합니다. 이런 일이 발생할 수 있다고 생각하지 못했고 이 사람이 이럴 줄 몰랐기 때문에 배신감이 큽니다. 아무것도 할 수 없었다는 무력감이 생기고, 이제 와서 생각해보니 성폭력이었음을 자각하게 되며, 시간이 갈수록 화병이 쌓입니다. 이 이야기를 했을 때 나를 비난하는 것에 대응할 말을 찾지 못하겠고, 네가 잘못했다는 메시지를 자기 것으로 가져오기 때문에 성폭력은 그 이후에도 계속 고통이 쌓여가게 됩니다. 이제는 누가 나를 비난했을 때 비난이 부당하다면 거부하고 차단하거나, 가해자와의 관계에 대해서도 자기가 판단하고 성찰할 점을 찾아보는 등 그 메커니즘을 깨야 합니다. 내가 다르게 해석했을 때 성폭력의 고통도 다르게 구성될 것입니다. 다르게 해석하면 똑같은 상처라도 다른 힘을 지니게 되며 과정이나 속도도 달라집니다.

4. 반격을 위한 워밍업

자기방어훈련의 시작 1: 마음을 전환하라

맞서 싸우기는 매우 심리적인 과정입니다. 일단 자기가 그렇게 해도 될지 판단하기 어려워 걱정이 앞섭니다. 여성들이 도장에서 가격연습을 할 때도 '상대방이 다칠까봐' 가장 주저합니다. 자신이 죽을 수도 있는 위험한 상황에 빠져 있는데, 여성들은 상대방이 다칠지를 걱정합니다. 누군가에게 상처 입히는 사람이 된다는 것에 대한 거부감이 많고, 타인에 대한 배려와 돌봄 같은 여성들의 미덕과 규범을 위배해야 한다는 것이 참 힘들게 느껴집니다.

여성들의 배려와 친절은 과도하게 형성되어 있습니다. 예를 들어 택시를 탔을 때, 택시기사는 서비스를 제공하는 측인 데다가 다시 볼 일이 거의 없는데도 기사의 말에 호응하고 맞장구치거나 웃고 친절하게 응대합니다. 그의 기분 나쁜 농담에 정색으로 불쾌함을 표하거나 마땅한 요구를 해야 하는 순간에도 그러한 전환을 어려워합니다. 내내 심장만 뛰다가 결국 머릿속이 하얘진 채 목적지에 도착하고, 택시 문을 닫는 순간 분노와 자책, 후회가 밀려옵니다. 지나가다 우연히 만난 사람에게도 친절함을 버리지 못하는 당신에게, 자기방어훈련은 그 무엇보다 중요한 것은 바로 당신이며 걱정해야 할 것도 당신 자신이라고 이야기합니다.

자기방어훈련의 시작 2: 한계의 신화를 넘고 가능성을 연습하라

가능성 문제와도 많이 씨름합니다. "여성이 할 수 있나요? 신체적 능력상 가능한가요?" 같은 질문입니다. 네이버 지식인 등에 다음과 같은 질문이 있었습니다. "여자권투챔피언 김○○ 씨랑 저랑 싸우면 누가 이길까요? 제가 이기겠죠? 저는 고등학생 2학년입니다." 격투기나 레슬링, 역도처럼 힘이나 완력이 요구되는 종목에서 챔피언이 됐거나 금메달을 딴 여성과 자기가 싸우면 누가 이길지, 챔피언이지만 그래도 여자인데 자기가 이기지 않겠느냐고 진지하게 묻는 사람을 보고 참 놀랐습니다. 그런데 논쟁이 꼬리에 꼬리를 물고 심각하게 이어집니다. 아무리 강한 여성이라도 남성에게는 이길 수 없다는 생각이 팽배하고 그것에 대한 도전이 못내 불안한 모양입니다. '여자는 남자를 이길 수 없다'는 통념은 여성들에게도 내면화되어 있나 봅니다.

성별에 따라 물리적으로 차이가 있을 수 있습니다. 그러나 이를 증명하고자 노력했던 많은 연구들이 정치적인 목적으로 수행되어 활용됐음이 드러난 바 있습니다. 여성보다 남성이 신체적 능력이나 두뇌 능력에서 뛰어나고 우수한 개체라는 '믿음'은 과학 실험 결과를 낳고, 이는 다시 믿음을 강화합니다. 이 과정에서 여성은 훈련 영역에 발을 들이지 않게 됐습니다. "너는 (나는) 할 수 없어, 나에게(너에게) 맡기자."

그러나 남성들이 힘과 완력, 근육에 대한 무한한 '로망'을 충족시키고자 그들이 인생에서 근육 키우기에 투자하는 돈, 시간, 노력이 엄청남을 떠올려 보면, '태어날 때부터 본질적인 차이' 같은 말이 신념에 불과하다는 생각이 듭니다.

사실 사람의 몸은 많은 차이가 있으며, 개인의 역사 내에서도 많은 변화가 있습니다. 어느 순간 여러분이 운동에 빠져 아침에 수영 두 시간, 저녁에 조깅 한 시간, 주말에 배드민턴을 일곱 시간 동안 한다고 생각해봅시다. 휴가 때는 카약을 타고 도버 해협을 건너고, 직장에서 쉬는 시간에도 회의실 문지방에서 팔굽혀펴기를 스무 개씩 합니다. 지금의 몸과 10대 때의 몸은 어떻게 다른가요? 산으로 들로 뛰어다니던 어렸을 때의 몸과는 또 어떻게 다른가요? 자기 몸 자체가 인생을 살면서 참 많이 변화한다는 것만 봐도 힘에 대한 고정적 한계, 그에 대한 깨지지 않는 믿음은 달라집니다.

남성들은 어떨까요? 개개인마다 힘과 근력의 차이는 천차만별입니다. 여성들도 마찬가지입니다. 어떤 남성과 어떤 여성이 만나는지에 따라 '성대결'은 여러 결과를 낳습니다. 지구력 대 순발력, 지력 대 완력, 공격력 대 방어력처럼 힘을 무엇으로 정의할지에 따라서도 결과는 달라집니다. 처한 상황도 힘에 대한 다른 평가를 이끌어내는 변수입니다. 여자와 아이를 묶어 '보호 대상'이라고 할 때와 "여자들은 약하다, 그러나 어머니는 강하다"라고 할 때, 이처럼 힘에 대한 사람들의 기대와 믿음은 상황에 따라 달라집니다.

자기방어훈련의 시작 3: 욕망은 재/구성된다

그런데 이런 훈련이 싫을 수도 있습니다. 작은 몸, 매끄러운 피부, 근육 없는 신체, 조용한 목소리, 조용한 성품 같은 것들은 여성적인 몸의 규범이지만, 규범은 스스로 운영하는 엄격한 자기검열이 되고, 검열인 동시에 욕망일 수도 있기 때문입니다. 누군가가 강요해서가 아니라 욕망이 내면화되어 스스로 열심히 다이어트를 하는 것과 같은 이치입니다. 10대 여성들과 자기방어훈련, 다른 몸 되기 훈련을 시작할 때 "땀이 나는 것이 싫어요. 얼굴도 까매지고 다리도 굵어져요" 같은 이야기를 종종 듣습니다.

그러나 욕망은 구성됩니다. 어렸을 때부터 나이가 들어서까지, 온갖 종류의 몸싸움과 운동에 미쳐 살아가는 남성들은 그것을 하거나 보는 자신의 모습이 어떻게 보일지, 그것이 자신의 외모에 어떤 변화를 미칠지에 관심을 기울이기보다, 그것을 하는 순간의 짜릿함을 이미 알고 있고 그 느낌만으로 서로 소통하고 희열을 나눕니다.

여성들이 땀나는 것을 싫어한다고 진심으로 푸념하기도 하지만, 이 말은 한국의 교과 과정에서 여학생에게 체육교육을 열심히 실시하지 않는 이유가 되기도 합니다. 그러나 언제는 아이들이 수학과 과학, 지리와 역사 공부를 좋아했나요? 이 과목들을 싫어하는 아이들을 존중해 가르치기를 포기한 적이 있을까요? 이것이 그들의 인생에, 삶에 ─ 물론 입시에! ─ 필요한 것임을 최선을 다해 설득하고, 또 해보면 얼마나 재미있는지 알게 되리라고 장담하며, 어떻게든 푹 빠져들게 하는 프로그램을 끊임없이 개발합니다. 공부에 대한 욕망을 다시 구성할 수 있다고 믿고 많은 노력을 기울이는 적극적인 교육행위인 것입니다. 그런데 어째서 유독 여학생에게는 체육교육을 소홀히 할까요? 미국에서는 헌법을 수정해 체육 기회의 성별 평등을 도모한 바 있습니다. 체육시간의 남녀 분리 수업을 법으로 금지하고, 주(州)에 따라서는 남학생이 농구코트를 차지하고 있다가도 여학생이 오면 자리를 양보해야 하는 적극적인 할당제도 실시합니다. 운동 동아리에 여학생 50퍼센트 할당제를 명시한 학교도 있습니다.

욕망은 구성됩니다. 운동이 얼마나 즐겁고 삶의 무한한 자원이 되는지, 그것을 몸으로 체득할 기회를 여성들이 적극 제공받은 역사가 있는지 질문해야 합니다. 욕망이 새롭게 구성되기까지, 그것을 접하고 어느 정도 궤도에 올라 스스로 그 가치를 삶 속 깊숙이 받아들이기까지 노력이 계속되어야 합니다. 여성의 옷을 반드시 44사이즈부터 88사이즈까지 망라해 만들어 항상 매장에 갖춰놓게 한 남미 어느 나라의 사이즈 법률, 일정 체중 이하의 마른 모델은 패션쇼에 나오지 못하게 한 이탈리아의 법률의 제정되기까지는 자신의 외모를 비관해 스스로 목숨을 끊은 젊은 여성들의 절망이 있었습니다. 욕망은 욕망일 뿐이라고 자연화하는 순간, 그 말을 통해 유지·지탱되는 문제는 가려집니다. 그 의미가 어떤 현실을 만들고 있는지 욕망을 다시 보고, 싸우고, 그것을 새로이 재구성하기 위한 노력과 상상이 필요합니다.

교육생 2 예전에 "침 흘려라", "방귀를 뀌어라", "미친 척해라"라는 성폭력 예방 스티커가 있어서 엄청 비판했던 기억이 납니다.

여성특별위원회가 생기기 전에 여성 관련 업무를 담당했던 제2 정무장관실에서 제작한 스티커였습니다. 성폭력 문제가 심각하니 나라 예산을 들여만들었는데, 누가 뒤에서 쫓아오는 것 같으면 "미친 척하세요", "방귀를 뀌세요", "침을 흘리세요"라고 조언했습니다. 여성단체는 몹시 반대하고 비판했습니다. 2006년에 경찰청에서는 이와 유사해 보이지만 조금 다른 '여름철 성범죄 예방지침'이라는 것을 만들었는데, "여자 혼자 여행가면 안 됩니다", "아무에게나 문 열어주면 안 됩니다", "늦게까지 술을 마시면 안 됩니다", "택시 타지 마세요", "밝은 길로만 다니고 가족에게 전화를 걸어 마중하라고 합시다" 등이 그 내용이었습니다. 성폭력을 예방하려고 나라 예산을 쓴다는데, (예비)가해자를 교육하는 데 쓸 것이지, (예비)피해자에게 이래라 저래라 하며 뭔가를 주문한다는 것 자체가 성폭력이 피해자 탓이라는 통념을 강화한다는 것이 비판의 요지였습니다.

그러나 저 둘은 근본적으로 다른 원리이고 다른 영향을 낸다고 생각합니다. 피해자의 행동을 제한하고, 일상을 침해하며 이익을 현저히 제한하는 방식의 '예방'과 가해자의 의도와 각본을 정면으로 좌절시키는 방식의 반격이 같을 수는 없습니다. 침을 흘리라고 주문하는데, 갑자기 침을 흘리고 미친 척하기란 매우 어렵습니다. 자기가 필요한 순간에 몸의 스위치를 바꿔 예쁘게 보이는 몸 대신 전혀 다른 모습을 하거나 말을 하는 것은 엄청난 훈련을 거쳐 자신감을 지닌 몸이 수행할 수 있는 선택항입니다.

5. 맞서 싸우기를 설계하는 법

반격의 원리: 각본 뒤집기

맞서 싸우기는 어떻게 가능할까요? 지금까지 살펴본 성폭력 상황은 하나 같이 어떤 각본에 따라 진행됩니다. 맞서 싸우기 원리는 이 각본을 간파해 뒤집는 데 있습니다. 이 성폭력 각본을 뒤집는 다양한 행동 모두 일종의 맞서 싸우기가 됩니다. 힘을 더 세게 하고 완력을 더 키워서 싸우는 것만이 반격이 아닙니다.

누가 뒤에서 "움직이지 마!"라고 했는데 자지러지게 웃는다고 생각해봅시다. 공포에 떨며 얼어붙을 거라고 생각했던 공격자가 얼마나 황당할까요? 여자, 그것도 어린 여자에 대한 각본은 또 어떻습니까? 경찰에 가서 조서를 쓰고 절차를 진행하는 것은 절대 못할 거고, 말하지 말라고 하면 말 못할 거고, 부모들에게도 도움을 청하지 못할 거고, 학교에서도 조용히 시키는 대로만 하는 학생일 거고, 친구들끼리 정보를 나누고 좋은 자원을 알려주며 전략을 짜서 함께 행동하는 일도 없을 테고, 조금만 멋있게 굴거나 권위를 이용해 압박하면 쉽게 넘어오리라는 것 등이 그러한 각본의 내용입니다. 그래서 쉽사리 성적 희롱이나 협박, 친족성폭력, 성구매의 대상이 됩니다.

그러나 10대 여성은 ─ 모두 동일하지는 않지만 ─ 이러한 각본을 넘어서기에 아저씨들이 가장 무서워하는 집단이기도 합니다. 욕도 제일 잘하고 껌도 잘 씹고, 거침없이 문제를 제기하며 해결을 요구합니다. 정의감이 넘치고 여간해서는 그냥 넘어가지 않습니다. 가령 패턴화된 성적 공격의 대명사인 '바바리맨'은 성기를 드러내는 것으로 어린 여성을 수치심과 공포에 떨게 하겠다는 야심찬 각본에 입각해 전국의 여학교 앞에서 출몰합니다. 드러난 남성 성기가 물리적인 공격을 하는 것도 아닌데 보이는 것 자체로 침입을 예고하고, 알 수 없는 공포의 원인이자 무기가 되고, 봤다는 것만으로 수치심을 발생시키는 데서 느껴지는 정복감이 그의 쾌감이라는 것입니다. 그러나 그들이 상정한 어린 여자로 가득한 여학교 같은 공간에서 10대 여성들은 어떤 행위력을 발휘할까요? 이들은 바바리맨이 나타나면 "뭐야, 너무 작은데? 안습이네"라며 비웃고, 카메라를 유심히 들이대며 연신 찰칵찰칵 찍어댑니다. 주머니에 들어 있는 10원짜리 동전을 뿌리며 "더 해봐"를 연호하는 동시에 경찰에 신고해 바로 잡아가도록 깔끔한 마무리까지 합니다. 돈을 손에 쥐어주며 영화 관람하듯 자신을 구경하고 품평하는 그녀들 앞에서 바바리맨은 어떨까요? 목적한 대로 '가해자'가 될 수 있을까요?

모든 여자가 이렇게 할 수는 없을 겁니다. 이렇게 하기까지는 '과정'이 필요합니다. 그러나 그 판단 - 반응 속도가 점점 빨라지면, 다양한 방어의 현장과 무용담이 나옵니다. 훈련받았던 한 여성은 지나가던 남자가 자신의 가슴을 꽉 움켜쥐고는 도망도 안 가고 유유히 걸어가더라는 경험담을 이야기했습니다. 놀라서 멍하니 수치심에 몸을 떨고 있으리라고 예상했으니 그런 행동이 나왔을 겁니다. 여러분이 그 상황에 처했다고 생각하면 우물쭈물하며 아무것도 못하거나, 용기를 내어 따져보지만 남자가 빈정대는 비관적인 장면이 떠오를지 모릅니다.

이 여성의 반응은 자신조차 놀랄 정도로 빠르게 튀어나왔다고 합니다. 몸을 홱 돌려 도움닫기를 하면서 그 남자의 몸을 돌려세우고 뺨을 내리쳤습니다. 몸을 벽까지 몰며 네댓 번쯤 정신없이 뺨을 올려붙이고 귀를 잡아채 경찰서에 가자고 끌었습니다. 그 남자는 어떻게 했을까요? 그는 완벽하게 놀랐고, 깨달았고, 빌었다고 합니다. 연신 "죄송해요. 잘못했어요. 봐주세요" 하며 정신없이 빌었다고 합니다. 강력하게 미친 듯이 얻어맞는 그 순간, 그것이 무엇에 대한 되갚음인지 너무 명확했던 것입니다. 가슴을 만지기까지 그가 해온 예상이 완벽하게 뒤집히자 자신의 행위에 대한 응징임을 곧바로 깨달았던 것입니다. 상황은 뒤집혔습니다.

직장 내에서 회식이 끝나고 취한 기분을 빙자해 상사가 자신을 모텔로 끌고 간 뒤 다음 날 아침이 된 경우, 사건 이후 첫 대면이 가장 중요합니다. 상사도 몹시 떨고 있는 순간입니다. 바로 이때 당신이 상사를 쳐다보지 못하고 아무 일도 없던 것처럼 말을 돌리거나 목소리와 손이 떨린다면 상사는 쾌재를 부를 겁니다. '수치스러운 것은 저쪽이구나. 내 눈도 못 쳐다보는구나. 아, 여자들은 다 그렇지'라고 생각하는 동시에 그때부터 위세를 이용해 협박할 수도 있습니다. 하지만 첫 대면의 자리에서 위엄 있고 거침없이 걸어가 상사의 책상 앞에 멈춰 두 손을 책상 위에 탁 하고 내려놓습니다. 그리고 낮고 조용히 으르렁거리며 눈에 쌍심지를 켜고 상사를 불러봅니다. 그가 몸이 튕길 정도로 놀라도 계속 "저 좀 보시라고요" 하며 으르렁댑니다. 사람들이 고개를 들어 쳐다볼 정도로 음량을 높이는 것도 좋습니다. 그 다음부터는 지금 머릿속에 떠오르는 시나리오들 중 어떤 것을 써봐도 괜찮을 겁니다. 내부 절차에 사건이 회부되면 상사의 치졸한 반격이 시작되겠지만 첫 순간 받아둔 시인, 확실한 사과나 약속 등은 정당한 기운이 초장에 일궈낸 압도적 우세의 징표가 되어 당신을 지켜줄 겁니다.

다른 몸이 되어라

반격하는 몸은 어떤 몸이며, 그 몸으로 무엇을 할 수 있을까요? 몸에 밴 습관들은 어떠했는지, 그것이 나를 어떻게 구성하고 살아가게 했는지, 사회적으로는 어떤 의미였는지 생각해봅시다.

시선에는 몸의 습관과 관계, 여성적 몸의 규범이 담겨 있습니다. 자신이 보고 응시하는 것보다는 시선을 받는 것에 익숙한 여자들이 많을 겁니다. 하지만 시선을 똑똑히 줄 수 있는 곳까지가 자신의 영역입니다. 영역이 넓을수록 그 바깥에서 내게 다가올 일에 대비해 차단할 수 있는 시간을 법니다. 공격자는 대상에게 들키지 않으면서 살금살금 접근해오는 시간이 있는데, 자신의 느낌을 믿고 이를 따라 느낌의 진원지를 직접 눈으로 확인하는 행동은 공격을 중간에 차단하고 훼방할 수 있습니다. 상대와 주변을 살피는 짧은 시간의 시선은 나에게 많은 정보를 줍니다. 이 사람은 어떤 사람인가, 어떤 상황에 있는 건가, 눈빛은 어떤가? 내가 눈으로 직접 확인하고 샅샅이 살피리라고는 계산하지 못한 사람이라면, 적어도 내가 살피는 시간이 많아질수록 계획을 포기할 확률이 높아집니다.

소리도 그렇습니다. 여성적인 소리가 있을까요? 부드러운 소리, 조용한 소리, 애교 넘치는 소리, 가냘픈 소리, 위험에 처했을 때 내는 비명 소리 등은 이미 각본화됐기 때문에 공격자가 놀라지 않을 가능성이 큽니다. 자기방어훈련에서는 배에서 나오는 우렁찬 기합을 내지르는 연습을 많이 합니다. 공포에 질리면 꿈속에서도 숨을 못 쉬는 경우가 있으므로 자기 호흡을 조절하는 연습도 실시합니다. 또 비명(screem)을 지르는 것이 아니라 고함(yell)을 치라고 주문합니다. 쇳소리가 나는 비명 대신 온몸에서 끌어올려 앞으로 짧게 던져 채우는 소리, 음이 낮은 소리, 욕설, 가래 끓는 소리, 으르렁거리는 소리처럼 평소에 못 내는 소리를 내보는 연습도 좋습니다.

소리를 갖는 것 자체가 여자들에게는 허용되지 않았습니다. 여자 셋이 모이면 접시가 깨지고, 암탉이 울면 집이 망한다는 말이 있을 정도입니다. 큰 목소리를 내는 여자들은 – 물리적으로 크든, 비유적으로 크든 – 사람들을 불편하게 하고, 여자들이 집단적으로 목소리를 내면 더 불쾌하게 여깁니다.

여자들이 한목소리로 호주제를 폐지하려 들거나, 여자들 서른 명이 고깃집에서 밤새 술잔을 부딪치고 떠나갈 듯 소리치며 신나게 노래를 불러대는 장면을 떠올리면 됩니다.

신체의 크기도 생각해봅시다. 신체를 확장하는 것, 몸 자체가 커지는 연습도 할 수 있다면 참 재밌습니다. 몸 자체를 키우기는 어렵겠지만, 걸음걸이를 바꿔볼 수는 있습니다. 일상적으로 살아가면서 몸이 차지하는 면적의 성별 차이를 분석한 학자들이 있습니다. 여자들의 경우 앉거나 걷거나 누군가와 악수하고 차를 타고 갈 때 차지하는 면적이 남성에 비해 현저히 작다고 합니다. 자신의 짐이 많아도 가슴이나 배 위에 끌어안고 있어야 다른 사람에게 폐를 끼치지 않는다는 마음이 들어 더 편합니다. 어떤 수업에서 남학생에게 치마를 입고 일주일을 살아보라고 했을 때, 한 남학생이 "앉을 때도, 뭔가를 주울 때도, 계단을 다닐 때도 죄지은 사람 같았다"라고 썼습니다. 누군가에게는 죄인이 된 것처럼 속박이고 형벌이라고 느껴지는 몸의 상황이, 누군가에게는 시선을 받게 되어 기분 좋고, 행동이 제약되어 조신하게 되는 미덕의 복색이 됐던 것입니다. 남자의 몸은 지하철 같은 곳에서도 넓은 면적을 차지하며 앉는 데 익숙합니다. 다른 사람에게 폐가 되리라고는 전혀 생각하지 않고 그럴 수밖에 없다고 하는 사람도 있을 정도입니다. 서서 오줌 누고, 그 오줌이 어디까지 뻗어나가는지를 끊임없이 농담거리로 사용하는 것도 신체의 크기, 확장과 관련된 듯합니다. 남자는 서서 오줌 누는 것이, 여자는 앉아서 누는 것이 생리적·생물학적으로 당연하다는 말도 이를 뒷받침합니다.

신체적 크기는 싸움과도 상관있습니다. 몸이 움츠러들고 두 팔로 작은 머리를 감싸 동그랗게 숨어든 경우와, 한 팔을 허리춤에 올려 걸치고 다른 팔을 쭉 뻗어 두 번째 손가락을 상대방의 눈앞에 치켜드는 액션은 사뭇 다른 싸움을 보여줄 것입니다. 도구를 이용해 신체 영역을 확장한다든지, 공간에 대한 감각을 키우는 것도 이와 관련이 있습니다.

필요에서 재미로

이 같은 각본을 깨는 반격의 기획은 피해 상황을 재구성하는 것을 넘어 다른 삶을 계획하는 데까지 나아갑니다. 강간 규범, 가부장제 규범 안에서 피해를 경험했더라도 피해자로 인정받으려면 증명해야 할 것이 너무 많습니다. 얼마나 저항했는지 말해야 하고, 얼마나 아팠고 고통스러운 후유증에 시달리고 있으며, 자살기도를 몇 번 했는지 말해야 합니다. 가해자를 조금이라도 좋아했던 시절의 흔적이 남아 있다면 없애야 합니다. 이 규범 안에서 피해자로 승인되려면 희생해야 할 것이 너무 많습니다.

규범 자체를 읽을 수 있게 된다면, 새로운 관계를 맺고, 새로운 방식으로 의사를 표현해보고 감정을 펼치며, 새로운 자신감을 구성하면서 규범 속의 몸을 넘어 다른 몸이 되고자 연습하고 시도할 수 있습니다. 그 과정에서 만나는 새로운 가치관, 새로운 여자들, 새로운 해석 방식이 무엇보다 큰 즐거움이 됩니다. 피해를 경험한 사람에게는 치유이자 다르게 살아갈 구상과 계획을 세우는 시간이기도 합니다. 이런 여자들을 서로 지지하고 함께 지금의 세상을 이탈해가는 커뮤니티는 가부장제 패러다임을 바꾸는 운동을 싹 틔울 수 있습니다.

자기방어훈련은 처음에는 성폭력으로부터 자기를 지키기 위해, 하기 싫은데 억지로 하는 것일 수 있습니다. 하지만 흥미가 없다면 지속할 수 없습니다. 예전에 KBS TV 프로그램인 〈아침마당〉에 운동하는 주부 다섯이 나왔습니다. 여자들이 흔히 하는 수영이나 요가가 아닌 종목, 가령 축구, 배드민턴, 사격 등을 꾸준히 해온 주부들이었습니다. 사격을 3년 동안 한 주부는 시집살이가 너무 고돼 누군가를 막 쏘고 싶어 시작한 사격인데 이젠 시댁이고 뭐고 사격에 푹 빠져서 안 하면 몸살이 나고, 병원에서 수술을 받다가도 링거를 빼고 탈출해 부산까지 택시를 타고 가 시합에 나갔다고 합니다. 배드민턴을 5년 동안 친 주부는 동호회에서 저녁부터 치기 시작했는데 신나게 치고 집에 가자고 일어서니 새벽 1시였답니다. 남편이 뭐라고 할까봐 집에 와서 시계를 다 돌려놨다는 일화를 소개했습니다. 저는 출근을 준비하다가 이 방송을 봤는데, 세상에 둘도 없는 이 여자들의 삶이 얼마나 충만한 희열로 가득한지 느꼈습니다.

제작진이 자식과 남편을 앞줄에 앉히고 "그래도 엄마가 밥은 잘 챙겨주죠?", "남편은 어떻게 이걸 허락하게 되셨나요?" 같은 질문을 던지면서 애써 가족 인터뷰를 유도하는데 출연진 중 어느 한 사람이 마지막 멘트를 할 때 카메라를 한 번 응시하며 이렇게 외쳤습니다. "이 방송을 보시는 여성분들, 지금이라도 바로 나와서 뭔가 해보세요. 인생이 바뀝니다!"

성폭력 피해자 여성이 이제까지의 자기 비난의 틀을 완화하고, 그런 세상의 구도를 비판하고 반론을 제기할 수 있도록 돕고 싶을 때 몸 자체가 달라지는 자기방어와 맞서 싸우기는 성폭력에 대한 메시지를 바꿔놓습니다. 직접 해보지 않고는 그 느낌을 나눌 수 없습니다. 몸으로 겪은 여성만이 알게 되는, 만날 수 있는, 보여주고 이끌 수 있는 변화를 당신도 시작하시길 바랍니다.

제**4**강

성폭력 법담론
합리적 법해석과 입법적 해결을 위하여

장다혜 __ 서울대학교 법학박사

1. 시작하며

처음 만난 택시 운전기사를 따라 모텔로 가 저항 한 번 하지 못한 채 강간을 당한 여자 미군이 그 운전기사를 강간죄로 고소했을 때, 법원은 강간죄를 인정했습니다. 인터넷으로 온라인 채팅을 통해 친해진 남자를 만나 술을 마시다가 모텔로 가 미친 듯이 저항해 상해만 입고 강간을 피한 여자가 그 남자를 강간 미수로 고소했을 때, 법원은 상해죄만 인정했습니다. 과연 법원이 강간죄를 판단하는 기준은 무엇일까요? 우리 형법에서 강간죄는 폭행 또는 협박으로 저항을 억압하고 강제로 성교를 한 행위를 처벌하는데, 그때 강간죄를 성립하게 하는 폭행이나 협박은 어떤 것일까요? 어느 정도 저항해야 법원에서 강간죄로 인정될까요? 폭행이나 협박의 정도를 판단하는 데 법원이 고려하는 것은 무엇일까요? 그것이 일반인의 상식이나 이른바 '경험칙'에 비춰볼 때 합리적일까요?

　여기에서는 우리 형법상 강간죄가 무엇인지, 법원이 강간죄를 현재 어떻게 해석하고 적용하는지를 세밀하게 살펴보고, 법원의 판단이 합리적인지, 합리적이지 않다면 무엇이 변화되어야 하는지를 함께 고민해보고자 합니다. 사실 법으로 규정된 범죄 구성요건에 따라 이해되는 '강간죄'와 실제 우리가 살고 있는 사회에서 인식되는 '강간'의 괴리는 매우 큽니다. 간단하게 말하자면, 대부분의 사람들이 '강간'이라고 믿어 의심치 않는 사건들이 법정으로 가면 '강간'으로 인정되지 못하는 일이 비일비재합니다. 나중에 무고죄로 기소되어 재판관 앞에 선 강간 피해(를 주장하는)자가 울면서 "정말 강간이라고 생각했어요"라고 고백하는 일이 낯선 풍경만은 아닙니다.

　본인의 의사에 반해 일어난 강제적 성행위가 모두 법에서의 '강간죄'로 인정되지 못하는 데는 여러 가지 이유가 있습니다. 우선 강간죄의 법적 특성 때문입니다. 형법상 강간죄는 다양한 범위의 강제적 성행위를 모두 포괄하지 않습니다. 한국에서 강간죄는 살인, 강도, 방화 등과 함께 강력범죄로 분류되며, 이 중 강도죄와 법정형이 같습니다. 즉, 형법에 의해 처벌되는 강간죄는 이른바 극악한 경우의 강간 행위만을 대상으로 합니다. 강간죄는 형법전에 기술된 강간죄의 규정에 따라 '폭행 또는 협박'이라는 구성요건적 행위에 의해 제한되며, 법원이 과거의 판례를 바탕으로 적용하는 '폭행 또는 협박'에 대한 최협의 해석에 의해 제한됩니다.

　다음으로 법관이 수행하는 해석 태도 때문입니다. 앞서 법 규정상 강간죄가 매우 좁은 범위의 강제적 성행위만을 대상으로 한다고 지적했으나, 실제 법의 적용에 있어서 그 범위는 점차 넓어져 왔습니다. 1953년에 대한민국 형법이 제정된 이래 강간죄 규정은 개정된 바 없으며*, 최협의의 '폭행 또

---

* 2012년 12월 18일 대대적인 형법상 성폭력 범죄에 대한 개정이 이루어졌다.

는 협박' 정도를 선택하는 대법원 판례의 태도도 1970년대 이래 명시적인 변화가 없었으나, 실제 사건들의 사실관계에서 '폭행 또는 협박'의 요소를 추출하는 사실판단 과정에서는 매우 큰 변화들이 있었습니다. 1967년에 낯선 이에게 구타를 당하고 "칼로 목을 찔러 죽이겠다"라는 위협을 당하며 성행위를 강요당한 사건에서, 법원은 오로지 실제로 흉기가 없었다는 이유로 강간죄의 '폭행 또는 협박'에 해당하지 않는다고 판시한 바 있습니다. 그러나 2008년 현재 이러한 판결을 내릴 수 있는 법관은 아무도 없을 것입니다. 이제 법원은 피해자의 저항의사를 억압할 정도의 폭행 또는 협박이 존재했는지 여부를 종합적인 제반 사정을 통해 해석합니다.

그러나 문제는 이 해석 과정에서 법관이 가진 특정한 태도로 인해 현실에서 일어나는 강제적 성행위의 피해를 제대로 인식하지 못하는 상황이 여전히 법원의 강간죄 판결에서 발견된다는 데 있습니다. 이 강의의 첫 부분에서는 이러한 법 현실과 법원의 태도를 이해하기 위해, 형법상 강간죄에 대한 상세한 설명(2절)에 더해 강간죄 판결을 통해 유추할 수 있는 법원의 해석 태도(3절)를 분석해볼 것입니다.

최근 법무부는 특별형법에 의해 규율되는 범죄자 수가 기본법인 형법에 의한 것보다 훨씬 큰 기형적인 법 현실을 교정하기 위해 형법 개정을 추진하고 있습니다. 성폭력 범죄도 형법상 "강간과 추행에 관한 죄"보다 「성폭력특별법」에 의해 처벌되는 경우가 많은 범죄입니다. 이러한 변화의 시기에, 그동안 여성단체들이 전개해왔던 형법 제32장의 개정 운동을 검토하고 이를 바탕으로 법무부가 진행하는 형법 개정 작업에 적극적으로 개입할 필

이 개정을 통해 제297조 강간죄에서의 객체가 부녀에서 사람으로 확대되었고, 제297조의2가 신설되어 성기삽입 이외의 행위유형이 유사강간으로 포함되었다.

요가 있습니다. 강의의 두 번째 부분에서는 강간죄가 갖는 법 규정상의 한계를 해결하기 위한 입법론적 해결방안의 하나로 비동의간음죄의 신설 여부에 관한 찬반 논의를 검토할 것입니다(4절). 비동의간음죄와 협의의 폭행·협박에 관한 법 규정에 대한 각각의 입법 방향을 보고, 입증책임의 문제를 고려하며 구체적인 쟁점을 새롭게 구성해보고자 합니다. 성적 자기결정권에 대한 침해를 처벌하고 성폭력 피해자를 보호하기 위해 현행 형법보다 넓은 범위의 강제적 성행위를 규정하는 법을 만들 필요가 있다면 범위를 어느 정도로 넓혀야 할까요? 강제적 성행위를 판단하는 기준을 피해자의 의사에 둘지, 가해자의 행위에 맞출지도 따져봐야 합니다. 이러한 물음에 대한 답을 찾는 과정에서 고민의 결을 좀 더 섬세하게 하기 위해, 마지막으로 이와 관련된 미국 몇몇 주의 강간죄 규정과 판결 내용을 소개할 것입니다.

2. 형법 제297조 강간죄

제32장 강간과 추행의 죄*

제297조 (강간) 폭행 또는 협박으로 부녀를 강간한 자는 3년 이상의 유기징역에 처한다.

제298조 (강제추행) 폭행 또는 협박으로 사람에 대하여 추행을 한 자는 10년 이하의 징역 또는 1,500만 원 이하의 벌금에 처한다[개정 1995.12.29].

제299조 (준강간 및 준강제추행) 사람의 심신상실 또는 항거불능의 상태를 이용하여 간음 또는 추행을 한 자는 전 2조의 예에 의한다.

제301조 (강간 등 상해·치상) 제297조 내지 제300조의 죄를 범한 자가 사람을

----

* 이 논문에서 다루는 형법 규정은 2012년 12월 18일 개정 전의 규정이다.

상해하거나 상해에 이르게 한 때에는 무기 또는 5년 이상의 징역에 처한다.

제301조의 2 (강간 등 살인·치사) 제297조 내지 제300조의 죄를 범한 자가 사람을 살해한 때에는 사형 또는 무기징역에 처한다. 사망에 이르게 한 때에는 무기 또는 10년 이상의 징역에 처한다.

제302조 (미성년자등에 대한 간음) 미성년자 또는 심신미약자에 대하여 위계 또는 위력으로써 간음 또는 추행을 한 자는 5년 이하의 징역에 처한다.

형사적으로 제재를 받는 성범죄의 기초가 되는 법이 이제부터 자세히 설명할 형법 제297조 강간죄입니다. 강간죄가 형법상 성폭력의 가장 기본이 되는 죄라고 하는 이유는 기본법인 형법에서 강간 등 성범죄에 관한 규정이 모여 있는 장인 형법 제32장 "강간과 추행에 관한 죄"에서 가장 먼저 등장하기 때문입니다. 제298조 이하 다른 범죄들은 강간죄의 구성요건을 기본으로 하여 감경되거나 가중되는 구성요건을 가진 범죄입니다. 예를 들어 제298조 강제추행죄의 경우, 성기 삽입의 행위(간음)보다는 불법성이 덜한 성적 수치심을 주는 행위인 추행을 구성요건으로 하여 법률상 정해진 형량이 감경되는 죄입니다. 제299조 준강간 및 준강제추행죄는 강간죄와 비교해볼 때 '폭행 또는 협박' 대신 "심신상실 또는 항거불능의 상태를 이용"하는 수단의 차이가 있습니다.

이제 강간죄의 구성요건을 살펴보겠습니다. 제297조에서는 "폭행 또는 협박으로 부녀를 강간한 자는 3년 이상의 유기징역에 처한다"라고 규정되어 있습니다. 이 추상적인 법 규정을 구체적인 사실관계에 적용하는 것이 법해석이고, 법해석은 그동안 법원에 의해 축적된 판례를 바탕으로 이뤄집니다. 이제부터 이러한 법원의 해석을 통해 현재 적용되고 있는 내용을 바탕으로 강간죄의 구성요건을 설명하겠습니다.

강간죄의 법정형

　　강간죄의 양형이 행위의 불법성에 비해 낮다고 느끼는 성폭력 상담원이 많지만, 실제 강간죄는 법정형이 매우 높은 범죄에 속합니다. 강간죄는 살인, 강도 등과 함께 흉악범죄로 분류되어 있고, 법정형은 강도죄와 같이 "3년 이상의 유기징역"입니다. 3년 이상의 유기징역으로 법정형이 규정되어 있는 다른 범죄에는 강도죄나 상해치사, 유기치사 등 사람을 죽음에 이르게 하는 범죄와 인질강요, 인질강도 등 사람의 신체적 자유를 억압하는 범죄 등이 있습니다.

　　성폭력 관련 범죄에는 높은 법정형이 부과되어 있는 편인데, 이에 대해서는 약간의 논란이 있습니다. 「성폭력 범죄의 처벌 및 피해자 보호 등에 관한 법률」(이하 「성폭력특별법」)의 경우, 형법상 강간 및 추행에 관한 죄보다 구성요건을 세분화하고 높은 법정형을 부과하고 있습니다. 예를 들어 특수강도강간이나 특수강도강제추행의 경우, 「성폭력특별법」 제5조 2항에서 "사형, 무기 또는 10년 이상의 유기징역"이 부과되는데, 이는 형법에서 규정되어 있는 법정형 중 가장 높은 편에 속합니다. 죄질이나 행위의 불법성을 따져볼 때 「성폭력특별법」에서의 법정형은 형법상 강간죄의 법정형에 맞춰 마련된 것이기는 하나, 이 죄의 경우 강간과 강제추행을 동일한 법정형으로 규정하고 있고, 이러한 높은 법정형 때문에 초범인 경우 법관이 작량감경(정상 참작) 등 양형작업을 하더라도 높은 징역형을 받을 수밖에 없어 유죄선고를 기피하게 만든다는 비판이 있습니다. 그러나 헌법재판소는 이러한 비판에 대해 2001년 「성폭력특별법」 제5조 2항 법정형의 위헌제

청 결정에서, "법정형의 종류와 범위 선택은 입법재량 내지 형성의 자유가 인정되므로 헌법상의 평등의 원칙 및 비례의 원칙 등에 명백히 위배되는 경우가 아닌 한, 쉽사리 헌법에 위반된다고 단정하여선 안 되"며, 특수강도강제추행의 피해 정도가 매우 큰 점을 고려해볼 때 중한 법정형을 정한 것에는 합리적인 이유가 있고, "이러한 법정형은 법관이 작량감경은 할 수 있되 집행유예를 선고하지 못하도록 입법적 결단을 내린 것이므로 법관의 양형 결정권을 침해했다고 볼 수 없다"라고 결정한 바 있습니다(헌법재판소 2001.11.29. 2001헌가16).

강간죄의 대상(객체): 부녀

객체를 부녀로 정한 강간죄 규정이 강간의 대상을 여성으로 지칭한다는 점은 분명해 보이나, 여기에도 해석상 논란의 여지가 있었습니다. 과거 제32장이 "정조에 관한 죄"라는 제목이었을 때, 이 '부녀'가 기혼인지 미혼인지, 어린아이나 노인 여성도 포함되는 것인지 등 의견이 분분했지만, 현재 부녀일 때는 혼인 여부나 성년·미성년을 묻지 않는 것으로 정립되어 있습니다.

하지만 여기에서 문제가 되는 것이 바로 아내강간입니다. 명문상으로 부녀에는 '법률상의 처'가 제외된다는 규정이 없고, 해석상으로 부녀인 경우 혼인 여부를 불문한다고 확립되어 있는데도 실질적인 혼인 상태를 유지하고 있는 부부의 경우에 법원은 강간죄를 인정하고 있지 않습니다. 대법원이 1970년 3월 10일에 선고한 아내 강간 판결에서 "실질적인 부부관계가 없다고 단정할 수 없으므로 설사 남편이 강제로 처를 간음했다 하여도 강간죄는 성립되지 아니한다"(70도29)라고 판시한 이래로, 법원은 실질적인 혼인 상태를 유지하고 있는 부부관계에서의 강간 내지 강제추행을 인정하지 않고 있습니다. 최근 아내에 대한 강제추행죄를 인정한 지방법원의 판결이 있었지만, 이 경우조차 한집에 살고 있으나 별거 상태에 있는 부부 사이에 벌어진 사건으로 이들이 실질적인 부부관계를 가지고 있지 않다고 인정됐기에 가능한 판결이었습니다. 즉, 현재 법원은 강간죄의 대상인 부녀를 해석할 때 실질적인 혼인 관계에 있는 아내인 경우를 배제하고 있습니다.

강간죄가 강간의 대상을 부녀로 규정하기 때문에 남자는 강간죄의 객체가 되지 않습니다. 남자가 강간을 당하면, 대상을 사람으로 정하고 있는 제298조 강제추행죄에 해당합니다. 남성에서 여성으로 성전환을 한 자의 경우, 과거 생물학적인 성을 기준으로 부녀를 판단해 성전환자가 부녀에 포함되지 않는다고 판시한 대법원 판례가 있었습니다. 그러나 민사적인 영역에서 성전환자의 성을 여성으로 인정한 판결이 나온 만큼, 해석이 바뀔 가능성은 있습니다.*

수단 및 행위: 폭행 또는 협박으로 강간

강간죄에서의 행위는 강간으로 설명되는데, 이때 강간은 '강제로 간음'하는 것을 의미합니다. 그리고 강제하는 수단으로 명문상 규정되어 있는 것이 '폭행 또는 협박'입니다.

간음은 법적 의미에서 남성의 성기가 여성의 성기에 직접적으로 삽입되

---

* 2012년 12월 18일 강간죄의 객체가 사람으로 개정됨으로써, 2013년 6월 19일부터는 남성 역시 강간죄의 객체로 포함되도록 변경되었다.

는 성교행위로 한정됩니다. 그러므로 구강성교나 항문성교 등의 유사성교행위나 물건 등을 성기에 삽입하는 행위는 제외됩니다. 그러나 강간죄가 정조가 아닌 성적 자기결정권을 보호법익으로 하고 있고 유사성교행위 내지 물건 등을 성기에 삽입하는 행위가 성적 자기결정권 침해라는 측면에서 남성의 성기를 삽입하는 행위와 큰 차이가 없는 점, 현재 외국의 입법례나 국제법상의 강간 규정에서 강간죄의 행위에 그러한 행위들까지 포함하고 있는 점을 미뤄볼 때, 행위에 대한 입법적인 변화는 필수적입니다. 행위규정이 변화한다면, 강간죄의 객체를 군이 부녀로 한정할 필요도 없습니다.*

이제 가장 해석의 여지가 큰 '폭행 또는 협박'이라는 강간죄의 수단을 살펴보겠습니다. 형법에서 폭행은 사람에 대한 유형력의 행사, 협박은 해악의 고지를 의미합니다. 강간죄에서 '폭행 또는 협박'은 다른 형법 규정과의 관련 속에서 해석됩니다. 이를테면 폭행죄나 협박죄, 강도죄 등에서도 '폭행'이나 '협박'이라는 용어가 사용되지만, 모두 같은 의미로 사용되지는 않습니다. 형법에서는 같은 용어로 서술되어 있는 폭행이나 협박을 각 행위의 불법성이나 법정형 등을 고려해 '정도'에 따라 구별하고 있습니다. 강간죄의 경우는 강도죄와 마찬가지로 폭행 또는 협박의 정도를 형법상 가장 좁은 의미로 해석합니다. 강간죄를 성립하게 하는 폭행 또는 협박의 정도는 "상대방의 반항을 불가능하게 하거나 현저히 곤란하게 할 정도"를 의미하며, 이것이 '최협의의 폭행 또는 협박설(최협의설)'입니다.

강간죄가 성립하려면 가해자의 폭행, 협박은 피해자의 항거를 불가능하게

---

* 2012년 12월 18일 개정으로 제297의2 유사강간죄가 신설됨으로써, 구강, 항문 등 성기를 제외한 신체 내부에 성기를 넣거나 성기, 항문에 성기를 제외한 신체 일부 또는 도구를 넣는 행위에 대해서도 처벌할 수 있게 되었다.

하거나 현저히 곤란하게 할 정도의 것이어야 하고, 그 폭행, 협박이 피해자의 항거를 불가능하게 하거나 현저히 곤란하게 할 정도의 것이었는지 여부는 그 폭행, 협박의 내용과 정도는 물론, 유형력을 행사하게 된 경위, 피해자와의 관계, 성교 당시와 그 후의 정황 등 모든 사정을 종합하여 판단하여야 할 것이다 〔대법원 1979.2.13.선고, 78도1792〕.

여기서 염두에 둬야 할 것은 최협의설은 현실적인 반항행위의 존재 여부를 전제로 한 것이 아니라 폭행이나 협박의 '정도'를 측정하는 기준이라는 점입니다. 최협의의 폭행 또는 협박은 "상대방의 현실적 또는 가상적 반항을 불가능하게 하는 육체적 강제력뿐 아니라 심리적 강제효과를 가진 모든 수단"을 의미합니다. 다시 말해 상대방의 반항이 현실적으로 존재했는지 여부가 중요한 것이 아니라 반항을 하지 못할 정도로 강력한 유형력이 행사됐는지가 중요한 쟁점인 셈입니다. 강도죄를 상상해보면 쉽게 이해할 수 있습니다. 죽이겠다고 협박하며 돈을 강탈하려는 강도에게 지갑을 뺏기지 않으려고 열심히 저항했는데 결국 폭행을 당해 더는 저항하지 못하는 상태에까지 이르러야 강도죄가 성립하는 것은 아닙니다. 다만 강도의 협박을 믿어 두려움에 아무런 저항을 하지 못하고 순순히 지갑을 내어준 상태라면 강도죄의 폭행 또는 협박의 정도를 충족할 수 있습니다.

여기서 강간죄의 경우, 앞서 예를 들었던 강도죄의 "최협의의 폭행 또는 협박"보다 낮은 정도의 수준, 즉 반항이 불가능한 정도뿐 아니라 현저히 곤란한 정도까지 강간죄의 폭행 또는 협박으로 인정되는데, 이는 재산권을 침해하는 강도죄보다 사람의 신체와 자유권을 침해하는 강간죄가 더 중하기 때문입니다. 그렇다면 강간죄의 폭행 또는 협박의 정도는 가해자의 폭행 또는 협박으로 상대방이 두려움을 느껴 반항하기 현저히 곤란한 상태에 이르

형법상 폭행의 정도

	내용	사례
최광의의 폭행	사람과 물건에 대한 모든 종류의 유형력 행사	-
광의의 폭행	사람의 신체에 대한 직접·간접의 유형력 행사	-
협의의 폭행	사람의 신체에 대한 직접적인 유형력 행사	폭행죄
최협의의 폭행	상대방의 반항을 불가능하게 하거나 현저히 곤란하게 할 정도의 유형력 행사	강도죄, 강간죄

위의 표는 형법상 폭행이 어떻게 구별되는지 보여줍니다. 여기서 어떤 종류의 힘의 행사인지를 불문하고 사람과 물건에 대해 힘을 행사하는 것을 의미하는 최광의의 폭행이나 사람에 대해 간접적인 힘을 행사하는 것까지 포괄하는 광의 폭행은 폭행으로 분류되기는 하지만 형법에 의해 제재받는 폭행은 아닙니다. 사람의 신체에 대해 직접적으로 힘을 행사하는 것, 즉 밀거나 누르는 행위부터 때리는 행위 등 모든 행위를 포괄하는 협의의 폭행은 형법 제260조 폭행죄에 해당하는 폭행입니다. 제260조는 2년 이하의 징역 내지 500만 원 이하의 벌금, 구류, 과료를 법정형으로 두는 비교적 가벼운 범죄에 속하는 죄입니다. 이에 비해 '폭행'을 수단으로 규정하는 강도죄와 강간죄는 3년 이상의 징역을 법정형으로 두고 있는 무거운 범죄에 속하므로, 여기서의 '폭행 또는 협박'은 협의에 비해서 훨씬 좁게 해석됩니다. 이것이 '최협의의 폭행'으로, 강도죄와 강간죄에서의 폭행은 "상대방의 반항을 불가능하게 하거나 현저히 곤란하게 할 정도"의 유형력으로 한정해 해석합니다.

면 충족되고, 실제 상대방의 저항행위가 있었음을 입증할 필요는 없을 것입니다. 그러나 놀랍게도 강간죄의 폭행 또는 협박의 정도를 판단하는 데는 이러한 이론적인 해석과 법관의 해석상 태도 간에 간극이 큽니다.

3. 법원의 강간죄 해석: 한계와 변화가능성

이제 구체적인 판례들을 살펴보면서 형법상 강간죄의 규정을 실제 사건의 해석에 적용하는 과정에서 법원이 어떻게 판단하는지 알아보겠습니다. 그에 앞서 이해를 돕기 위해 근대 형사법의 특징과 법관이 하는 판단의 과정에 대해 간략하게 설명합니다.

법관 판단의 합리성, 그리고 사회적 맥락과 입장

근대 형사법의 특징 중 하나는 개인 간의 법익 침해를 국가가 재제한다는 점에 있습니다. 근대 형사법에서 개인에게 발생한 신체상 혹은 재산상 피해는 단지 개인 간에 발생한 분쟁이 아니라 국가가 수호하는 법질서의 침해입니다. 그러므로 국가의 법질서를 위협하는 범죄에 대해 국가(검사)가 기소할 수 있는 권한을 가지며, 국가가 범죄자(피고인)에 대항해 재판 당사자(원고)가 됩니다. 여기서 사법부(법관)의 독립은 근대 형사법 체계에서 개인의 인권을 수호하는 중요한 지침입니다. 하나의 국가기관이 기소와 재판을 동시에 수행한다면, 피고인인 개인의 범죄사실을 객관적으로 판단할 수 없을 것이고, 피고인의 방어권은 존중될 수 없을 것이기 때문입니다. 과거 사법부와 검찰의 역할이 제대로 분리되지 않았던 규문주의(糾問主義) 시대에 맞서,

근대 형사법의 체계는 피고인의 인권과 방어권을 보장하는 방향으로 발전되어 왔습니다. 근대 형사법의 주요한 원칙인 죄형 법정주의나 무죄 추정의 원칙, "의심스러울 때에는 피고인의 이익으로" 등은 이러한 배경에서 확립됐습니다. 여기서 사법부인 법관은 피고인의 행위를 범죄라고 주장하는 검사의 주장과 이를 방어하는 피고인의 주장을 객관적인 제3자의 위치에서 판단하는 역할을 해야 합니다. 법관은 재판정에서 현출된 증거를 바탕으로 유무죄를 판단하며, 이때 유죄의 인정은 법관으로 하여금 "합리적인 의심을 할 여지가 없을 정도로 공소사실이 진실한 것이라는 확신을 가지게 할 수 있는 증명력을 가진 증거"를 바탕으로 이뤄집니다. 이때 "합리적인 의심이 들지 않을 정도의 확신"은 법관의 자유로운 판단에 따르며, 법관은 경험칙과 논리법칙에 따라 합리적으로 판단해야 합니다.

흔히 이러한 법관의 경험칙에 의거한 합리적 판단은 중립적이고 객관적인 제3자적 위치에서 가능하다고 기대됩니다. 그러나 여기서 경험칙에 의거한 법관의 합리적인 판단에는 사회적인 맥락과 입장이 반영됩니다. 구체적으로 살펴보면, 법관이 하는 판단의 과정은 크게 사실판단과 규범판단(법규 해석)으로 나눌 수 있습니다. 강간죄의 경우, 앞서 살폈던 형법과 기존의 판례를 통해 도출할 수 있는 강간죄의 구성요건에 대한 판단은 법규 해석인 규범판단의 차원입니다. 이 과정에서 법관은 이미 축적된 법적 관행에 비춰 판단하며, 이때 규범판단은 명문상 법 규정의 틀에서 이뤄집니다. (물론 법규를 해석하는 데도 일부분 그러하지만) 사회적 맥락과 입장이 법관의 판단에 크게 반영되는 것은 사실관계를 인식하고 법적인 틀에 맞춰 재구성하는 사실판단 과정입니다. 이를테면 강간죄의 판례에서 설명하고 있는 "그 폭행·협박의 내용과 정도는 물론, 유형력을 행사하게 된 경위, 피해자와의 관계, 성교 당시와 그 후의 정황 등 모든 사정"을 인식하고 이해하는 과정, 그리고 법적으로 문제되는 구성요건에 부합하는 사실관계로 판단하는 과정 모두가 사실판단 과정입니다.

좀 더 자세히 설명하면, 1953년에 형법이 제정된 이래 제297조 강간죄 규정이나 최협의의 폭행 또는 협박의 정도를 판시한 판례의 태도는 변화가 없었습니다. 즉, 규범판단의 차원에서 눈에 띌 정도로 큰 변화를 찾아보기 어렵습니다. 그러나 1980년대 이전과 최근의 강간죄 판결의 내용에는 상당한 차이가 있습니다. 이는 사실판단 과정에서 어떤 사실관계를 고려하고 폭행 또는 협박으로 해석하는지가 변화했기 때문입니다. 예를 들어 1985년 강간치상죄 판결에서 서울남부지법은 "너는 유부녀이고 나는 총각이니 들키면 누가 망신이냐"라며 유부녀인 피해자를 위협하고 강간한 사건에서, 피해자가 피고인의 말에 주관적으로 수치심을 느껴 반항을 억압당했다는 사실관계를 인정했으나 이를 강간죄의 협박으로는 볼 수 없다고 판단했습니다〔85도합907〕. 그러나 2008년에 이와 유사한 사건에서 대법원은 강간죄의 협박 정도를 판단하면서, "유부녀인 피해자에 대해 혼인 외 성관계 사실을 폭로하겠다는 내용으로 협박한 것은 여성의 생활상 이익에 막대한 영향을 미칠 수 있으며, 그 폭로의 범위에 따라 심리적 압박의 정도가 심각할 수 있다"라는 사실을 인식하고 이해했습니다. 그리고 "단순히 협박 내용만으로 정도를 단정할 수 없으며, 협박의 경위, 가해자 및 피해자의 신분이나 사회적 지위, 피해자와의 관계, 간음 또는 추행 당시와 그 후의 정황, 그 협박이 피해자에게 미칠 수 있는 심리적 압박의 내용과 정도 등 모든 사정을 종합해 신중하게 판단해야 한다"라고 판시했습니다〔2007도10050〕. 두 판례의 차이점은 혼인 외 성관계의 폭로라는 유사한 협박 내용이 유부녀인 피해자에게 실제로 어떠한 영향을 주는지를 법관이 인식하고 이해했는가에 있습니다. 그리고 2008년 판례에서 법원이 기혼여성의 경험에 대해 인식하고 이해할 수 있었던 것은 1980년대와는 달리 남성과는 다른 여성의 경험을 이해할 수 있게 만든 사회 변화가 존재했기 때문입니다.

법관의 판단에 사회적 맥락과 입장이 반영된다는 것을 인정한다면, 남녀의 성에 대한 남성 편향적인 사회의 맥락이 이러한 사실판단 과정에 개입될 수 있다는 것을 인식할 수 있습니다. 그리고 이는 법원에서 그동안 내린 강간죄 판결을 살펴보면서 구체적으로 확인될 것입니다.

강간죄의 최협의설: 현실적인 저항행위의 요구

앞서 설명한 대로 보통 최협의의 폭행 또는 협박 정도를 판단할 때는 피해자의 반항을 현실적으로 요구하지 않습니다. 그러나 강간죄의 경우는 다릅니다. 놀랍게도 강간과 관련된 구체적인 사실관계를 판단할 때 법원은 피해자의 현실적인 저항행위가 존재했는지 여부를 매우 중요한 요소로 판단합니다. 바로 이 지점에서 강간죄의 최협의설이 문제가 됩니다.

법원은 판례를 통해 강간죄의 폭행 또는 협박이 상대방의 반항을 불가능하게 하거나 현저히 곤란하게 하는 정도였는지를 파악하기 위해서는 ① 폭행·협박의 내용과 정도뿐 아니라, ② 유형력을 행사하게 된 경위, ③ 피해자와의 관계, ④ 성교 당시와 ⑤ 그 후의 정황을 종합적으로 판단해야 한다고 판시하고 있습니다. 강간 사건의 사실관계를 파악할 때 법원이 주로 판단해야 하는 것은 ① 폭행·협박의 내용과 정도이지만, 폭행 또는 협박의 직접 증거를 피해자의 진술 이외에 찾기 어려운 상황에서 법원은 ②, ③, ④, ⑤의 간접증거를 경험칙에 의거해 판단합니다. 여기서 문제는 법원이 강도죄의 판단과 다르게 경험칙의 기준으로 삼는 것이 바로 피해자의 현실적인 저항행위라는 점에 있습니다. 강간죄 판례들을 살펴보면 법원이 〈표 4-1〉에

<표 4-1> 강간죄의 최협의의 폭행·협박 판단 기준

최협의의 폭행·협박 판단 요소	질문 내용
① 폭행·협박의 내용과 정도	피해자의 진술이나 증거를 통해 파악된 피고인의 폭행·협박 내용 → 쟁점: 폭행이나 협박을 당했다는 피해자의 진술의 신빙성(이하 ②, ③, ④, ⑤의 간접증거를 통해 경험칙에 의거해 판단)
② 유형력을 행사하게 된 경위	피해자가 성교 전 주변 사람에게 도움을 요청했는가? 피해자가 여관 등 사건발생장소에 자발적으로 들어갔는가? 강간 전 탈출하려고 했는가? → 쟁점: 피해자의 저항행위를 확증할 수 있는 간접증거
③ 피해자와의 관계	처음 만났는가? 아는 관계인가? 연애관계인가? → 쟁점: 성관계를 가졌던 관계 내지 성관계를 할 가능성이 있는 관계를 판단
④ 성교 당시	피해자가 저항했는가? 피해자가 탈출을 시도했는가? 피해자가 성교행위 도중 구조를 요청했는가? → 쟁점: 피해자의 현실적인 저항행위 존재 여부 및 피해자의 저항행위를 확증할 수 있는 간접증거
⑤ 성교 후 정황	피해자가 피고인과 대화를 했는가? 피해자가 주변인들에게 강간에 대해 이야기를 했는가? 피해자가 신속하게 고소했는가? → 쟁점: 피해자의 저항행위를 확증할 수 있는 간접증거

서 언급된 요소들을 재판의 주요 쟁점으로 판단하고 있음을 알 수 있습니다. 이제 실제 판례에 위의 요소들을 구체적으로 대입해보겠습니다.

다음은 1심 재판과 2심 재판에서 모두 강간죄의 성립을 인정했으나, 대법원에서 ① 최협의 폭행 또는 협박의 내용과 정도가 문제가 되어 원심이 파기된 사건입니다[대법원 2001.10.30. 2001도4462]. 1심과 2심은 피고인이 인터넷 채팅으로 만난 피해자를 자기 집으로 속여 여관방으로 데려온 다음 손으로 피해자의 머리채를 잡아 침대에 밀어 넘어뜨리고 소리를 지르지 못하게 입을 막고 주먹으로 머리를 수회 때리며 "죽여버리겠다"라고 협박해 피해자의 반항을 억압한 후 2회 간음해 강간하고, 같은 날 여관방에서 피해자가 화장실에 간 틈을 이용해 피해자의 지갑에 있는 현금 23만 원을 가지고 나온 사실을 인정하고 강간 및 절도죄의 성립을 인정했습니다. 그러나 대법원은 최협의의 폭행 협박설을 근거로 다음의 내용을 문제 삼았습니다.

① 폭행·협박의 내용과 정도
- 피해자의 머리채를 잡아 침대에 넘어뜨린 다음 입을 막고 주먹으로 머리를 수회 가격하며 죽여버리겠다고 협박 후 2회 강간
② 유형력을 행사하게 된 경위
- 여관에 들어갈 때 피해자가 피고인 옆에 서 있었고 같이 계단을 올라갔다는 여관 종업원의 진술
- 여관이 자기 집이라고 속였고, 여관인 줄 모르고 자발적으로 올라갔다는 피해자의 진술
- 담배를 가져다준 여관 종업원에게 구조를 요청하지 않았다는 여관 종업원의 진술
③ 피해자와의 관계
- 피고인은 인터넷 채팅을 통해 성관계를 맺기로 합의하고 성교한 것이라 진술
- 피해자도 인터넷 채팅을 통해 피고인을 만났다고 진술
④ 성교 당시
- 옷을 벗기기 전에 때렸는지, 바지 내지 상의를 벗기고 때렸는지에 대한 진술의 일관성 없음
- 가슴을 짓눌리는 탓에 소리를 지르거나 도움을 청하지 못할 정도로 폭행당했다면 머리나 가슴 부위 등에 상당한 정도의 상해를 입을 만한데 아

무런 상해진단서도 제출하지 못했다는 사실

⑤ 그 후의 정황

- 성교 후 피고인이 씻으라고 하여 피해자가 샤워했다는 피해자의 진술

- 남자가 뛰어나와 엘리베이터를 이용하지 않고 비상계단으로 내려가는
  것을 보고 이상한 생각이 들어 피해자에게 인터폰을 하니 피해자가 아무
  일 없다고 하고, 후에 카운터 여종업원에게 피해자가 지갑이 없어졌다고
  이야기했다는 여관 종업원의 진술

- 피해자 혼자 한참 있다가 다른 남자가 와서 같이 나갔다는 여관 종업원의
  진술

- 피해자를 데리러 온 남자 친구에게 강간을 당했다는 이야기를 하지 않았
  다는 참고인의 진술

⑥ 기타

- 피해자가 대학입시를 준비 중이고, 지방에 홀로 사는 어머니로부터 생활
  비를 송금받는다고 하면서도, 볼보 승용차를 소유하고 있는 등 이에 어
  울리지 않는 생활환경을 가지고 있는 점

위의 내용에서 대법원이 피해자의 진술에 의해 파악된 ① 폭행·협박의
내용과 정도를 심사하기 위한 간접증거로 중요하게 판단하는 요소는 실질적
인 저항행위 여부와 이를 확증할 수 있는 강간 전 자발적인 태도, 강간 후 구
조 요청의 여부입니다. 최협의의 폭행 협박설을 판단할 때 가상적인 반항이
현저히 곤란할 정도까지를 고려하는 것인데도 대법원은 ④ 성교 당시 정황
과 관련해 피해자의 현실적 저항행위의 증거인 상해진단서를 요구하고 있습
니다. 또한 피해자의 저항행위가 없었을 것이라는 점을 유추할 수 있는 확증
요소로 강간 전 피해자의 자발적인 태도나 강간 직후 주변인에 대한 구조 요

청 행위를 검토하고 있습니다. 결국 법원이 강간죄의 폭행·협박의 내용과 정도를 판단하는 주요한 기준은 현실적인 저항행위의 존재 여부입니다.

법원이 강간죄를 판단할 때 현실적인 저항행위를 요구하는 이유는 성관계와 강간 간의 구분이 모호하다고 생각하기 때문입니다. 강도죄를 판단할 때, 법원은 강도의 피해자가 기본적으로 강도를 당하는 상황에 동의하지 않을 것이라 전제합니다. 그렇기 때문에 강도가 재물을 갈취할 때 그것에 동의하지 않았음을 저항행위를 통해 보였는지를 확인하지 않습니다. 그러나 강간의 경우, 피해자가 피고인이 요구하는 성관계에 동의하지 않았다는 것을 입증하기 위해서는 단지 "나는 당신과 성관계를 하고 싶지 않다"라고 말하는 것만으로 충분하지 않습니다.

법원이 강간 피해자에게 현실적인 저항행위를 입증하도록 요구하는 순간, 재판의 쟁점은 "피고인의 폭행 또는 협박이 있었는가, 있었다면 상대방의 저항을 현저히 곤란하게 하는 정도였는가"에서 "피해자가 저항했는가, 성관계를 원하지 않는다는 것을 보여줄 정도로 확실히 저항했는가"로 바뀌게 됩니다. 다시 말해 강간 재판의 대상은 피고인의 행위가 아니라 피해자의 행위가 되고, 법관의 합리적인 판단은 피해자의 저항행위가 존재했는지 여부에 맞춰지는 것입니다. 앞에서도 문제가 됐던 것은 강간 전에 여관을 집으로 속인 피고인의 행위를 피해자가 어떻게 믿을 수 있었던 것인지, 강간 당시 피해자가 당한 폭행이 현실적인 저항행위를 하지 못할 정도였는지, 강간 후 피해자가 여관 종업원이나 남자 친구에게 왜 구조 요청을 하지 않았는지 등 피해자의 행위였습니다. 여관으로 피해자를 데려와 여관 종업원이 이상하게 생각할 정도로 급하게 달아난 피고인의 행위는 쟁점이 되지 않았습니다. 법원이 강간의 폭행·협박의 내용과 정도를 판단하기 위해 피고인의 행위가 아닌 피해자의 행위를 문제 삼는 태도는 결국 대학입시를 준비 중이고 홀어머니에게 송금을 받는 피해자가 볼보 승용차를 어떻게 소유할 수 있는지와 같은 피해자의 평소 생활태도 평가로 이어집니다.

법원이 강간죄의 폭행·협박을 판단하는 데 피해자의 현실적인 저항행위를 주요한 요소로 판단하는 태도에는 남녀의 성적 관계에 대한 왜곡된 관념이 반영됩니다. 공격적인 남성의 성적 욕구와 그에 수동적으로 반응하는 여성의 성이라는 각본 속에서, 여성이 성관계에 동의하지 않는다는 표현을 한다고 해도 그것은 보통의 성관계로 이어지는 하나의 제스처로 여겨질 뿐입니다. 여성이 진심으로 성관계에 동의하지 않았다는 사실을 상대방과 제3자에게 인식시키는 오직 하나의 방법은 (그로 인해 더욱 극심한 폭행에 직면할 위험을 감수하고) 적극적으로 저항하는 것입니다. 남성에 의해 강제적으로 주도되는 성행위를 남녀의 정상적인 성적 관계로 보는 왜곡된 관점에 의하면, 폭력적인 성관계는 약간 거칠지만 정상적인 성관계로 범주화됩니다.

1990년에 대법원은 "피고인의 하숙방에 피해자를 끌고 가 피해자의 손목을 비틀고 옷을 강제로 벗긴 후 담뱃불로 위 피해자의 허벅지, 유방, 배 부분 등 20여 군데를 지져 피해자를 실신하게 해 위 피해자의 항거를 불능케 한 후 강제로 위 피해자를 간음해 강간하고 이로 인해 위 피해자에게 6주간의 치료를 요하는 유방 양측 부위 화상 등을 입게 한" 사건에 대해 폭행에 의해 강간당했다는 피해자의 진술을 경험칙상 납득할 수 없다며 증명력을 배척했습니다〔90도1562〕. 대법원이 피해자의 상처를 확인했는데도 강간죄의 폭행·협박으로 인정하지 않은 근거는 첫째, 피해자가 강간 전과 강간 도중 하숙방 주인에게 구조 요청을 하지 않았다는 점, 둘째, 강간 후 신속하게 고소를 하지 않았다는 점, 셋째, 피고인과 피해자가 연인관계였고 강간 전 성관계를 가진 적이 있다는 점이었습니다. 대법원이 오히려 경험칙상 합리적이라고 인정한 것은 "피해자의 몸에 생긴 담뱃불에 의한 상처도 피고인과 피해자는 서로 사랑하는 사이인데 피해자의 어머니가 피고인의 가정환경이 좋지 않고 피고인이 다니는 학교가 일류대학이 아니라고 하여 교제를 반대했기 때문에 약혼만 하게 되면 성형수술을 받기로 하고 서로가 상대방의 사람임을 나타내는 징표로 몸에 상대방의 성을 새기기로 해 피고인이 먼저 피해자의 몸에 피고인의 성인 '김'을 새겼는데 피고인의 몸에도 피해자의 성을 새기려고 하자 피해자가 강력히 반대하므로 이에 이르지 못했을 뿐"이라는 피고인의 주장이었습니다. 대법원이 이렇게 판단한 이유는 위와 같이 극단적으로 폭력적인 행위를 합의에 의한 정상적 성관계의 한 과정으로 볼 수 있다고 판단했기 때문입니다.

강제적이고 폭력적인 성행위를 연애관계에서의 합의된 성관계로 보는 법원의 태도는 비단 이 사례에만 한정되지 않습니다. 1996년 서울고등법원의 판결도 이러한 법원의 왜곡된 관점을 극명히 보여줍니다[96노606]. 이 사건에서 피고인은 "피해자가 피고인의 친구와 결혼하기로 했다는 말을 듣고 피해자의 머리를 자동차에 수회 부딪히게 하는 등 폭행하고 피고인이 시키는 대로 하지 않으면 피해자의 약혼자에게 자신과의 관계를 폭로하겠다고 협박한 후 4박 5일 동안 피해자를 경기도와 강원도 일대의 여관으로 끌고 다니며 피해자가 반항하는데도 수차례 강간"했습니다. 그러나 피해자의 진술에 따르면, 피고인이 피해자에게 강제적 성행위를 강요한 것은 폭행 후 일어났던 4박 5일간의 강간에만 한정된 것이 아니었습니다. 피해자가 피고인과 이른바 '연애'를 시작하게 된 이유는 "피고인이 피해자를 강간하고 이로 인해 피해자가 임신됐기 때문"이었고, 그 후 피고인은 "피해자를 거의 매일 찾아와 피해자에게 '다른 놈을 만나면 몽키 스패너로 머리통을 날려보낸다, 너 결혼하면 그 날이 장례식이 되는 줄 알아라' 등의 협박을 하여 피해자는 강간당한 사실이 알려지는 것을 두려워해 할 수 없이 피고인을 만나기는 했으나 피해자로서는 피고인을 결혼상대자로 생각하지 아니했고 2년 동안 한번도 피고인과 성관계를 맺은 일이 없으며 피고인을 만나는 사실을 어느 누구에게도 말한 일이 없었"습니다. 이처럼 2년 동안 피해자가 피고인과 만나온 관계를 연애관계로 생각하지 않았는데도, 법원은 "피고인과 결혼할 사이로서 약 2년간 사귀어온 피해자가 피고인의 친구와 결혼하기로 했다는 말을 듣고 충격을 받아 피해자에게 폭행을 행사했다"라는 피고인의 주장을 피해자의 주장보다 경험칙상 납득할 만하다고 판단했습니다.

법원이 폭력적인 성행위를 정상적인 남녀 간의 성관계로 보는 한 강간죄의 폭행·협박을 판단할 때 여성의 적극적인 저항행위를 요구할 수밖에 없습니다. 미국의 경우 강간죄를 판단할 때 저항행위와 이를 입증할 수 있는 확증요건을 요구하는 것이 왜곡된 성관계에 대한 관념과 성적 도덕의 이중규범, 강간신화에 기반을 두고 있음을 인식하고 1974년 미시간 주를 시작으로 저항요건을 폐지하기 시작했습니다. 그러나 우리의 경우, 심지어 현재 우리 형법 규정에서 이러한 저항요건이 명시되어 있지 않고 폭행·협박의 최협의설이 가진 이론적 태도 역시 현실적인 저항행위를 요구하고 있지 않는데도 법원이 현실적이고 적극적인 피해자의 저항행위를 폭행·협박의 정도를 판단하는 기준으로 삼고 있는 셈입니다. 이러한 법원의 태도는 현실에서 비일비재하게 일어나는 무수한 강간죄들을 비범죄화하는 결과를 가져올 뿐입니다.

강간죄의 보호법익: 성적 자기결정권이 아닌 정조

법원이 강간죄의 폭행·협박의 내용과 정도를 판단하기 위해 법관의 경험칙에 비춰 재판의 대상이 되는 사실관계를 인식하고 범주화하는 사실판단의 과정에는, 앞서 언급했던 남성 편향적인 성에 대한 왜곡된 관념이 개입될 수 있습니다. 여기에는 사회에 존재하는 성관계에 대한 왜곡된 관념뿐아니라 여성의 성에 대한 이중적인 규범도 영향을 미칩니다.

앞의 판례들을 통해 알 수 있듯이, 폭행·협박의 최협의설을 판단하는 과정에서 중요한 요소는 현실적 저항행위와 이러한 저항행위가 있었음을 확증할 수 있는 피해자의 성교 전후 행위 등입니다. 그러나 법원이 항상 현실적인 저항행위를 불가능하게 하거나 현저히 곤란하게 하는 극심한 폭행과 협박만을 최협의의 폭행·협박으로 인정하고 현실적인 저항행위를 입증할수 없는 경우를 인정하지 않는 것은 아닙니다. 이는 법원이 피해자의 저항행위를 확증할 수 있는 피해자의 행위를 평가할 때, 보호받을 만한 성(性)과그렇지 않은 성에 대한 이중적인 규범에 영향을 받기 때문입니다. 아래에예시된 판례들을 비교해보겠습니다.

㉠ 대법원 1999.4.9. 99도519

…… 피고인이 사 온 맥주를 마시며 피해자에게 마시라고 하다가 욕정을일으켜 피고인의 몸에 새겨진 문신을 보고 겁을 먹은 피해자에게 자신이 전과자라고 말하면서 맥주 캔을 집어던지고 피해자의 뺨을 한 번 때리면서 성행위를 요구한 사실 ……

㉡ 대법원 2000.6.9. 2000도1253

…… 피고인은 침대에서 일어나 나가려는 피해자의 팔을 낚아채 일어나지못하게 하고, 갑자기 입술을 빨고 계속해 저항하는 피해자의 유방과 엉덩이를만지면서 피해자의 팬티를 벗기려고 했다는 것인바 ……

㉢ 대법원 2000.8.18. 2000도1914

······ 피고인이 피해자를 여관방으로 유인한 다음 방문을 걸어 잠근 후 피해자에게 성교할 것을 요구했으나 피해자가 이를 거부하자 "옆방에 내 친구들이 많이 있다. 소리 지르면 다 들을 것이다. 조용히 해라. 한 명하고 할 것이냐? 여러 명하고 할 것이냐?"라고 말하면서 성행위를 요구한 사실, 다른 사람의 출입이 곤란한 심야의 여관방에 피고인과 피해자 단둘이 있는 상황인 점 ······

㉣ 서울남부 1997.3.28. 96고합448

① 1996년 7월 5일 07:00경 피해자가 운영하는 주점에 찾아가 피해자에게 따라오지 않으면 가게를 불사르고 죽이겠다고 겁을 준 후, 09:00경 피해자를 여관으로 끌고 가 정을 통할 것을 요구했으나 거절당하자 발로 피해자의 배를 걷어차고 떠밀어 침대에 눕힌 다음 베개로 입을 틀어막고 양손을 머리 위로 올린 채 무릎으로 짓눌러 반항을 억압한 후 1회 간음하여 강간하고, ② 7월 16일 16:00경 빌린 돈을 돌려주겠다면서 피해자를 전화로 불러낸 후 피고인의 일행 등과 어울려 술을 마시다가 피해자가 화장실에 간 사이에 피해자의 손가방에서 피해자 소유의 현금을 절취하고, 18:00경 술을 마시고 취한 상태인 피해자를 유인하여 정을 통할 것을 요구했으나 거절당하자 피해자를 위 여관 욕실로 끌고 가 플라스틱 바가지로 머리를 3회 때려 정신을 잃게 하고 잠시 후 정신을 차린 피해자에게 말을 듣지 않으면 죽이겠다고 협박하여 이에 반항을 포기한 피해자를 1회 간음하여 강간하고, ······ ④ 7월 21일 08:00경 피해자가 운영하는 주점에 찾아가 가게 문을 닫지 않으면 죽이겠다고 겁을 준 후 피해자를 여관으로 끌고 가 반항하는 피해자의 목을 조르고 허리띠를 풀어 휘둘러 이에 겁을 먹고 반항을 포기한 피해자를 1회 간음하여 강간하고, ⑤ 8월 초순 04:00경 피해자가 운영하는 주점에서 피해자에게 찾아가 가게 문을 닫도록 강요하고서는 피해자를 택시에 태워 끌고 가 말을 듣지 않는다고 목을 조르고 뺨을 수회 때려 겁을 준 후, 05:00경 여관으로 끌고 가 피해자의 머리를 물을

채운 욕조에 2회 처박는 등 폭행하여 겁에 질려 반항을 포기한 피해자를 1회 간음하여 강간하고, ⑥ 8월 20일 07:00경 여관에서 주먹으로 피해자의 머리를 3회 때리고 목을 조르고 베개로 입을 틀어막는 등 폭행하여 이에 반항을 포기한 피해자를 1회 간음하여 강간하고, ⑦ 8월 23일 13:00경 주점에 찾아가 출입문을 부수고 침입하고, 2층 다락방에서 잠자는 피해자에게 정을 통할 것을 요구했으나 거절당하자 목을 조르고 플라스틱 상으로 가슴을 마구 때려 이에 겁에 질려 반항을 포기한 피해자를 1회 간음하여 강간하고, ⑧ 8월 25일 17:00경 주점에서 피해자에게 자주 전화하지 않는다는 이유로 맥주병을 깨어들고 죽이겠다고 겁을 준 후 목을 조르고 발로 전신을 걷어차는 등 피해자를 폭행하고, ⑨ 9월 23일 16:00경 여관방에서 피해자와 함께 술을 마시다가 욕정을 느껴 피해자와 정을 통하고자 했으나 피해자가 이를 거부하자 말을 듣지 않는다고 맥주병으로 피해자의 오른쪽 무릎을 1회 내리쳐 반항을 포기한 피해자의 가슴을 입으로 물어뜯고는 피해자를 1회 간음하여 강간하고, 이로 인해 피해자에게 약 10일간의 치료를 요하는 우측 유방 피하출혈상을 가했다.

앞의 사례들 중 최협의의 폭행·협박이 충족된다고 법원이 인정한 것은 놀랍게도 가장 심한 물리적 폭행이 반복적으로 이뤄진 마지막 ㉣ 사건을 제외한 나머지 판례들입니다. 앞선 세 개의 사건들은 모두 직접적이고 적극적인 피해자의 저항이나 흉기 등의 물리적인 폭력을 이용한 가해자의 행위가 없었던 사례입니다. 법원은 늦은 밤 여관에 둘만 있었던 상황으로 인해 가해자의 언행이 '피해자의 저항을 곤란하게 하는 유형력'이 될 수 있다는 사실을 인정했으며[㉢ 사건], 가해자의 몸에 있는 문신이나 전과자라고 말하며 맥주 캔을 던지는 행위, 뺨을 한 대 때리는 행위[㉠ 사건] 등과 마찬가지로 가해자가 피해자의 팔을 낚아채고 일어나지 못하게 하면서 성적 접촉을 시도하는 것 자체[ⓒ 사건]가 '저항을 불가능하게 하는 강제력'이 된다는 사실을 인정했습니다. 그러나 마지막 사건의 경우, 물리적인 폭행과 협박, 불법적인 가택침입과 절도 등이 반복적으로 이뤄졌는데도 피해자의 저항행위를 입증할 수 있는 간접증거가 경험칙에 부합하지 않는다는 이유로 강간죄 성립을 부정했습니다. 그 가장 큰 이유는 피해자가 미성년자이거나 학생이고, 피고인이 전과를 가졌으며, 피해자와 피고인이 잘 알지 못하는 관계였던 앞선 세 개의 사건과 달리, 마지막 ⓔ 사건의 피해자가 피고인과 "4개월 정도를 사귀어온 관계"였고 사귀는 동안 피고인과 "1주일에 2회 내지 3회 성관계를 가져 왔"으며, "주점을 경영하는" 술집여자였다는 점이었습니다. 법원은 "정상적인 성인인 피해자가 한 남자로부터 매주 2회씩 성관계를 강요받으며 수개월간 견뎌오다가 그중 일부에 대하여만 강간당했다고 주장함은 지극히 이례적인 일"이며, "야간에 주점을 경영하는 34세의 성인 여자인 피해자가 아침의 그리 이른 시간도 아닌 때(특히 09:00경이면 출근시간 무렵으로 거리에 통행인이 많을 것으로 추정된다)에 갑자기 강간을 당할 위기에 빠져 대로로 끌려가면서도 타인에게 전혀 구조 요청을 시도하지 아니했다는 것은 우리의 경험칙상 쉽게 납득이 가지 않아 이를 그대로 믿기 어렵다(이는 여관에서의 행동에서도 마찬가지이다)"라며 강간을 주장하는 피해자 진술을 신뢰할 수 없다고 판단했습니다.

피해자에게 과거 또는 현재 성매매 경험이 있거나 피해자의 과거 품행이 문란하거나 그럴 것이라고 추정되는 경우 법원이 강간죄의 유죄성립을 인정하지 않는 경향이 있습니다. 1991년에 부산지방법원은 피고인이 전에 음란비디오테이프에서 본 자세로 성교를 해봐야겠다고 생각하고 피해자를 과도로 위협한 후 비닐테이프로 피해자의 두 손을 묶으려 했으나 미수로 그친 사건에서, 피고인이 자신이 본 포르노를 실행하기 위한 의도를 가지고 과도와 테이프를 미리 준비해 오기까지 했는데도 특수강간의 고의를 부정했습니다〔91고합291〕. 이 사건에서 흉기를 이용한 폭행·협박이 입증됐는데도 특수강간치상죄가 인정되지 않은 것은 피해자가 성매매 여성이었기 때문이었습니다. 피고인이 사건 전 피해자에게 돈을 지불하고 성교를 했기 때문에 법원은 "비록 피해자가 겉으로는 한 번 더 성교하는 것을 거부하고 있었더라도 피해자의 내심의 진의는 그렇지 않다고 오신(誤信)하기에 충분하다"라고 판단했던 것입니다. 심지어 과거에 한번이라도 '매춘' 경험이 있다면 그 여성 또한 언제나 성행위에 동의할 준비가 되어 있는 것으로 간주되기도 합니다. 피고인들이 경영하는 레스토랑에 취직하기 위해 찾아온 미성년자인 피해자 두 명을 강간한 사건〔92고합625〕에서 강간을 주장하는 피해자들의 진술이 의심받게 된 것은 강간 사건과 아무런 관련이 없는 과거의 일이지만 피해자 중 한 명이 어린 나이에 '매춘' 경험이 있기 때문이었습니다.

성매매 경험이 있는 피해자뿐 아니라 평소의 성적 품행이 의심스러운 피해자도 강간에 관한 피해진술의 신빙성을 의심받습니다. 1986년에 대전고등법원은 술에 취해 피고인의 승용차를 택시로 오인해 탑승한 피해자를 강간한 사건에서, 피고인이 피해자를 여관으로 끌고 가려고 하자 적극적으로 저항해 여관으로 끌려 들어가는 것을 막았으며 강간 직후 곧바로 피고인을 파출소로 유인해 체포한 뒤 증명력 있는 증거들(속옷과 상해자국, 질 내에 있던 정충 등)을 확보할 수 있었는데도 피해자가 평소 술집에 잘 다니는 여자라는 파출소 순경의 증언을 이유로 피해자 진술의 신빙성을 부정했습니다〔85노1059〕.

이러한 법원의 태도는 여성의 성을 보호받을 만한 정조인지 아닌지로 구분하고 있다는 점을 보여줍니다. 물론 앞선 판결들이 강간죄가 "정조에 관한 죄"로 분류됐던 당시 이뤄졌던 것이며, 지금은 법원이 명시적으로 피해자의 성적 품행을 판단의 근거로 제시하지는 않고 있지만, 여성의 성에 대한 이중적 잣대와 보호받을 만한 정조에 대한 관념은 여전히 피해자의 저항 행위와 그에 대한 진술의 신빙성을 뒷받침하는 간접증거를 판단하는 데 영향을 미치고 있습니다. 정조에 대한 법관의 낡은 관념은 성관계의 경험이 있는 관계나 가능성이 있는 관계, 즉 부부관계나 연인관계에서 일어나는 강간에 대한 피해자의 진술이 법관의 경험칙에 의해 증명력이 없는 증거로 배제되는지를 이해하게 해줍니다. 여성의 정조는 남편이나 애인이 아닌 그 외의 남성들에게서 보호되어야 할 것이기 때문입니다.

강간죄의 보호법익은 성적 자기결정권입니다. 현행 형법 체계 안에서 강간은 '자유에 대한 죄'로 분류되며, 강간이 침해하는 것은 성적 자유, 즉 개인의 성적 자기결정의 자유입니다. 강간죄는 원하지 않는 사람과의 성관계를 거부할 자유에 관한 권리를 보호합니다. 1993년 형법 개정으로 제32장의 제목이 "정조에 관한 죄"에서 "강간과 추행에 관한 죄"로 개정된 것에는 강간죄가 정조가 아니라 성적 자기결정권을 보호법익으로 한다는 점을 분명히 하려는 입법자의 의지가 반영되어 있습니다. 정조가 보호법익이 아니라는 것은 강간죄를 판단할 때 피해자의 도덕성이나 품행, 상대방과의 관계를 고려하지 않고 성적인 자기결정권의 침해 여부만 평가되어야 한다는 것을 의미합니다.

그러나 법원은 여전히 이 점에 혼란을 느끼는 것 같습니다. 최근 데이트 관계에서의 강간을 인정한 판결이나 노래방 도우미에 대한 강간이 인정된 판결이 있지만, 여전히 피해자의 현실적인 저항행위를 요구하거나 저항의 존재를 확증할 수 있는 피해자의 행위를 요구하는 판결도 존재합니다. 그리고 피해자의 행위를 판단할 때 피해자의 평소 품행이나 피고인과의 관계를 문제시하기도 합니다. 그렇다면 법원이 강간죄에서의 최협의의 폭행·협박 내용과 정도를 인식하고 판단하는 사실판단 과정을 편견 없이 체계적이고 합리적으로 일반화하기 위해 고려해야 할 요소들에는 어떤 것이 있을까요? 최근 나왔던 판결들을 구체적으로 살펴보며 설명하고자 합니다.

사실판단에서의 합리성: 강간죄 판결에서 남성 편향적인 태도의 변화

법관의 사실판단 과정에서 사회의 왜곡된 성 관념이나 여성에 대한 이중 잣대가 개입되기 때문에, 강간죄 판단에서 피해자의 현실적인 저항행위나 그에 대한 확증요건이 요구되고, 결국 피고인의 행위가 아닌 피해자의 행위가 강간죄 판단의 대상이 되는 결과가 초래된다는 점은 앞에서 살펴봤습니다. 이렇게 피해자의 행위가 판단 대상이 될 때 가장 문제가 되는 것은 법원이 피해자의 행위를 피고인인 남성의 시점에서 판단하는 남성 편향적인 태도를 보이는 경우가 있다는 점입니다. 남성 편향적인 관점에서 판단하게 될 때 피해자의 저항행위에 대한 핵심적인 질문은 "상대방 남성이 피해자의 저항행위를 저항으로 인식할 수 있었는가?"가 됩니다.

다음 판결은 법원이 남성 편향적인 관점에서 피해자의 행위를 판단하고 있음을 극명하게 보여주는 사례입니다. 사건 개요는 다음과 같습니다. 1998년에 피해자는 약 3개월 전 친구의 소개로 알게 된 피고인과 술을 마시고 노래방을 가려고 하다가 여관으로 가게 됩니다. 여관에서 피고인이 강간을 시도하자 피해자는 반항했고 피고인은 주먹과 그곳에 있던 전화 수화기로 피해자의 머리를 여러 번 때려 상처를 입혔으나, 피해자가 계속 반항하는 바람에 강간은 미수에 그쳤습니다. 이에 대해 서울고등법원은 다음과 같이 판시합니다.

　피고인이 피해자와 함께 여관에 들어갈 때 특별히 강제력을 행사한 사실이 없다면 피고인으로서는 여관에 들어가는 것에 대해 피해자가 묵시적으로 동의했다고 생각하는 것이 일반적일 것이다. 따라서 피고인으로서는 여관에 들어가기로 동의한 피해자에게 특별히 폭행·협박을 가하여 강제로 성교를 하려고 시도했다고 보기는 어렵다. 오히려 피고인의 변소대로 피고인으로서는 피해자와 함께 술도 마시고 노래방을 가려다가 여관에 오게 됐으므로 피해자가 성교하는 것에도 당연히 동의하리라고 생각하는 것이 일반적이며 그와 같이 생각해 성교를 하려고 시도하다가 의외로 피해자가 거절하고 반항하자 화가 나 피해자를 폭행하고 피해자를 여관방에 놓아둔 채 그대로 나온 것으로 보인다. 이에 대해 피해자는 피고인이 여관방에서 바로 자신을 폭행해 강간을 시도했다고 진술하지만 위와 같은 경위에 비춰볼 때 위 피해자의 진술은 선뜻 이를 믿기 어렵고 달리 피고인이 피해자의 반항을 억압할 정도로 폭행·협박하여 강간을 시도했다고 볼 만한 증거가 없다〔서울고등법원 1998. 12. 2. 98노2355〕.

　법원은 피고인의 관점에서 "여관에 들어가기로 동의한 피해자의 행위"를 성교에 대한 합의로 보고, 피고인의 관점에서 여관에 가서 성교를 거부하며 저항하는 피해자의 행위에 화가 나서 피해자를 폭행할 수도 있다고 판단합니다. 이렇게 성관계와는 아무런 관련 없는 피해자의 행위를 성관계에 대한 동의로 받아들이는 것은 상대방 남성의 입장에 입각한 판단입니다. 피해자가 강간 전 피고인과 함께 술을 마시고 노래방에 가려고 했던 것은 성관계에 대한 동의가 아닐 수 있으며, 설사 여관으로 들어가기 전까지 가해자와의 성관계를 고려했다고 하더라도 여관에서 그 결정을 바꿨다면 그것 역시 피해자의 '비동의 의사'임이 분명합니다. 그러나 이 판결에서 법원이 중요하게 고려하는 것은 여관으로 가기 전까지의 피해자 행동이 상대방 남성에게 어떻게 받아들여졌는가입니다. 또한 강간 도중의 상황에서도 가해자의 폭행(머리를 전화기로 때리는 등의 행위)이 강간 시도와 함께 이뤄졌기 때문에 객관적으로 판단할 때 그러한 폭행이 강간을 위한 폭행·협박이 아니라고 보기 어려운데도 법원은 이러한 행위를 너무나 친절하게 "피해자가 반항하자 간음 시도를 중지하고 단지 그러한 저항에 분노해 피해자에게 폭행을 휘둘렀다"라는 방식으로 분리해 피고인의 입장에서 판단하고 있습니다.

이렇게 남성 편향적인 관점에 의해 피해자의 행위를 판단하기 때문에, 법관은 여관방에 함께 들어가면 성관계에 동의한 것이고 일단 동의하면 절대 철회하지 않을 것이라는 잘못된 가정, 한 번이라도 성관계를 한 적이 있는 여성이라면 그 후 모든 성관계를 수락할 것이라는 과도한 가정을 경험칙이나 합리성이라는 이름으로 받아들입니다. 이러한 법관의 태도는 확인되지 않는 일방의 '가정'이라는 점에서 비합리적이며, 한 성에 편향된 관점에서 사실을 판단한다는 점에서 객관적이지 않습니다.

법원이 강간죄를 판단하는 데 폭행·협박의 최협의설을 선택하고 있고 최협의설이 "상대방의 반항을 불가능하게 하거나 현저히 곤란하게 하는 정도"라는 기준을 가지고 있는 점을 고려한다면, 구체적인 사건에서 피해자의 반항이 불가능했던 정황과 맥락을 피고인 남성의 관점에서가 아니라 다양한 관점을 통해 실질적으로 판단하는 것이 합리적이고 객관적인 태도일 것입니다. 다행히 최근 법원은 과거의 남성 편향적인 강간죄 판단의 태도를 벗어나고자 시도하고 있습니다.

다음은 그동안 최협의의 폭행·협박을 판단하는 기준으로 피해자의 현실적인 저항행위와 이를 확증할 수 있는 피해자의 행위를 요구했던 기존의 판례를 변경한 판례라고 평가할 수 있습니다. 이 사건에서 피고인은 '보도방'을 통해 노래방 도우미인 피해자를 부르고 어울려 놀다가 피해자에게 성관계를 요구했으나 거절당하자 피해자를 양손으로 잡아 눕히고 배 위에 올라타서 양손으로 양어깨를 눌러 반항을 억압한 다음 피해자의 하의를 벗기고 1회 간음해 강간했습니다. 1심과 2심 법원은 기존의 강간죄 최협의설 판단의 태도에 따라, 강간 전 피해자가 도망갈 기회가 있었는데도 노래방을 나가지 않은 점, 피고인이 피해자를 때리거나 위협적인 말로 협박하지 않은 점, 피해자가 옷이 벗겨진 경위에 관해 다소 일관성 없게 진술하고 있는 점, 피해자가 저항하는 과정에서 입은 상해가 없는 점, 강간 도중 피해자가 탈출을 시도하거나 구조 요청을 하는 등 적극적으로 저항행위를 하지 않은 점, 피고인이 구강성교를 강요했을 때 적절하게 대항해 그 자리를 모면하지 않은 점, 피고인의 친구가 노래방으로 들어와 성교가 중단됐을 때 그들에게 강간을 당했다고 말하지 않은 점을 이유로 피해자의 현실적인 저항행위를 인정하기 어렵고 최협의의 폭행·협박을 충족하지 않는다고 판시했습니다. 대법원은 원심을 파기환송하면서 다음과 같이 판시했습니다.

강간죄가 성립하기 위한 가해자의 폭행·협박이 있었는지 여부는 그 폭행·협박의 내용과 정도는 물론 유형력을 행사하게 된 경위, 피해자와의 관계, 성교 당시와 그 후의 정황 등 모든 사정을 종합해 피해자가 성교 당시 처했던 구체적인 상황을 기준으로 판단해야 하며, 사후적으로 보아 피해자가 성교 이전에 범행 현장을 벗어날 수 있었다거나 피해자가 사력을 다해 반항하지 않았다는 사정만으로 가해자의 폭행·협박이 피해자의 항거를 현저히 곤란하게 할 정도에 이르지 않았다고 섣불리 단정해서는 안 된다(대법원 2005.7.28. 2005도3071).

대법원은 이 사건에서 피해자가 일관되게 진술하고 있고 피고인의 친구들이 피해자가 울면서 옷을 입고 있었으며 피고인이 피해자에게 미안하다며 돈을 주려는 의사를 표시했다고 진술한 내용을 바탕으로 피해자 진술의 신빙성이 확보되며, 강간 전 노래방을 벗어날 기회가 있었다거나 옷이 벗겨진 구체적인 경위를 기억하지 못한다는 것 등만으로 피해자 진술을 배척할 수 없다고 판단했습니다. 이는 그동안 피해자의 저항행위를 확증하는 요건으로 고려했던 구조 요청 여부나 현실적인 저항행위 등이 최협의의 폭행·협박의 내용과 정도를 판단하는 데 고려할 요소가 아니라는 점을 확인한 것입니다.

이러한 법원의 태도는 2007년도 판례를 통해 다시 확인됐습니다. 이미 앞에서 살펴봤던 2007년 1월 25일에 선고된 2006도5979 판결에서 대법원은 옛 애인과의 성관계를 남편과 가족에게 알리겠다는 협박이 피해자의 의사에 반하는 정도라고 볼 수는 있으나 피해자의 항거를 불가능하게 하거나 현저히 곤란하게 할 정도에 이르지 않았다고 판단한 원심의 판결을 파기하고 다음과 같이 판시했습니다.

유부녀인 피해자에 대해 혼인 외 성관계 사실을 폭로하겠다는 등의 내용으로 협박을 행사해 피해자를 간음 또는 추행한 경우에 있어서 그 협박이 위와 같은 정도의 것이었는지 여부에 관하여는, 일반적으로 혼인한 여성에 대해 정조의 가치를 특히 중시하는 우리 사회의 현실이나 형법상 간통죄로 처벌하는 조항이 있는 사정 등을 감안할 때 혼인 외 성관계 사실의 폭로 자체가 여성의 명예손상, 가족관계의 파탄, 경제적 생활기반의 상실 등 생활상의 이익에 막대한 영향을 미칠 수 있고 경우에 따라서는 간통죄로 처벌받는 신체상의 불이익이 초래될 수도 있으며, 나아가 폭로의 상대방이나 범위 및 방법(예를 들면 인터넷 공개, 가족들에 대한 공개, 자녀들의 학교에 대한 공개 등)에 따라서는 그 심리적 압박의 정도가 심각할 수 있으므로, 단순히 협박의 내용만으로 그 정도를 단정할 수는 없고, 그 밖에도 협박의 경위, 가해자 및 피해자의 신분이나 사회적 지위, 피해자와의 관계, 간음 또는 추행 당시와 그 후의 정황, 그 협박이 피해자에게 미칠 수 있는 심리적 압박의 내용과 정도 등 모든 사정을 종합해 신중하게 판단해야 한다.

대법원이 고려한 것은 협박의 내용 자체나 피해자의 현실적인 저항행위의 존재 여부가 아니라 피해자의 신분이나 사회적 지위, 피해자의 조건과 상황에서 그러한 협박의 내용이 피해자에게 미칠 심리적 압박에 대한 것이었습니다. 즉, 현실적 저항행위만이 아니라 가상적인 저항행위가 억압될 정도의 협박이었는지를 강간 전후 정황이나 피해자의 위치와 상황을 고려해 합리적으로 판단한 것입니다.

그러나 이러한 대법원의 판례 태도의 변화가 존재하는데도 여전히 피해자의 저항행위를 입증할 수 있는 간접증거를 판단할 때 남성 편향적 태도나 왜곡된 성 관념이 개입하는 일어나는 경우가 발생하기도 합니다. 최근 언론에도 소개가 됐던 이른바 '청바지 판결'이 대표적인 예입니다. 강간을 피하기 위해 6층 모텔 방에서 떨어져 중상해를 입은 사건에서, 2008년 4월 서울고등법원은 피해자가 모텔에 자발적으로 들어간 점, 강간 도중 현실적인 저항행위를 입증하기 위한 상해가 없는 점, 피해자가 입고 있던 청바지가 폭이 좁아 벗기기 어려웠는데 팬티와 함께 가지런히 말린 상태로 놓여 있던 점, 청바지 모양 등 옷에 대한 다소 일관되지 못한 진술이 잇는 점, 강간 전 피고인이 화장실에 간 사이에 피해자가 도주하지 않은 점, 피해자가 2005년까지 우울증 치료를 받은 점, 성교 상황에 대한 진술이 다소 일관되지 않은 점 등을 이유로 강간죄의 유죄를 입증할 만한 증거가 없어 무죄를 선고한다고 판시했습니다〔2007노1841〕. 서울고등법원은 모텔에 들어갈 때의 자발성, 강간 전후 피해자의 태도, 적극적인 저항행위로 인한 상해 등의 판단을 바탕으로 현실적인 저항행위를 확증할 수 있는 피해자 행위를 주된 재판의 대상으로 삼았으며, 사건 당시 시점과 관련 없는 피해자의 정신과 치료 전적 등 피해자의 과거 이력을 사건 판단에 주요한 자료로 채택했습니다. 이 판결에서 청바지가 벗기기 어렵다는 평가는 법원이 누구의 입장에서 사건을 바라보고 있는지를 적나라하게 드러냅니다. (벗기기 어려운) 청바지를 입은 여자를 강간하기 어렵다는 잘못된 상식은 여성의 'NO'는 사실 'YES'이고 여성이 스스로 돕지 않는 이상 그녀를 강간하는 것은 어렵다는 편견만큼 구태의연할 뿐입니다.

여전히 일관되지 않은 법원의 강간죄 판례를 변화시키기 위해서는 법관이 영향을 받을 수 있는 남성 편향적인 관점에서 벗어나 다양한 입장과 상황을 고려해 합리적으로 판단할 수 있는 법원 내부의 기준을 마련하고 법관들을 재교육할 필요가 있습니다. 특히 강간죄의 최협의 폭행·협박을 판단할 때 법원이 경계해야 할 편견, 즉 남녀 간의 성관계에 대한 왜곡된 관념이나 여성의 성에 대한 이중 규범 등을 제거하기 위한 훈련이 필요합니다. 그러나 강간죄의 변화는 단지 법적 해석과 판단의 차원에만 한정될 수는 없습니다. 현행 형법상 강간죄에 의해 규율되지 않는, 협의의 폭행 또는 협박에 의해 일어나는 무수한 강간행위들이 비범죄화되어 있기 때문입니다.

4. 강간죄 한계의 입법적 해결: 형법상 성폭력의 개정 방향

앞에서 법해석의 한계와 변화가능성에 대해 검토했다면, 이제는 해석만으로는 해결할 수 없는 문제를 어떻게 다룰 것인가에 대해 고민해볼 차례입니다. 현행 형법상 강간죄 규정이 개정되지 않는 한 범죄로 처벌되지 않는 심각한 성폭력 행위들이 존재하고 있음은 다 알 것입니다. 우선 남성에게 일어나는 강간이 인정되지 않고 있고, 성기 삽입이 아닌 다른 종류의 삽입 행위들이 강간죄로 인정되지 않고 있습니다. 그러나 더욱 심각한 것은 최협의의 폭행·협박의 내용과 범위에는 포함되지 않는, 상대방의 의사에 반해 일어나는 강간 행위가 처벌되지 않는다는 것입니다.

사회에 광범위하게 퍼져 있는 남녀의 섹슈얼리티와 성관계에 대한 왜곡된 관념이나 성에 대한 이중 규범은 법관이나 남성뿐 아니라 여성에게도 영향을 줍니다. 예를 들어 남성의 입장에서 보기에 충분히 저항하며 자신의 비동의 의사를 전달할 수 있을 만한 상황에서, 여성들은 공포에 질리거나 상대방에게 주게 될 상처, 강간의 상황이 알려지면 부과될 수치심 등을 고려하느라 저항하지 못하기도 합니다. 그리고 여성의 성적 욕망을 적극적으로 드러내는 것이 비난의 대상이 되기 때문에 자신의 욕망에 대해 탐구해본 적이 없는 많은 여성들에게는 스스로 성관계를 원하는지 원하지 않는지를 판단할 기준이 명확하지 않기도 합니다. 게다가 성적인 의사를 적극적으로 표현해본 경험이 별로 없는 여성들에게는 성관계를 원하지 않는다는 의사를 분명히 표현할 수 있는 능력도 부족할 수밖에 없습니다. 이러한 여성들의 경험은 저항행위를 기준으로 하는 최협의의 폭행·협박으로 포괄되지 않는 수많은 강간 등 성폭력의 상황과 연결됩니다. 그러나 현행 형법상 강간죄의 규정만으로는 여성의 의사에 반해 일어나는 무수한 강간행위는 규율

될 수 없습니다.

상대방의 의사에 반해 일어나는 성폭력이 제재될 필요가 있다는 사실에 동의한다면, 과연 어느 범위까지를 국가가 형벌권을 발동해 규제할 강간행위로 범주화할지 고민해야 합니다. 의사에 반하는 모든 성적 폭력까지 포괄해야 할까요? 아니면 신체에 대한 유형력이 행사된 성적 폭력만 규제해야 할까요? 이 강의에서는 하나의 입법 방향만 제시하기보다는 선택할 수 있는 여러 가지 해결 방향을 찾아보고 고민해야 할 쟁점을 정리하고자 합니다. 그리고 각각의 방향에 대한 장단점에 대해 고민할 수 있도록 미국의 사례를 검토해 보겠습니다.

비동의간음죄 신설에 대한 주장

비동의간음죄 신설은 상대방의 의사에 반하는 간음행위를 형법상 범죄행위로 규정하는 주장입니다. 비동의간음죄가 신설되면, 폭행이나 협박의 존재를 입증할 필요 없이 ① 상대방이 동의하지 않았다는 점, ② 상대방의 의사에 반한 성적 행동을 한다는 것을 가해자가 인식할 수 있었다는 점을 입증하면 이 죄에 의해 처벌될 수 있습니다. 이를 통해 피해자가 동의하지 않은 것이 분명하지만 폭행 및 협박이 없는 경우, 폭행 및 협박을 입증하기 어려운 경우, 피해자가 저항을 포기한 경우에 기존 법의 공백을 메울 수 있습니다. 성폭력이 성적 자기결정권의 침해행위임을 고려한다면, 상대방의 동의 없이 성적 행동을 한 행위만으로 불법을 구성하는 것이 당연합니다. 비동의간음죄의 신설은 강간죄가 보호한다고 선언한 여성의 성적 자기결정권이 실제로 법 적용을 받을 수 있게 하는 하나의 방법이 될 수 있을 것입니다. 그러나 비동의간음죄의 신설 주장은 다음과 같은 이유로 비판을 받습니다.

첫째, 비동의간음과 같이 그 행위양태가 다양하고 외연이 불분명한 행위는 명확성을 본질적 요소로 갖는 형법상의 범죄로 규정되기 어려우며, 피해자의 동의 여부가 구성요건이 될 경우 범죄행위자의 처벌 여부가 피해자의 의사에 따라 좌우되는 '불합리한' 결과를 가져올 수 있다는 것입니다. 여기에 대해서는 이미 형법에서는 내심의 의사, 이를테면 범의, 목적, 예견가능성 등을 판단하고 있으므로, '피해자의 의사에 반하는 성교'인 비동의간음이 형법상의 다른 범죄에 비해 특별히 불명확한 외연을 가지고 있는 것은 아니라는 반비판이 있습니다.

둘째, 남성 중심적인 성문화에서 여성의 성적 주체성과 이에 기반을 둔 자기결정을 구성하는 것은 형법적 차원이 아니라 사회·문화적 차원에서 이뤄져야 할 문제이며, 비동의간음죄의 신설을 통한 과도한 형법의 개입이 오히려 여성 주체성의 영역을 축소시킬 수 있다는 비판이 있습니다. 이러한 문화적인 영역에 형법이 개입하려는 것은 보호해야 할 대상으로서 여성의 성 역할에 대한 고정관념을 강화해 오히려 성평등한 성적 자기결정권을 실현할 수 없게 한다는 것입니다. 즉, 여성의 성적 자기결정권에 대한 모든 침해를 형법을 통해 막아줘야 한다는 시각이 오히려 가부장적인 관념의 산물일 수도 있다는 비판입니다.

협의의 폭행·협박에 의한 간음·추행 조항의 신설에 대한 주장

협의의 폭행·협박에 의한 간음·추행 조항의 신설로 충분히 그동안 처벌되지 않던 상대방의 성적 의사에 반한 성적 행동을 처벌할 수 있다는 주장입니다. 협의의 폭행·협박의 경우, 상대방의 저항행위와 관계없이 사람의 신체에 대한 유형력을 포괄하는 개념이므로, 항거하기 곤란한 정도가 아닌 강제력의 행사로 상대방의 동의 없이 간음·추행을 한 경우나 저항의 외적 표시를 남길 여지없이 공포심에 짓눌려 강간당한 경우 가해자를 처벌할 수 있다는 것입니다. 이 경우 비동의간음죄에서 성폭력을 판단하는 기준으로 피해자의 직접적인 의사를 고려하는 것과 달리, ① 유형력의 행사, ② 간음 내지 추행행위 등 가해자의 행위 자체가 기준이 됩니다.

검토

이제 각각의 주장에 대해 고민해봅시다. 성적 자기결정권의 침해행위를 처벌하려면 어떻게 해야 할까요? 여기서는 각각의 입법론적 방향에 대한 질문을 다음 두 가지로 한정합니다.

- 비동의간음죄를 통해 피해자의 비동의 의사를 성폭력의 기준으로 만들어야 하는가?
- 협의의 폭행·협박에 관한 법조항을 신설해 피해자의 저항이 아닌 가해자의 행위에 초점을 맞춰야 하는가?

결국 비동의간음죄가 신설될 경우 재판의 쟁점이 되는 것은 ① 피해자가 동의하지 않았는지, ② 피고인이 피해자가 동의하지 않았음을 알았는지입니다. 이는 기존의 강간죄 판단에서 피해자의 행위를 재판의 쟁점으로 두었던 한계를 넘어, 피해자의 의사를 강간 및 추행을 판단하는 기준으로 삼는 결과를 가져올 것입니다.

협의의 폭행·협박에 의한 간음 내지 추행죄를 신설하는 경우 재판의 쟁점이 되는 것은 ① 가해자가 유형력을 행사했는지, ② 가해자의 간음 및 추행행위가 있었는지입니다. 이는 피해자에게 집중됐던 성폭력 관련 재판에서 가해자의 행위를 문제시할 수 있는 길을 열어줄 것입니다.

그렇다면 어떠한 입법이 성적 자기결정권을 보호하고 이에 대한 침해를 처벌하는 데 도움이 될까요? 여기에 대해서는 미국 각 주별 강간죄 규정과 판례를 검토하면서 고민의 실마리를 찾을 수 있을 듯합니다. 이미 미국 몇몇 주에서는 우리가 고민하고 있는 위의 입법 방향들을 채택해 적용한 바 있습니다. 미국의 경우에도 1970년대에 저항요건과 확증요건을 폐기하고 강제력(유형력)이나 피해자의 비동의 의사에 초점을 맞춰 강간죄를 마련했습니다. 여기에서는 각각의 강간죄가 적용되면서 겪었던 장단점을 미국 주 판례를 통해 간략하게 소개합니다.

① 가해자의 유형력(강제력) 행사에 초점을 맞춘 경우

강제적 강요 또는 강제적 강요에 대한 위협

1962년 미국법연구회(American Law Institute)에서 초안을 잡은 모범형법전(Model Penal Code)은 과거 강간법의 법리가 피해자 여성의 행위만을 부적절하게 강조했음을 비판하면서, 강간죄의 성립 요건에서 저항요건을 삭제하고 강간죄를 오직 가해자의 강제력 행사에 초점을 맞춰 정의했습니다. 그리고 펜실베이니아 주를 비롯한 몇몇 주에서 이러한 모범형법전의 안을 수용해, 비동의 요건에 대한 강조를 줄이고 '강제적 강요(forcible compulsion)' 또는 '강제적 강요에 대한 위협' 등의 강제력 요건을 강간죄의 중요하고 핵심적인 부분으로 부각시켰습니다. 이는 신체적 강요에 관한 '강제력' 요건이 가해자 행위에 관한 객관적 증거의 해석이므로 성차별적인 편견이 개입할 여지가 없다고 판단했기 때문입니다. 펜실베이니아 주 법원은 의회에 의해 정의된 강간죄 규정의 '강제적 강요'를 "합리적인 결의(reasonable resolution)를 가진 사람의 저항을 억압할 정도의 실질적인 신체적 강요 혹은 폭력 혹은 신체적 강요와 폭력에 대한 위협"으로 해석했습니다.

한계

1984년 노스캐롤라이나 주 대 앨스턴(State v. Alston) 판결[312 S.E.2d 470(N.C. 1984)]에서는 과거에 있었던 피고인과의 폭력적인 관계로 심리적인 두려움을 느낀 피해자가 특정한 폭행이나 협박이 없는 상태에서 강제적 성관계를 강요당한 사안이 문제가 됐습니다. 강제력 요건만을 규정하고 있는 노스캐롤라이나 주 형법을 볼 때, 이 사안에서 과거에 있었던 폭력적인 관계가 강간죄에서 인정하는 강제력 요건에 해당하기는 어려웠습니다. 주 최고법원은 "피해자의 동의가 없다는 사실에 대한 충분한 증거는 있지만, 피고에 의한 강제력이나 위협으로 인해 피해자가 '피고인과 성교하지 않으면 상해를 입을 것'이라 믿었다는 실질적인 증거가 없다"라며 무죄를 선고했습니다.

결국 강제력만을 요건으로 삼았을 때는 강간문화 내지 피해자와 피고인과의 관계 및 피해자의 역사 속에서 피해자가 갖게 되는 두려움을 강제력 요건으로 설명하기 어렵기 때문에 피해자의 두려움을 설명할 다른 요건이나 해석 방법이 요구되는 한계가 있습니다.

② 피해자의 비동의에 초점을 맞추는 경우

비동의적 삽입행위

강제력 요건만을 제한했던 모범형법전의 한계를 지적하면서, 비동의의 중요성을 주장하는 입장에서는 강제력은 '동의 없이', 곧 강제로 성관계를 한 이유를 부가적으로 설명할 뿐이며 '성적 자율성의 침해'라는 강간의 의미에서 추론할 때 핵심적인 요건은 동의 요건이라고 지적합니다. 알래스카 주는 강간죄에서 비동의 요건만을 명시하고 있고, 2003년 7월에 일리노이 주는 강간법을 개정해, "처음에 성교 혹은 성적 접촉에 동의한 사람이 성교 혹은 성적 접촉 도중 동의를 철회하면, 어떠한 성교나 성행위에도 동의하지 않은 것으로 간주한다"라는 비동의 요건만을 명시한 3급 강간죄 규정을 신설했습니다.

1992년 뉴저지 주 M.T.S 사건〔*State in the interest of M. T. S*, 129 N.J. 422(1992)〕에서 주 대법원은 상대방의 동의는 없었지만 피고인이 강제력이나 위협을 사용했다는 어떤 증거도 없는 비동의적 삽입행위(non-consensual penetration)를 2급 강간죄로 인정하며 다음과 같이 판시했습니다.

이제 피해자는 저항행위를 요구받지 않아야 한다. 즉, 불법적인 성기 삽입에 대해 저항하거나 심지어 설명할 필요도 없다. 피해를 주장하는 자가 재판의 대상이 아니므로, 그 혹은 그녀의 대응이나 방어의 행위는 중요하지 않다. 그러므로 우리는 강간을 입증하기 위해 피해자가 그 성행위에 자발적이지 않았으며 그것을 원하지 않았다는 것 이외에 신체적 강제력을 추가적으로 요구하는 태도가 강간법의 입법상 목적에 일치하지 않는다고 판단한다.

한계

이러한 '비동의 요건'을 판단할 때 상대방이 동의했다고 피고인이 믿은 경우 피고인의 강간의 고의(범의)가 문제시될 수 있습니다. 즉, 상대방이 동의를 했다는 피고인의 믿음이 합리적이었다는 점이 인정되면 고의가 조각될 수 있다는 것입니다. 캘리포니아 주의 경우 이러한 요소를 피고의 상대방의 동의에 대한 '합리적인 믿음(reasonable belief)'이라 부릅니다.

문제는 이러한 경우 재판의 쟁점이 다시 피해자의 행위로 옮겨지는 결과를 가져올 수 있다는 점입니다. 피고인이 동의했다고 신뢰한 행위가 합리적인지 여부는 결국 피해자의 행위를 피고인이 어떻게 판단했는지를 통해 검토되기 때문입니다.

5. 여성의 목소리로 법과 만나기

지금까지 성폭력 법담론의 다양한 층위 중 형법상 강간죄의 법해석과 입법론적 해결방안에 대한 내용을 간략하게 소개했습니다. 우선 형법상 강간죄의 적용과 해석 과정을 사실판단과 규범판단의 단계로 분리하고, 규범판단의 차원에서 강간죄의 구성요건과 폭행·협박의 최협의설을 분석했으며, 사실판단의 차원에서 폭행 또는 협박의 최협의설에 부합하는 사실관계를 선별하는 과정을 살펴봤습니다. 그리고 최협의설의 이론적 태도 자체가 문제되기보다는 합리적 판단이나 경험칙이라는 이름으로 행해지는 사실판단의 과정에 개입되는 법관의 편견이 핵심적인 문제임을 지적했습니다. 그리고 최협의설이 만든 법적 공백상태에 놓인 수많은 강간행위를 처벌하기 위한 입법론적 해결 방안을 고려하고 고민해야 할 요소를 제시했습니다.

이러한 작업은 법의 단면을 잘라 그 속에 들어 있는 법담론의 지형을 적나라하게 보여주는 것이기에 어쩌면 법이 매우 고정적이고 변화 없는 영역으로 여겨질 수 있습니다. 그러나 필자가 판례들을 검토하고 분석하면서 느끼는 것은 변화하는 사회의 맥락이 고스란히 법의 해석이나 판단 과정에 반영되고 있다는 것입니다. 그동안 여성의 경험과 현실, 고통을 여성의 목소리를 통해 여성의 시각에서 이야기하고자 노력했던 여성주의들의 영향은 그것이 원하는 방향이든 그렇지 않든 간에 법의 안팎에서 법과 연계하고 법에 의해 왜곡되면서 존재합니다. 결국 여성주의자에게 주어진 과제는 여성의 목소리로 법과 만나는 동시에 보수적인 법이 전제하고 있는 여성의 타자화·대상화에 다양한 방식으로 대항하는 외줄타기 과정이라고 생각합니다.

제5강

여성주의 시민권의 정치와 반성폭력 운동

최선영 __ 건국대학교 강사

1. 시작하며

반성폭력 운동을 페미니즘 또는 여성운동이라는 더 넓은 맥락에서 자리 매김하는 것이 이번 강의의 목적입니다. 벨 훅스(bell hooks)라는 미국의 페미니스트는 "페미니즘은 성차별주의와 성차별주의에 근거한 착취와 억압을 종식시키려는 운동"이라고 간단명료하게 정의했습니다. 성폭력은 바로 이러한 성차별적 착취와 억압이 구체화된 한 형태이고, 반성폭력 운동은 바로 그 성폭력을 종식시키고자 하는 운동이라고 할 수 있습니다.

그러나 좀 더 생각해보면 벨 훅스가 명료하게 한 문장으로 정의한 이 페미니즘은 사실 결코 간단하지 않습니다. 무엇이 성차별주의인가를 정의해야 하고 성차별적 착취와 억압이 무엇인가를 파악해야 하며 더욱 중요하게는 그것을 종식시키기 위해 무엇을 해야 하는가를 판단해야 합니다.

성폭력을 예로 들어도 마찬가지입니다. 성폭력은 누구에게나 동일하게 보이는 자명한 사실이 아니라 의미를 부여하고 해석될 때에만 모습을 드러내는 현상입니다. 반성폭력 운동은 지금까지 폭력으로 여겨지지 않았던 것들에 성폭력이라는 이름을 붙이면서 시작됐습니다. 즉, 성폭력은 성폭력이란 무엇인가를 규정할 수 있는 인식의 힘과 더불어, 맞서 싸워야 하는 대상이 된 것입니다. 이렇게 성폭력이라는 대상이 규정됨과 더불어 그것을 어떻게 해결하고 또 어떻게 종식시킬 것인가를 둘러싼 논쟁에 맞닥뜨리게 됩니다. 개별 사건의 견지에서 보면, 법정으로 갈 것인가 아니면 피해자와 가해자가 속한 공동체 내에서 합리적인 해결을 모색할 것인가 등에 대한 판단도 필요하고, 성폭력 일반을 두고 보자면 개별 사건을 넘어서 성폭력의 근절을 이끌어낼 수 있는 장기적이고 구조적인 대안도 필요합니다. 성폭력상담활동은 이 여러 가지 질문에 대한 해답을 성폭력 피해생존자와 함께 찾아가는 과정입니다. 그리고 이 과정은 우리 사회의 가부장적이고 성차별적인 제도 및 문화와의 투쟁을 필요로 합니다.

페미니즘(또는 반성폭력 운동)은 성차별주의(또는 성폭력)와의 투쟁이라고 할 수 있습니다. 그렇다면 이 투쟁에서 페미니즘의 주장은 자신을 어떻게 정당화할 수 있을까요? 반성폭력 운동이 주장하는 성폭력의 규정과 해결방안이 다른 어떤 것보다 우월하고 권위 있는 것이 될 수 있는 힘은 어디에서 나오는 것일까요? 일반적인 경우는 우리 사회가 채택하고 있는 정의의 기준, 구체적으로는 법에 의존해 그 권위를 인정받아야 합니다. 그래서 반성폭력 운동은 이 법에 페미니즘 시각을 담기 위해 노력하고 있습니다. 그러나 법에는 법 자체의 한계가 있습니다. 법은 성폭력 사건과 사건의 사회적 맥락을 연결하기보다 분리해서 접근합니다. 대부분의 경우 원고와 피고라는 개인만이 대상이 됩니다. 또한 법은 성 중립적인 합리적 개인을 법적 판단의 기준으로 삼고 있습니다. 많은 페미니스트들이 지적했듯이 성차별적인 착취와 억압이 있는 사회에서 성 중립적인 합리성이라는 것은 대개의 경우 또 다른 성차별을 낳을 수 있습니다.

따라서 급진적인 반성폭력 운동은 법과 같은 기존의 규범에 의존하는 대신, 기존의 규범이 갖고 있는 한계를 넘어 새로운 원칙, 새로운 정의를 만들고자 합니다. 단순하게 말하자면 지금까지 반성폭력 운동은 이 새로운 정의 기준의 정당성을 성폭력 피해를 입은 여성이 겪은 고통과 상처로부터 가져왔습니다. 성폭력 피해자가 보여주는 고통과 상처의 몸짓은 다른 사람들이 같은 여성으로서 혹은 같은 인간으로서 공감할 수 있게 하는 토대를 제공했습니다. 그런데 이때 다른 사람들이 보편적으로 공감할 수 있는 피해자는 무력하고 수동적이며 고통 받는 모습에 부합하는 피해자였습니다. 문제는 이 피해자 형상이 반성폭력 운동이 맞서 싸우고자 하는 기존의 위계적인 성 규범을 그대로 따르고 있다는 것입니다. 그리고 성폭력 피해자 형상은 다른 모습의 성폭력 피해자를 허용하지 않는 고정된 틀이 되기도 했습니다. 피해자라는 정체성은 현실을 바꾸고자 하는 능동적인 여성주체의 정체성이 되기에는 부적합하다는 비판도 제기됐습니다. 이처럼 피해자의 고통을 반성폭력 운동의 권위로 삼는 것에 적지 않은 문제가 있다는 것을 알게 됐습니다. 그렇다면 기존의 규범과 투쟁하며 새로운 정의의 원칙을 내세우고 있는 반성폭력 운동의 권위 또는 정당성은 어디에서 오는 것일까요? 기존의 규범과 맞서 싸우면서도 정당성을 잃지 않는 그런 반성폭력 운동의 전망은 어디서 찾아야 할까요?

이 질문은 다음의 질문과 연결되어 있습니다. 우리는 왜 성차별주의와 맞서 싸우는 것일까요? 이러한 운동을 이끌어주는 힘은 어디에서 나오는 것일까요? 왜 성폭력 규정을 법전에 맡기지 않고 여성들의 생각과 언어로 규정하게 됐으며, 성폭력의 해결을 경찰과 검사들의 손에 전적으로 넘기지 않고 여성집단의 토론과 실천의 대상으로 만들 수 있었을까요?

성차별적 착취와 억압이 있다고 해서 항상 그것에 저항하게 되는 것은 아닙니다. 성폭력이 있다고 해서 항상 성폭력에 저항할 수 있는 것은 아닙니다. 성폭력에 대한 저항은 단순히 성폭력이라는 사건으로부터 촉발되는 것은 아니라는 것입니다. 그렇다면 무엇이 그 힘을 만들어내는 것일까요?

이것이 여기서 함께 생각하고 싶은 질문입니다. 저는 시민권이라는 개념을 가지고 이에 답해보고자 합니다. 강의는 다음과 같은 순서로 진행됩니다. 우선 시민권의 개념과 시민권의 역사를 살핍니다. 현대 민주주의 국가에서 모든 국민, 즉 시민들은 시민권을 가지고 있습니다. 한국 사회도 예외는 아닙니다. 하지만 우리에게 시민권이라는 표현은 낯설고 어색합니다. 국민이나 국가나 민족이라는 말은 익숙하지만, 시민이나 시민권이라는 말은 자주 쓰이지도 않고 그 의미도 분명하게 파악되지 않습니다. 그래서 함께 이 개념의 윤곽을 그려보는 것이 이 강의의 첫 번째 순서가 됩니다. 두 번째로는 시민권 개념의 역사를 살펴봅니다. 시민권 개념은 역사 속에서 변화해왔습니다. 그리고 그 역사 속에는 시민권으로부터의 배제, 시민권 속에서의 배제에 저항했던 많은 사람들의 투쟁이 있었고, 과거에는 물론 현재에도 이러한 투쟁의 중심에 여성들이 있습니다. 그러므로 시민권의 역사를 살펴본다는 것은 여성운동, 여성들의 투쟁과 저항의 역사를 살펴보는 것과 연결됩니다. 강의의 세 번째 부분에서는 여성운동과 시민권의 관계를 조명합니다.

여성운동을 시민권의 정치로 이해하는 것은 최근 시민권 개념에 대한 새로운 해석이 출현하면서 가능해졌습니다. 통상적으로 시민권은 한 정치공동체, 일반적으로는 국가의 구성원으로서 시민의 법적 지위를 지칭해왔습니다. 이때 시민권은 국적과 거의 유사한 의미가 됩니다. 그러나 시민으로서의 실질적 지위는 국적이나 법적 지위로 모두 설명되지 않습니다. 더욱이 법적으로는 평등한 지위가 보장된다고 해도 현실적 차원에서는 여러 가지 형태의 불평등이 있습니다. 따라서 최근 민주주의와 시민권을 새로운 시각에서 이론화하고자 하는 학자들은 시민권 개념을 확장하고, 법적 지위로서의 형식적 성격을 넘어 역사화하고 실체화할 수 있어야 한다고 주장하고 있습니다. 시민권이 법과 같은 제도를 통해서만 표현되는 것이 아니라, 시민으로서의 포함과 인정을 요구하는 다양한 사회운동의 형태를 통해서도 표현되고 있다고 강조합니다. 이때 시민권은 이미 존재하는 시민권이 아니라 획득하고자 하는 시민권, 국가가 제도를 통해 규정한 위로부터의 시민권이 아니라 그러한 규정이 만들어낸 배제와 차별을 넘어서 진정한 보편적 시민권을 실현하고자 하는 아래로부터 '열망'하는 시민권을 지칭합니다. 그렇다면 여성운동, 그중 하나의 흐름으로서 한국의 반성폭력 운동을 시민권의 역사 속에서 생각해본다는 것의 의미는 무엇일까요? 이 질문을 강의의 네 번째 부분에서 함께 생각해보겠습니다.

2. 시민이란, 시민권이란?

먼저 시민권이라는 개념을 살펴보겠습니다. 시민권을 영어로는 시티즌십 (citizenship)이라고 합니다. 시민을 의미하는 시티즌(citizen)이라는 명사에 '~십(-ship)'을 붙인 단어입니다. 예를 들어 멤버십(membership)이라고 하면 멤버, 즉 구성원이 갖는 권리와 의무, 그것이 수반하는 태도, 소속감 등을 의미합니다. 마찬가지로 시티즌십도 시민의 권리와 의무, 태도, 나아가 정체성을 포함합니다. 그렇다면 시민이 무엇인가요? 우리나라에서는 국가의 구성원을 시민이라 부르기보다는 국민이라고 부릅니다. 그 대신 시민은 더 좁은 의미로 사용되기도 합니다. 일개 행정구역에 거주하는 주민이라는 의미로 말입니다. '서울시', '광주시'처럼 행정구역상 시에 해당하는 지역에 거주하는 사람, 이를테면 '서울시민', '광주시민'이라고 부르는 경우처럼 단순한 도시 거주자라는 의미에서 제한적으로 쓰기도 합니다. 물론 시민은 한정된 지역에 거주하고 있는 사람을 의미하기도 합니다만 그것에 그치는 것은 아닙니다.

2008년 봄 미국산 쇠고기 수입반대 촛불집회에서 "대한민국은 민주공화국이다. 대한민국의 모든 권력은 국민으로부터 나온다"라는 가사의 노래가 많이 불렸습니다. 여기에서 국민은 단지 대한민국에 살고 있는 사람을 뜻하는 것이 아닙니다. 노래는 국가가 권력을 가지고 있다면, 그 권력은 국민으로부터 나올 때에만 정당할 수 있다는 원칙을 말합니다. 시민들은 이 노래를 통해 시민의 가장 적극적인 권리를 상기하고 또한 실현하고자 하는 것인데, 그것은 바로 정치에 대한 권리입니다. 시민은 자신의 문제를 다른 사람을 통해서가 아닌 자신의 힘으로 해결할 권리를 가진 주체, 즉 정치에 대한 주체입니다. 먹을거리의 문제에서도 마찬가지입니다. 교육의 문제이든 고용의 문제이든 육아의 문제이든 섹슈얼리티의 문제이든 상관없이, 시민은 그 문제를 해결할 권리를 갖고 있습니다. 이것이 민주적 시민권의 핵심입니다. 현대 민주주의 체제는 이러한 정치에 대한 권리를 대의제를 통해 제도화했습니다. 시민들이 스스로 직접적으로 정치에 대한 권리를 행사하는 경우는 드물고 통상적으로는 대표를 선출하는 투표에 참여함으로써 이러한 시민권 행사를 대신합니다. 그러나 한국의 현재 정국이 보여주듯이, 이러한 대의민주주의는 심각한 한계에 도달해 있습니다.

영국의 사회학자 마셜(T. H. Marshall)은 시민권을 "한 공동체의 완전한 구성원인 사람들에게 수여된 지위"라고 일반적으로 정의했습니다. 그리고 근대적 시민권의 이념에 따르면 시민과 시민의 관계는 "그(시민의) 지위에 부여된 권리와 의무에 대해 동등"해야 합니다. 우리가 만일 시민권을 법적 권리로 제한하고 시민들 사이의 평등을 법 앞에서의 평등으로 형식적으로 이해한다면, 이때 시민은 공동체의 완전한 구성원이 아닌 '형식적' 구성원에 불과합니다. 다시 말하면 공동체의 완전한 구성원으로서의 시민이 된다는 것은 그 공동체의 어느 한 수준에만 적용되는 것이 아닌 공동체의 전체, 즉 전체로서의 사회에서 시민으로서의 지위를 향유할 수 있어야 한다는 것입니다. 마셜의 정의에 충실하자면, 시민권은 정의상 완전한 시민권으로의 팽창력과 확장성을 갖고 있다고 볼 수 있습니다. 시민권의 정치라고 말할 수 있는 대상이 바로 이것입니다. 이 내용은 뒤에서 자세히 설명하겠습니다.

그러나 다른 한편 시민권은 제한적인 개념이기도 합니다. 현실에서 시민이란 무엇보다 한 국가의 국적을 가진 사람으로 제한되어 있기 때문입니다. 좀 더 일반적으로 말한다면, 한 공동체에 소속되어 있을 때 시민의 자격을 가질 수 있습니다. 어느 한 공동체에도 머물지 않는 사람, 소속되어 있지 않은 사람은 시민의 권리를 보장받지 못한다는 의미입니다. 이처럼 국적을 기초로 한 시민권은 인구의 초국적 이동이 빈번한 현대 사회에서 특히 문제가 되고 있습니다. 하지만 시민권은 어떤 형태로든 특정한 장소와 연관되어 있어야 합니다. 지구적 시민권 혹은 초국적 시민권 등을 주장하는 경우, 이 장소성의 문제에 적절하게 답변을 하고 있지 못합니다. 우리가 권리를 갖고 있다고 말할 수 있는 것은 그 권리가 실천되는 공간 속에 생활하고 있다는 의미입니다. 그렇기 때문에 시민권은 도시, 즉 시민들이 터한 공간을 하나의 공동체로 묶어주는 울타리를 필요로 합니다.

지금까지 살펴본 시민권 개념의 확장성과 제한성을 좀 더 구체적으로 살펴보기 위해, 우리가 통상적으로 사용하는 인권의 의미로부터 시민권의 의미를 구별해볼 필요가 있습니다. 우선 적어도 인권과 시민권이 인간이 사회 속에서 향유해야 할 상태를 지칭하는 '규범적' 성격을 띨 때, 그 의미는 거의 같다는 점을 강조하고 싶습니다. 다만 역사적으로 상이한 방식으로 제도화 됐기 때문에 오늘날 우리가 양자를 구별해서 쓰게 된 것입니다. 인권(rights of man)이란 말 그대로 인간의 권리입니다. 이때 인간은 자연인, 즉 그 인간 이 속한 공동체나 그/녀가 소유한 재산이나 자질 등과 무관한 인간 그 자체 로서의 상태를 지칭합니다. 그렇기 때문에 인권은 모든 인간에게 해당되는 보편적인 권리입니다. 인간은 어떤 상태에 있든지 상관없이 바로 그 인간임 에 근거해 자신의 존엄과 안전에 대한 권리를 갖는 것입니다.

그러나 보편적 인권이라는 이념은 민족국가라는 틀에 뿌리를 내릴 때 비 로소 현실적 힘을 갖게 됐습니다. 인권이 지시하는 권리의 내용은 시민권의 형태를 취할 때 비로소 현실적으로 보장될 수 있다는 것입니다. 시민권은 인간을 자연인의 상태에서가 아닌, 한 공동체의 구성원인 시민의 상태에서 권리를 갖는다고 본다는 점에서 인권과 구별됩니다. 물론 앞의 자연인과 뒤 의 시민이 서로 상충하는 내용을 갖는 것은 아닙니다. 그 상태가 서로 구별 된다는 의미입니다. 따라서 시민권은 인권보다 포괄하는 사람의 범위가 좁 습니다. 모든 인간이 시민인 것은 아닙니다. 그러나 역사적으로 보장되어온 권리의 내용은 시민권이 인권보다 훨씬 넓습니다. 통상적으로 인권은 가장 기본적인 권리이면서 최소한의 것으로 이해하고 있습니다. 인간이 인간으 로서의 존엄을 누리기 위해 필요한 권리들이란 무엇인가를 두고, 역사적으 로 민족국가 내에서 시민권은 그 내용을 확대해왔다면 인권은 그 내용을 최 소한의 것으로 제한해왔습니다.

이러한 역사적 변화의 원인은 시민권이든 인권이든 특정한 제도들과 연 계된 정치적 대상이었다는 점과 관련됩니다. 시민권의 정치는 앞서 설명했듯이 공동체에 대한 정치적 권리를 중심으로 하고 있었습니다. 이와 달리 (초국적) 인권의 정치는 인권을 정치적 권리로부터 점차 분리시켜 왔습니다. 서구 제국주의 국가가 피식민지 지배를 인권이라는 용어로 정당화하는 사례가 가장 전형적입니다. 이렇게 보면, 인권이냐 시민권이냐의 용어 선택이 문제가 아닙니다. 중요한 것은 사람들이 서로 평화롭고 자유롭게 그리고 평등하게 살 수 있는 공동체를 구성하기 위해, 공동체의 모든 구성원이 그 공동체의 구성에 참여할 권리를 가져야 한다는 것, 그리고 인간의 권리란 이러한 추상적인 선언이나 형식적인 법의 틀에 갇힐 수 없고 공동체 속에서 실천되고 향유되는 살아 있는 원칙이 되어야 한다는 것입니다.

　여러 사람이 어울려 살아가는 공동체가 잘 운영되기 위해 무엇보다 그 공동체에 속한 모든 사람들이 공동체에 영향을 미치는 결정사항에 대해 자신의 의사를 표현하고 결정에 참여해야 한다는 관념이 민주주의입니다. 이를 위해 구성원들은 자기만 생각하기보다는 전체를 함께 두루 살피고 무엇이 전체를 위한 이익일지를 생각하는 태도를 계발해야 합니다. 앞서 말한 것이 정치적 권리라면 후자는 정치적 의무라고 할 수 있습니다. 이러한 민주주의 원칙을 기초로 한 시민권 개념은 고대 그리스 도시국가에서 시작됐다고 합니다.

3. 서구 시민권의 역사

근대 이전의 시민권: 특권으로서의 시민권

　시민권 개념은 약 2,000년 전 고대 그리스의 도시국가에서 처음으로 등장했습니다. 도시국가라는 정치공동체가 있었고, 그 정치공동체를 구성하는 시민들이 있었습니다. 그렇다면 이 시대의 시민권은 어떤 특징을 지녔을까요? 당시 아테네 시민에게 시민이 된다는 것은 통치할 수 있는 동시에 통치받을 수 있음을 의미했습니다. 누구는 통치만 하고 다른 누구는 통치받기만하는 것이 아니라, 시민이라면 통치자인 동시에 피통치자가 된다는 것입니다. 이것이 바로 민주주의입니다. 시민들 사이의 관계는 평등했으며, 시민들은 자신을 스스로 통치하기 위해 정치에 적극적으로 참여하면서 그 속에서 자유를 실천했습니다.

그러나 이처럼 평등하고 민주적인 시민권은 소수의 사람들에게만 허용됐습니다. 우선 시민권은 본토인에게만 허용됐습니다. 외국인에게는 시민권이 없었습니다. 또한 아테네인이더라도 충분히 자유로운 사람만이 정치적 행위에 참여할 수 있는 시민의 자격을 얻을 수 있었습니다. 자유로운 사람이란 먹고살기 위해 일하지 않아도 될 만큼 재산이 있는 사람이었습니다. 먹고사는 문제에 연연하지 않아야 지식과 교양을 갈고 닦을 여유를 누리며 '공적인 활동'을 할 수 있다고 생각했던 것입니다. 결국 가구의 우두머리, 즉 가장(家長)인 성인남자만이 시민 자격을 얻을 수 있었습니다. 가구에 속한 여성, 아동, 노예 등은 가장의 지배에 놓였기에 예속된 존재로 여겨졌고, 오직 가장만이 자유로운 사람으로 간주됐습니다. 이처럼 전체 인구 중에서 외국인, 노예, 아동, 여성을 제외한 나머지 소수만이 시민이 될 수 있었습니다. 아테네의 경우 전체 인구 중 10분의 1 정도만 시민 지위를 지녔다고 합니다. 시민 사이의 관계는 자유롭고 평등했지만, 이 시민의 지위란 소수가 누리는 특권이었던 셈입니다.

시민권의 이처럼 배타적인 특징은 당시 공동체의 성격을 말해줍니다. 공동체는 폴리스(polis)와 오이코스(oikos)로 엄격하게 나뉘어 있었습니다. 우선 가구를 뜻하는 오이코스에서 인간은 한낱 동물과 다를 것 없는 생활을 한다고 간주됩니다. 의식주를 마련하고 자녀의 출산과 양육을 하는 활동은 분명 인간의 불가피한 필요를 충족시키는 중요한 활동이지만 고유하게 인간만의 활동이라고 생각되지는 않았습니다. 오이코스의 삶은 속박된 삶이지 자유로운 삶은 아니라는 것입니다. 이러한 오이코스는 사적인 영역으로서, 공개되지 않고 가려진 곳을 의미했습니다. 폴리스는 이러한 오이코스와 날카롭게 구별됩니다. 우선 오이코스가 여성과 노예의 영역이라면, 폴리스는 시민의 영역이었습니다. 시민들은 폴리스에서만 이뤄질 수 있는 정치적 행위에 참여함으로써 동물적 삶과 구별되는 인간적 삶, 즉 자유를 실천할 수 있었습니다. 인간의 탁월성은 생산이나 재생산 같은 반복적 삶에 있는 것이 아니라 폴리스라는 공개된 장에서 말과 행위를 통해 새로운 것을 만들어내는 능력에 있다고 믿어졌습니다. 고대 그리스의 시민권은 바로 이러한 정치적 행위를 의미했습니다. 그러나 폴리스의 정치적 자유는 오이코스라는 필연성에 속박된 삶 없이는 불가능한 것이었습니다. 시민의 자유는 오이코스에 갇힌 여성과 노예들의 자유를 박탈하고서야 가능한 자유였던 것입니다.

오늘날 시민의 정치적 권리는 '투표할 권리', 즉 투표소에 가서 투표용지에 있는 여러 칸 중 하나를 찍는 아주 수동적인 행위로 축소됐습니다. 이 투표행위는 자유의 상태를 요구하지 않습니다. 투표를 하지 않아도 그만입니다. 이에 비하면 고대인들에게 정치적 활동은 훨씬 더 풍부한 것이었습니다. 직접적이었고 적극적이었습니다. 그리고 그런 정치적 활동 속에서 자신의 인간성을 실현할 수 있다고 믿었습니다. 이러한 고대적 정치의 개념은 수천년 전 과거의 것이지만 지금까지도 현대 민주주의를 평가하고 바람직한 방향을 모색하는 데 중요한 통찰력을 줍니다. 그러나 이처럼 민주주의 이념에 충실했던 고대 그리스의 시민권이 보편적인 권리가 아닌 소수의 특권이었음을 간과할 수는 없습니다. 다수의 배제를 통해서야 가능한 소수의 민주주의였기 때문입니다. 그렇다면 그 이후 역사에서 시민권은 이러한 특권적 성격을 극복했을까요? 그 과정에서 시민권의 의미는 어떻게 변화했을까요?

계몽주의와 인권의 양가성

오늘날 우리에게 잘 알려졌다시피 모든 인간의 자유와 평등을 사회적 정의의 최우선 가치로 올려놓은 계기는 근대 시민혁명이었습니다. 이와 더불어 시민권의 이념도 모든 사람들이 향유할 수 있다는 의미에서 보편주의와 결합했습니다. 1789년의 프랑스혁명은 왕과 소수의 귀족이 권력을 독점하는 위계적인 군주제를 뒤엎고, 모든 인민들이 정치적 권력을 평등하게 공유하는 공화주의를 수립했습니다. 이로부터 민주적이고 보편적인 시민권이라는 이념이 인류 역사에 새겨집니다. 뒤에서 설명하겠지만 프랑스혁명은 당시의 정치적·사회적 질서를 뒤엎었다는 점에서 '혁명'이라는 이름을 붙입니다. 또한 프랑스혁명은 단지 프랑스라는 한 지역에 국한된 사건이 아니라 당시 유럽 전역 그리고 시간적 격차를 두고 세계 전역에 엄청난 영향을 미친 세계사적 사건입니다.

그렇다면 이러한 프랑스혁명은 어떤 조건에서 출현했을까요? 프랑스혁명은 근대 계몽주의와 긴밀한 연관성을 갖고 있습니다. 그러나 프랑스혁명 당시 민중을 움직였고 민중이 믿었던 이념은 계몽주의와 일정한 차이가 있습니다. 먼저 계몽주의를 살펴보고 이후 프랑스혁명의 이념과 새로운 정치 공동체의 질서를 이야기해 보겠습니다.

근대 이전의 사회는 위계적인 사회였습니다. 우선 정치적 힘이 군주, 즉 왕에게 집중되어 있었습니다. 군주가 곧 법이었습니다. 군주를 제외한 모든 사람은 군주에게 복종해야 하는 '신민(臣民)'이었습니다. 타인의 의지에 복종해야 하는 상태에서 자유는 없습니다. 신민의 상태는 부자유의 상태였습니다. 궁중 바깥의 일상적 생활은 어땠을까요? 대부분의 사람은 가구를 중심으로 하여 살았습니다. 이 가구에서는 또 다른 군주, 즉 가부장이 지배력을 행사했습니다. 귀족이든 상민이든 사회는 아버지와 그에 복종하는 아들로 이뤄져 있었습니다. 남녀 관계도 지배와 통제의 관계였지만, 근대 이전의 사회를 특징짓는 것은 남성들 사이의 관계도 평등하지 않았다는 사실입니다. 또한 아버지들 사이의 관계도 평등하지 않았습니다. 이들의 불평등은 조선시대의 양반과 상민의 구별처럼 혈통이라는 귀속적 신분질서에 기인했습니다. 이처럼 군주와 신민, 가부장과 아들, 귀족과 상민의 위계는 사회를 떠받드는 중요한 질서였습니다.

현재의 관점에서 보면 정말 말도 안 되는 세상이었다고 생각할 수 있겠지만, 당시 사람들은 자신들이 살고 있는 세상이 정의롭지 않다고 생각하지는 않았습니다. 오히려 당시 사회에서 지배는 보호라는 이름으로 불렸습니다. 물론 적절한 보호를 받지 못하는 상황이 많았겠지만 이를 문제 삼을 수는 없었습니다. 보호와 권리의 차이가 바로 여기에 있습니다. 보호는 지배자 자신의 선의에 달린 문제였기 때문에 정치적인 문제가 아니었습니다. 근대 이전의 봉건적 질서에서도 폭력과 가난과 궁핍이 있었습니다. 하지만 사회의 '아래층'에 놓인 사람들에게는 부당한 상황에 대해 문제를 제기하고 잘못된 것을 고치라고 요구할 수 있는 힘이 없었습니다. 그러한 힘은 무엇일까요? 근대와 비교했을 때 당시의 사람들이 갖고 있지 못했던 것은 인간 모두에게 권리가 있다는 생각과 언어입니다. 당시에 이러한 권리는 모든 인간의 것이 아닌 사회의 '위층'에 있는 소수의 특권이었습니다.

그런데 프랑스혁명 이전부터 이러한 질서에 도전하는 사고가 발전하고 있었습니다. 바로 계몽주의입니다. 계몽주의는 역사의 중심에 인간을 놓았습니다. 이때 인간은 이성을 가진 인간을 말합니다. 이성을 가지고 있기 때문에 권리를 가질 자격이 생겨나는 것입니다.

이성이 무엇일까요? 이성 중심주의가 반대했던 것은 '미신'이었습니다. 근거 없는 믿음이 미신입니다. 비가 오지 않는다고 기우제를 지낸다든가, 흉년이 들었다고 해서 마을에서 '마녀'를 찾아내 화형시키는 '마녀사냥' 같은 것이 대표적인 미신입니다. 어떤 사람은 대대로 귀족인 집안에서 태어났기 때문에 다른 사람보다 더 많은 권력을 갖고 존경을 받아야 한다는 것도 미신과 다름없이 비합리적인 것으로 이해됐습니다. 계몽주의자들은 이처럼 미신에 빠진 상태, 무지몽매한 상태에서 깨어나야 한다고 주장했습니다. 그것이 바로 '계몽(enlightenment)'입니다. 사실 이성이라는 말은 매우 모호합니다.

영어나 프랑스어에서 이성(reason, raison)이라는 단어에는 이유라는 뜻도 있습니다. 일상적으로 '원래'라는 말을 종종 쓰고는 합니다. 보통 이런저런 이유를 달기 귀찮을 때 쓰지만, 사실 해당 상황이 너무 당연하다고 여길 때 '원래'라는 말을 붙이게 됩니다. 이성은 '원래'라는 말에 반대합니다. 세상에 당연한 것은 없습니다. 모든 일에 시작이 있고 시작에는 이유가 있기 때문에 '원래 그런' 상황은 없다는 것입니다. "왜 저 사람이 모든 것을 결정하지?"라고 누군가 물었을 때, 과거에는 "원래 그래"라고 대답했다면, 이성을 중심에 둔 계몽주의는 "저 사람이 가장 똑똑하기 때문에 모두가 그 사람이 결정하도록 허락했다"라며 이유를 제시합니다.

그런데 '이유'를 중시하던 계몽주의자들도 '원래부터 그렇다'는 식의 가정을 원천적으로 피하기는 어려웠습니다. 모든 것이 이유를 붙여 정당화되어야 하더라도, 예외적으로 원래 그렇다며 전제해야 할 것이 있었습니다. 바로 모든 사람은 태어날 때부터 권리를 가지고 태어난다는 가정입니다. 이 자연권 개념이 근대적인 인권사상의 핵심을 이룹니다. 오늘날에도 인권에는 이유가 뒤따르지 않습니다.

모든 사람은 태어날 때부터 권리를 가지고 있지만 사회적 상태를 보면 모두가 동일한 위치에 있지 않습니다. 재산이 많은 사람이 있는가 하면 재산이 없는 사람도 있고, 학식과 교양이 풍부한 사람이 있는가 하면 문맹에 교양도 없는 무식한 사람도 있었습니다. 또한 남성과 여성 사이의 지배 - 종속 관계도 있었습니다. 천부인권을 가정했지만 그것이 불평등한 현실 사회에 적용될 수는 없었던 것입니다. 계몽주의자들은 대체로 이러한 사회적 불평등을 인간이 태어날 때부터 권리를 갖는다는 생각과 대립된 것이 아니라 일치하는 것으로 파악합니다. 자연적으로는 모두 동등한 권리를 갖고 태어나지만 사회적 상태에 놓이면 개인들의 선택과 노력에 의해 차이가 발생한다는 겁니다. 이 선택과 노력이 자연적 권리를 훼손하지 않는다면 사회적 상태에서 나타나는 불평등은 자연적 권리에 반대되는 것이라고 볼 수 없게 됩니다.

이렇게 보면 계몽주의가 상당히 모순적이라는 사실을 알 수 있습니다. 한편으로 계몽주의에는 인간이 태어날 때부터 권리를 지니며, 자유롭고 평등하다는 보편적 인권 관념이 포함됩니다. 우리가 이 관념을 정직하게 믿고 실천에 옮긴다면, 사회의 압제와 불평등과 억압에 맞서게 될 것입니다. 단지 권력자들에게 선의와 아량을 베풀어달라고 호소하는 것이 아니라, 인민들 자신이 가진 권리의 이름으로 당당하게 요구할 수 있을 것입니다. 귀족 가문에 하인이나 노예로 복속된 사람도 자신이 그 귀족이나 다름없는 권리를 가진 인간이라고 여기고 그에 합당한 대우를 요구할 수 있게 되는 것입니다. 여성들도 마찬가지입니다. 여성도 인간인 한 남성과 평등한 권리를 갖는다고 주장할 수 있습니다.

그러나 계몽주의(정확히 말하면 고전적 자유주의)에서 자연권사상은 사회적 평등을 주장하는 밑바탕이 되기보다 오히려 불평등을 정당화하는 근거로 쓰였습니다. 예를 들어 과거 봉건사회에서는 혈통이나 신분이 높은 사람이 권력을 독점했습니다. 신분이 불평등을 정당화했던 셈입니다. 이와 달리 계몽주의는 능력과 재산에 따라 불평등이 발생할 수 있다고 합니다. 이제는 능력과 재산이 불평등을 정당화하게 된 것입니다. 불평등을 정당화하는 근거가 바뀌었을 뿐 불평등 자체는 유지됩니다. 영국의 대표적인 계몽주의자인 존 로크(John Locke)는 "모든 사람들은 자신의 인신에 대한 소유권을 가지고 있고" 자신의 "신체의 노동과 손의 작업"으로 사물에 노동을 부가하게 되면 그것은 자신의 소유물이 된다고 주장합니다. 이런 방식으로 모든 소유권이 정당화됩니다. 그리고 임금노동자처럼 자신의 노동으로 생산된 결과물에 대해 소유권을 주장할 수 없는 경우는 그에 앞서 노동을 팔기로 한 '고용계약'이 있으므로, 그것은 계약의 이행이지 강탈이나 착취가 아니라고 합니다.

그렇다면 남성과 여성 사이의 지배 - 종속 관계에 대해 계몽주의자들은 뭐라고 말했을까요? 우선 앞서 언급한 로크는 자연 상태에서 여성은 이미 남성에게 복종한다고 이야기합니다. 쉽게 말하자면, 여성은 남성에게 복종하는 존재로 태어났다는 것입니다. 로크에게 여성은 날 때부터 권리를 갖는 인간에 속하지 않는, 인간이면서도 인간이 아닌 존재였던 것입니다. 이처럼 로크는 자연권으로부터 여성의 배제를 '근거'도 없이 당연한 것으로 여겼습니다. 다른 한편 독일의 유명한 철학자 이마누엘 칸트(Immanuel Kant)는 이와 다른 이야기를 전개했습니다. 칸트가 보기에 로크의 말은 근대적인 '설명'에는 못 미치는 수준 낮은 이야기였기 때문입니다. 그 대신 칸트는 남성과 여성 모두 동등한 권리를 가지고 태어났다는 점은 인정합니다. 그러나 여성은 결혼계약을 통해 남성에게 복종하는 데 '동의'한다는 것입니다. 모든 인간의 자연적 권리를 인정하는 한편 여성들의 성적인 복종도 설명함으로써 자유와 복종의 기괴한 조화를 만들어낸 것입니다. 이처럼 프랑스혁명 전후의 철학자들은 구체제의 낡은 전통주의 사고에 맞서면서도, 다른 한편으로는 구체제의 낡은 사고에 새로운 옷을 입혀 유지시켰습니다.

지금까지 계몽주의와 인간의 권리라는 관념의 등장에 대해 간단하게 이야기했습니다. 계몽주의 자체는 사회의 평등을 진전시킬 급진주의가 아니었습니다. 그러나 보수주의였다고 할 수도 없습니다. 평등이라는 가치를 중심에 두고 보면 계몽주의에는 평등을 옹호하는 관념과 불평등을 옹호하는 관념이 모두 내재되어 있었습니다. 문제는 이 사상들이 인간들의 실천을 통해 현실로 옮겨질 때, 이 상반된 요소 중 어떤 요소가 전면에 부각되느냐에 있습니다. 그 이후의 과정을 프랑스혁명과 19세기 근대 민족국가의 시민권, 그리고 페미니즘의 도전을 통해 살펴보겠습니다.

프랑스혁명과 보편적 시민권

프랑스혁명의 이념은 자유, 평등, 형제애였습니다. 과거의 절대주의에 대항해 자유를 주장했고, 귀족과 성직자들이 갖고 있는 특권에 대항해 모든 시민들은 평등하다고 주장했습니다. 그리고 형제애라는 이름으로 인간들 사이의 결속과 유대를 표현했습니다. 프랑스혁명을 통해 시민권이라는 개념도 변화했습니다. 첫째, 이른바 대중이 정치적 무대의 주인공으로 등장한 것이 가장 중요한 변화입니다. 둘째, 자연권 이념을 급진적으로 수용해 모든 인간이 시민으로서의 권리를 갖는다는 원칙이 만들어졌습니다. 셋째, 시민들 사이의 관계를 자유와 평등의 원칙에서 사고하는 계기가 됐습니다.

첫 번째 변화의 의미는 무엇일까요? 앞서 고대 그리스의 시민권 개념을 상기해봅시다. 민주적 시민권이란 시민들이 정치적 장에서 자기 의견을 밝히고 토론하고 그 속에서 정치적 공동체, 즉 국가의 틀과 내용을 만들어가는 것입니다. 구질서를 무너뜨리고 새로운 공화정을 수립한 세력은 소수의 엘리트들이나 일부 집단이 아니라 프랑스의 대중이었습니다. 대중은 어떤 자격을 가진 집단이 아닙니다. 말 그대로 사람들이 모여 있는 상태입니다. 이 사람들이 능동적인 정치적 참여를 통해 낡은 정치질서를 무너뜨리는 힘을 발휘한 것입니다. 프랑스혁명 이후 이러한 대중의 정치적 잠재력은 제도적으로 봉쇄되기도 하고, 다시 분출하기도 했습니다. 이러한 봉쇄와 분출, 자유와 질서는 이후 19세기 및 20세기까지 지속되고 있습니다.

두 번째 변화, 즉 모든 인간이 시민으로서의 권리를 갖는다는 원칙은 앞서 설명했던 인권과 시민권의 차이와 연관해 쉽게 이해할 수 있습니다. 인권으로서 보장받는 권리의 내용은 같더라도 어떤 사람은 그 권리 보장을 가능하게 하는 정치에 참여할 수 있고, 어떤 사람은 그렇지 않은 상태에 처했을 수 있습니다. 인간이 곧 시민이라는 원칙은 인권은 타인에 의해 일방적으로 보호받는 것이 아니라 인권을 보증하는 정치공동체에 참여할 권리를 통해 확보됨을 의미합니다. 예를 들어 근대 사회는 아버지나 남편이 여성을 보호해야 한다고 가정합니다. 아버지와 남편이 있는 한, 여성은 인간적 존엄을 훼손당하지 않으면서 안전을 누릴 수 있다는 것입니다. 인권은 이러한 방식으로 타인의 일방적인 보호를 통해 지켜질 수도 있습니다. 그러나 이러한 보호는 아버지와 남편의 의지에 달린 것이지 여성 스스로 지키고 요구할 수 있는 권리는 아닙니다. 19세기 유럽의 여성이 이러한 상태에 있었습니다. 특히 결혼한 여성은 자기 이름으로 계약을 맺을 수도 없었고 재산을 소유할 수도 없었습니다. 기혼여성은 남편의 보호 아래에 있는 독립성 없는 존재로 규정됐던 것입니다. 여성은 남편의 적절한 보호가 있다면 그럭저럭 괜찮은 삶을 살 수 있었겠지만 그것은 시민으로서의 삶은 아니었습니다. 프랑스혁명의 산물로 발표된 「인간과 시민의 권리 선언」은 모든 시민이 법의 제정에 참여할 권리를 갖는다고 전제하고, 법은 시민의 자유, 소유, 안전, 압제에 대한 저항의 권리를 존중한다고 명시합니다. 인간이 인간으로서 누려야 할 권리를 정치공동체가 보증한다는 것입니다. 그리고 이 정치공동체는 시민의 정치적 참여에 기초를 둔다는 것입니다.

세 번째 변화는 이러한 권리의 주체인 시민이 평등하다고 선언한 것입니다. 평등 원칙은 매우 중요합니다. 과거 신분질서를 무너뜨린 원칙이었을 뿐 아니라 이후 근대 여성운동의 핵심적 이념이었기 때문입니다.

그러나 이 세 가지 측면에서 급진적인 변화가 일어났는데도 새로 만들어진 근대적인 국가는 이러한 이념들과 어긋나는 방향으로 나아갔습니다. 민주주의와 보편주의는 추상적 원칙일 뿐이었던 것입니다. 구체적이고 현실적인 삶은 크게 달라지지 않았습니다. 모든 시민이 정치적 권리를 갖는다고 했지만, 대의제라는 형태로 민주주의 원칙이 후퇴했고, 평등은 법 앞의 평등으로, 자유는 단순히 타인에 의해 침해받지 않을 소극적인 자유가 됐습니다. 하지만 민주주의와 보편주의의 추상적 원칙은 구체적 현실이 그에 어긋나는데도 '추상적 원칙'으로서 여전히 살아 있으며 현실을 비판하는 '척도'로 작동하고 있습니다.

프랑스혁명과 페미니즘의 등장: 누가 시민인가, 시민의 지위란 무엇인가?

서구 역사에서 프랑스혁명 이전에도 페미니즘적인 문헌과 행동들이 있었지만, 여성들이 집단적인 정치적·사회적 운동을 통해 여성의 예속과 배제 상태에 저항하고 나선 계기는 프랑스혁명이라는 민주주의 혁명의 영향이 큽니다. 봉건 체제하에서는 소수의 사람들이 누리던 특권을 다른 모든 사람에게 확대해야 한다고 사고할 수 없었습니다. 이와 달리 근대 민주주의에서는 한 사람에게 타당한 것은 만인에게도 타당한 것으로 전제됩니다. 남성에게 권리가 있다면 그 권리는 여성에게도 있는 것입니다. 따라서 인간 보편의 권리를 남성에게만 한정하는 것에 대한 체계적인 비판과 저항이 생겨날 수 있게 됐습니다. 이렇게 보면 페미니즘의 출현과 근대 민주주의 혁명은 긴밀한 관련이 있습니다.

보편적 시민권 개념은 시민을 어떤 자격이나 성질 등으로 규정하지 않는 데서 나타납니다. 프랑스혁명은 시민을 어떤 특수 집단으로 묶은 것이 아니라 모든 사람이 동일시할 수 있는 보편적 범주로 만들었습니다. 프랑스혁명 직후 발표된 「인간과 시민의 권리 선언」에는 남성과 여성의 구별이 전혀 나타나지 않습니다. 즉, 여성들도 선언이 명시한 '인간과 시민'에 자신들이 해당한다고 여기는 데 무리가 없었습니다. 그러나 이 선언이 여성은 남성과 동등한 시민적·정치적 권리를 갖는다고 분명히 밝힌 것은 아닙니다.

혁명 이후 새로운 정치질서를 수립하는 과정에서 혁명기에 분출한 자유의 힘들은 질서와 안전이라는 이름으로 이곳저곳에서 가로막힙니다. 이 과정에서 누가 정치적 참여의 주체인가, 즉 누가 시민인가라는 시민의 자격에 대한 관심이 출현했습니다. 그리고 아무런 단서나 자격을 명시하지 않았던 시민이라는 지위에 새로이 자격과 성격 등이 부여됩니다. 이러한 시민의 자격 규정이 낳은 직접적 결과는 여성의 배제였습니다. 새로운 공화국에서 여성은 비시민의 지위로 추락했습니다.

프랑스혁명이 가져온 여성의 지위의 변화를 보면, 민법 차원에서는 혁명적인 변화가 있었습니다. 특히 1791년에서 1793년에 이르는 기간에 기초된 법안이나 제정된 법 등에서 여성에게 민법상의 권리를 부여하고 기존에 남성에게 부여됐던 특권을 폐지하려는 움직임이 활발했습니다. 여성은 경제적 거래를 맺을 수 있는 법적 권리를 획득했고 결정적으로 부부 쌍방의 동의만으로 이혼할 수 있게 됐습니다.

하지만 여성은 법의 변화에 영향을 받는 법의 대상에 머물러 있을 뿐 법을 제정하는 주체로서의 지위에서는 배제됐습니다. 즉, 정치적 권리가 인정되지 않았습니다. 더 나아가 1801년에 만들어진 『나폴레옹 민법전』은 민법상의 개혁에서 후퇴해 여성의 민법상의 권리까지 박탈하는 가부장제를 제도화했습니다.

프랑스혁명으로 기존의 왕정을 대체하고 등장한 새로운 공화국에서 시민은 시민이 아닌 자들과 날카롭게 대립하는 '특수한 집단'이 되어버렸습니다. 참정권은 재산을 가졌고 세금을 내는 사람들로 한정됐습니다. 또한 여성은 '자연적인 차이'가 있다는 이유로 참정권을 얻지 못했습니다. 프랑스 국적을 취득한 프랑스 국민인 자들만이 시민의 자격을 얻게 되면서 이주민은 배제됐습니다. 프랑스뿐 아니라 19세기 유럽과 아메리카 대륙에서 새로이 수립된 민족국가는 보편적 시민권이라는 이상을 통해 과거의 봉건적 절대왕정과 단절하고 신분적 질서를 무너뜨렸지만 보편적 이상과는 거리가 먼 '특수한' 시민권을 제도화한 것입니다.

이러한 배제의 선들, 즉 재산 소유 여부, 성별, 인종 등의 차별은 오늘날 우리가 '보편적 시민권'이라는 말에 냉소적인 태도를 보이게 하는 중요한 역사적 이유입니다. 하지만 이후 시민권의 역사에서, 배제에 저항하는 사람들의 이념적 무기가 바로 그 '보편적 시민권'이라는 이상이었다는 것을 부인할 수 없습니다. 근대적으로 새로이 만들어진 배제와 차별, 억압과 종속에 맞서게 했던 이념적 기반은 보편주의, 자유와 평등, 민주주의였습니다. 이러한 저항은 보편주의적 평등의 이념이 가진 힘이었고 모든 인간이 자신의 문제를 자신의 힘으로 해결할 수 있는 권리, 즉 정치적 권리를 갖는다는 '약속'이 가진 힘이었습니다. 그리고 이에 따라 시민 범주는 도전받고 다시 그어지기를 반복하며 확장됐습니다. 유럽 내 '이방인'이었던 유대인, 노동계급, 여성, 흑인 등이 배타적인 시민 범주에 도전한 주요 세력이었습니다.

이러한 비시민들의 시민권 운동이 열망한 이상은 시민의 지위가 충분히 보편화되는 것, 즉 보편적 시민권의 이상이었지만, 우리가 잘 알고 있듯이 그것만으로 가능한 것은 아니었습니다. 이상적인 언어는 그러한 이상과 충돌하는 현실을 포착할 수 있는 언어를 통해 힘을 발휘할 수 있습니다. 시민이라는 말이 아니라 노동자라는 말이 현재의 시민권이 부르주아의 특권임을 폭로하고, 흑인이라는 말이 현재의 시민권이 백인의 특권임을 폭로하듯이 말입니다. 여성이라는 정치적 정체성은 여성의 시민권을 옹호하기 위해 필수불가결한 것이었습니다.

따라서 우리에게는 보편적 시민권의 이상을 현실에 대한 비판의 도구로 전환시킬 수 있는 질문이 필요합니다. 우선 우리는 누가 시민인가를 질문해야 합니다. 모두를 시민으로 간주하면 누가 시민인지를 구분하는 것은 무의미합니다. 그러나 이러한 시민권의 핵심적 가치가 있는데도 시민권은 사람들 사이를 분할해 일부분만 시민에 포함해왔습니다. 따라서 보편성 이면에 감춰진 특수성을 파악하기 위해 '누가 시민인가'라는 비판적 질문들을 던져야 합니다. 최근 한국에서 '시민운동'이나 '시민사회'에 대한 관심이 높은데, 이 경우에도 여기에서 말하는 시민이 누구인가라는 질문이 필요합니다. 시민이라는 말 자체는 공정하고 대표성 있는 집단을 명시하는 것 같지만 실제로 시민이라는 말이 여성과 대립되어 사용되거나, 노동자와 대립되어 사용되거나, 동성애자와 대립되어 사용되는 등 배제를 담고 있다면, 시민은 보편적 지위가 아니라 특수한 집단이 되는 것입니다.

다음으로 완전한 시민으로서의 지위를 구성하는 여러 차원들에 대한 관심이 필요합니다. 통상적으로 시민권은 법적인 지위로 한정됩니다. 또한 이른바 공적 영역에만 적용하고 있습니다. 이렇게 시민권이 적용되는 장을 어느 한 차원으로만 한정하면, 실제로 사회적 삶을 구성하는 다양한 차별과 배제가 눈에 보이지 않게 됩니다. 예를 들어 지금 파업하고 있는 기륭전자 비정규직 여성노동자들을 볼까요? 이들은 대한민국 국민으로서 형식적인 시민권을 가지고 있습니다. 그러나 시민으로서의 충분한 지위를 향유하고 있다고 보기 어렵습니다. 노동시장에서 이들이 겪는 문제는 한국에서 시민권의 성격을 보여줍니다. 성폭력도 여성의 시민으로서의 지위를 심각하게 위협하는 사례입니다.

이처럼 시민권은 "누가 시민인가, 그리고 시민의 지위는 무엇으로 구성되어 있는가"라는 질문을 포함합니다. 이는 시민권이 충분히 보편적이어야 한다는 관심에서 제기되는 질문입니다. 그리고 시민권에서 배제된 사람들, 시민으로서 충분한 지위를 향유하지 못하는 사람들이 자신의 현재 상태를 변화시키고 나아가 자신이 속한 공동체를 좀 더 평등하고 자유로운 것으로 만들기 위한 실천을 통해 제기해온 질문입니다. 여성들은 누구보다 적극적인 실천 속에서 이러한 질문을 던져왔습니다. 페미니즘이 던져온 이 질문을 좀 더 자세히 살펴보겠습니다.

4. 페미니즘과 시민권: '여성'과 '시민'의 통합을 지향하며

프랑스혁명기의 여성시민들

혁명이라는 엄청난 일을 해낼 수 있는 사람이 있다면 우리는 자연스럽게 남성들을 떠올립니다. 여성들이 앞장섰을 것이라고 상상하지 않습니다. 그렇게 배워왔기 때문입니다. 그러나 프랑스혁명기의 여성들은 민중봉기 대열의 선두에 섰습니다. 1789년 10월에도 여성들이 맨 먼저 똘똘 뭉쳐 베르사유 궁으로 돌진했습니다. 1795년 봄에 일어난 봉기도 여성들의 시위로 시작됐습니다.

1789년부터 몇 년 동안 민중들의 봉기가 이어졌는데, 일단 봉기가 일어나면 여성들이 앞장서는 것이 관행이었다고 합니다. 여성들이 이른 아침부터 대열을 이뤄 행진하면 오후쯤 되어서야 남성들이 군대를 만들어 기존 대열에 합세하는 것입니다. 그런데 남자들이 나오면 여자들은 종종 자리를 비켜줬다고 합니다. 시위가 조직화되면 남성들의 차지가 되는 것입니다. 이런 현상은 최근 촛불집회에서도 나타났습니다. 처음 촛불을 들기 시작한 사람들은 여학생들이었는데, 촛불집회가 조직화되고 경찰과의 물리적 충돌이 생겨나면서 오히려 여성들은 뒤로 밀려나거나 여성들의 지위가 보호의 대상으로 축소되는 것을 봤습니다. 프랑스혁명기의 상황은 이보다 더 심했습니다. 시민들의 군대가 조직되자, 여성들은 이 군대에 들어올 수 없다고 막았습니다. 또한 시민으로서의 지위를 상징했던 삼색모장을 달지 못하게 막았습니다. 정치적 집회에서 연설할 수도 없었습니다.

그러나 이 시기 여성들은 자신을 여성시민으로 인식했습니다. 프랑스어로 시민이라는 단어는 남성형과 여성형이 있습니다. 영어에서 'man'이 남성을 뜻하면서도 인간 일반을 뜻하는 것처럼, 프랑스어에서도 남성을 뜻하는 'homme'나 남성시민을 뜻하는 'citoyen'은 인간 일반과 시민 일반을 모두 포괄하는 의미로 쓰였습니다. 그러나 프랑스혁명기에는 시민의 여성형 명사, 즉 여성시민이라는 뜻의 'citoyenne'라는 표현이 자주 등장했습니다. 여성시민이라는 표현은 시민은 남성만이 아니라는 의미와 여성인 동시에 시민일 수 있다는 의미를 모두 포함합니다.

이러한 여성시민의 의미는 여성들의 다양한 정치적 실천 속에서 드러납니다. 여성들은 자신들의 정치적 활동을 막는 제도에 맞섰습니다. 팸플릿, 편지, 청원서 등을 활용하기도 했고, 삼색모장 달기처럼 이를 허용하는 법을 제정하라는 운동으로 이어지기도 했습니다. 그중 가장 의미심장했던 활동은 올랭프 드 구주(Olympe de Gouge)라는 한 여성의 '선언'이었습니다. 드 구주는 당시 프랑스혁명이 보편주의적 이념을 내세우지만 실제로는 남성만의 권리로 축소되고 있다고 판단했습니다. 말로는 '인간'과 '시민'을 옹호하지만 '남성'과 '남성시민'만 옹호한다는 것입니다. 따라서 드 구주는 인간과 시민이라는 명사를 여성형으로 바꿔 「인간과 시민의 권리 선언」이 아니라 「여성과 여성시민의 권리 선언」을 발표했습니다. 시민에는 당연히 여성도 포함된다는 모호한 가정만으로는 안 되며, 그 시민에 여성이 포함된다는 것을 명시적으로 밝힐 필요를 느낀 것입니다. 그렇지 않다면 인간과 시민은 남성과 남성시민으로 한정된다는 것입니다. 이 선언문은 이러한 언어적 표현상의 문제를 통해 정치적 모순을 간파한 것입니다. 드 구주는 「여성과 여성시민의 권리 선언」을 통해 정치공동체는 남성만의 것이 아니라, 남성과 여성 모두로 이뤄져 있다는 자명한 사실을 표현했습니다. 사실 인간이 보편적 범주라면 여성은 특수한 범주입니다. 그런데 그러한 보편적 범주로는 실질적인 보편주의를 확립할 수 없었고, 보편주의의 이념을 옹호하기 위해 '여성'

이라는 특수한 범주가 명시되어야 했다는 사실은 매우 의미심장합니다. 평등을 말하기 위해 우리는 불평등을 드러내야 합니다. 그러나 인간이라는 보편적 범주만으로는 불평등을 드러낼 수 없기에 여성이라는 범주가 요구된 것입니다. 이것이 바로 근대적 페미니즘의 출발점이 됐습니다.

여성 참정권 운동

대서양 반대편에서도 중요한 사건이 일어났습니다. 1848년에 미국 뉴욕의 세네카 폴즈(Seneca Falls)라는 지역에서 여성들의 권리 선언이 있었습니다. '세네카 폴즈 선언'이라 불리는 이 선언에서 여성들은 평등한 시민적·정치적 권리를 주장했습니다. 이 선언문에는 다음와 같은 구절이 있습니다. "우리는 모든 남성과 여성이 평등하게 창조됐고 창조주에게서 몇 개의 양도할 수 없는 권리를 부여받았고, 그 가운데 생명, 자유, 행복추구에 대한 권리가 있음을 자명한 진리로 선언하는 바이다." 이 선언이 이뤄지기 8년 전인 1840년에 세계 반노예제 대회가 있었습니다. 이미 미국 내에서 여성들은 반노예제협회를 구성해 노예제에 반대하는 다양한 활동을 벌여나가고 있었습니다. 여성은 시민권으로부터 배제됐다는 점에서 흑인과 같은 상황에 있었고, 이 때문에 백인여성도 흑인노예에게 연대감을 가질 수 있었습니다. 그러던 중 미국 반노예제 운동은 런던에서 열리는 세계 반노예제 대회에 남성과 여성 대표를 파견했습니다. 이 여성 대표 중에는 후일 세네카 폴즈 선언을 주도한 루크레티아 모트(Lucretia Mott)가 포함되어 있었습니다. 엘리자베스 캐디 스탠턴(Elizabeth Cady Stanton)은 이 대회에 대표로 파견된 남편과 함께 신혼여행 차 런던을 방문했습니다. 그런데 이 세계 반노예제 대회에 여성의 참석을 허용할 것인가를 두고 격렬한 논쟁이 벌어졌고, 논쟁 결과는 여성의 참석을 불허하는 것이었습니다. 그래서 여성 대표들은 보이지 않도록 쳐놓은 커튼 뒤에 있어야 했다고 합니다. 이 대회는 노예제에 반대하면서도 반여성적 태도에는 반대하지 않았던 것입니다. 대회 참석을 거부당한 여자들은 이를 통해 여성의 동등한 정치적 권리의 확보가 무엇보다 중요하다는 것을 절감합니다. 이를 계기로 스탠턴과 모트는 미국으로 돌아가 여성운동을 펼치기로 다짐했고, 그 결과물이 8년 후에 열린 세네카 폴즈 선언입니다.

이 여성들은 평범한 중산층 여성이었습니다. 이들은 선언 일주일 전 그들 중 한 사람인 메리 앤 매클린톡(Mary Ann McClintock)의 집 부엌에서 이 집회를 기획했다고 합니다. 이 집회는 불과 일주일 전에 공지됐는데도 200여 명의 여성과 40여 명의 남성이 참석했을 정도로 주목을 받았습니다. 이 대회는 여성이 대중적인 집회를 통해 여성의 완전한 시민권을 엄숙히 주장한 역사상 최초의 사건이었습니다. 당시 여성은 여성의 정치적 활동을 옹호하기 위해 어머니로서의 지위, 가정을 책임지는 존재로서의 역량 등을 강조하는 경향이 있었습니다. 여성은 직업이 없었고 교육의 기회도 갖지 못했기 때문에 자신의 역량을 옹호할 자원이 가정과 모성에 있었던 것입니다. 그런데 세네카 폴즈 선언을 주도한 여성들은 어머니로서가 아니라 시민의 권리를 마땅히 향유해야 하는 자율적인 개인으로서 시민권을 주장했다는 점에서 급진적이었습니다. 이들은 남편 혹은 자식을 통해 시민권을 주장하기를 거부하고, 남성과 마찬가지로 여성도 국가와 권리에 대해 직접적인 관계를 맺는다고 선언했습니다.

세네카 폴즈 선언 이후에 영국과 미국 등에서 여성 참정권 운동이 촉발되어 집단적이고 조직적인 형태로 운동이 전개됐습니다. 전국적이고 상시적인 조직이 만들어졌습니다. 단지 소수의 여성들이 일회적인 선언이나 캠페인을 하는 데 그쳤던 것이 아니라 다양한 계층, 직업, 단체에 소속된 여성들이 참정권을 중심으로 연대하고 집단을 형성했습니다. 여성 참정권 운동은 온건한 청원운동이나 캠페인에 머물지 않았습니다. 사실 여성들의 정치적 활동이 금지됐기 때문에 이들의 활동은 엄청난 탄압에 노출됐습니다. 이런 상황에서 참정권 운동은 전투적인 형태를 보이기도 했습니다. 또한 운동은 참정권이라는 이슈에만 국한되지도 않았습니다. 19세기 말과 20세기 초에 여성이 직면했던 다양한 사회경제적 차별과 억압의 문제를 해결하기 위한 조직들, 예를 들면 노동운동 조직이나 여성의 임신과 출산에서의 권리를 주장하는 단체도 여성 참정권 획득이라는 구호 아래 모였습니다. 여성의 정치적 권리 없이 여성의 사회적 문제를 해결할 수 없다고 생각한 것입니다. 이런 과정을 거쳐서 미국에서는 1920년, 프랑스에서는 1944년에 여성의 정치적 권리가 헌법에 보장됐습니다.

교육생1   우리나라는 언제 여성 참정권을 인정했나요?

우리나라는 정부 수립 당시, 1948년 제헌국회에서 선거법상의 선거권과 피선거권의 획정, 선거방법 등을 정했습니다. 이때 한국의 국민 자격, 즉 시민권은 '형식적으로는' 신분, 민족, 성에 의한 법적인 차별을 없앤 보편주의 원칙에 기초를 두었다고 볼 수 있습니다. 후발 국가에서 정치적 시민권이 이처럼 정부 수립과 동시에, 그것도 보편적 형태로 도입된 것은 획기적이었습니다. 이는 일제하 한국인들의 오랜 투쟁의 성과물이지만, 세계체계의 차원에서 보면 사회주의와 경쟁하던 미국이 자유민주주의를 이식한 결과이기도 합니다. 즉, 아래로부터의 시민권이 아니라 위로부터의 시민권이었던 것입니다. 그래서 시민은 권리의 주체라기보다는 국가의 '충성스러운' 구성원이라는 수동적 의미로 규정됐습니다. 헌법상으로는 성에 의한 법적 차별을 담지 않았지만 가족법, 특히 호주제를 통해 실질적으로는 시민 범위를 남성으로 제한했습니다. 따라서 한국 여성운동에서 참정권 운동은 필요 없었지만 가족법 개정 운동 및 호주제 폐지 운동은 활발하게 전개됐습니다.

교육생 2 시민권이라는 것의 실질적인 내용이 궁금합니다. 실제로 이야기되는 권리들, 가령 소수자를 말하면서 언급되는 노동권, 학습권, 성적 자기결정권 등이 시민권 안에 들어가나요?

실질적인 시민권에서 배제된 사람들을 소수자라고 말합니다. 이들이 시민권을 향유할 수 있게 하려면 단지 기존의 권리들을 이들에게까지 확장하는 것만으로는 충분하지 않고, 새로운 권리들이 필요합니다. 예를 들어 여성의 성적 자기결정권을 보장하지 않은 상태에서 여성은 완전한 시민으로서의 지위를 향유할 수 없습니다. 그리고 다른 동료시민과 평등한 관계를 맺을 수도 없습니다. 법과 제도는 이를 보장해야 합니다. 그러나 법과 제도가 이 권리를 보장한다고는 하지만 형식적인 틀에 그치고, 시민과 시민 사이의 실질적 관계에서는 권리가 실현되지 못하는 경우도 있습니다. 그러므로 시민권 개념을 페미니즘의 시각에서 해석하고 이용할 때, 권리는 단지 법적인 권리가 아니라 궁극적으로는 현실에서 실천하는 것을 의미한다고 생각할 필요가 있습니다. 여성의 완전한 시민적 지위를 보장하기 위해서는 다양한 권리가 필요합니다. 인종에 의해 배제된 사람들을 시민으로 포함하려면 과거의 차별이 반복되지 않게 하는 장치들이 필요하고 이를 권리로서 보장해야 합니다. 여성도 마찬가지로 노동권, 재생산권, 성적 자기결정권, 건강권 등을 보장해야 합니다. 문제는 이 다양한 권리들이 여성시민의 시민으로서의 지위를 확보하는 방향으로 수렴되어야 한다는 것입니다. 그런 의미에서 오늘날 수많은 '권리' 담론이 모두 페미니즘적인 시민권 운동이라고 생각하지는 않습니다. 또한 권리라는 개념이 갖고 있는 '법 중심적' 성격을 조심해야 합니다. 이념적으로 법 중심의 운동은 국가가 수용할 수 있는 수준으로 운동의 요구와 주장을 맞추게 하는 한계가 있습니다. 또한 여성들 중 일부만이, 그리고 여성들의 삶의 한 측면만이 법 개혁의 효과를 누릴 수 있다는 점에서 한계가 있습니다.

페미니즘의 제2 물결: 시민에서 여성으로

19세기부터 20세기 초까지 서구 사회에서 거센 물결을 이뤘던 여성 참정권 운동은 제1차, 제2차 세계대전과 이후 여성들의 참정권 획득으로 일단락됐습니다. 여성운동은 이제 사라진 것처럼 보였습니다. 참정권 획득이라는 구체적 목표가 실현됐기 때문이기도 하지만, 이 때문만은 아니었습니다. 참정권은 여성들의 실질적인 평등을 실현하기 위한 기초적 권리였지 그 자체가 완전한 평등을 약속하는 것은 아니었기에, 여성운동은 오히려 참정권을 기반으로 더욱 본격적으로 추동되어야 했습니다. 그런데도 참정권 획득 이후 여성운동이 소강기에 접어들었던 데는 다른 배경이 있습니다.

세계대전이 끝난 후 서구 사회는 경제적으로는 호황기였고 정치적으로는 냉전과 반공주의로 인해 억압적인 분위기가 지배하고 있었습니다. 특히 전쟁 이후 세계 초강대국으로 부상한 미국에서는 경제적 호황 속에서 시민들에게 정치적 자유보다는 경제적인 안락이 제공됐습니다. 전쟁에서 돌아온 병사들은 정부의 재정적 지원을 받아 대학이나 직장에 들어갈 수 있었고 핵가족을 꾸리게 됐습니다. 남성 노동자들은 과거 전투적 노조주의를 포기하는 대가로 '고임금'을 보장받았습니다. 이때 고임금이란 가족임금을 의미합니다. 한 가족의 가장인 남성이 가족구성원 전체의 생계를 책임질 수 있을만큼 임금수준이 상승했습니다. 당시 남성노동자들이 꿈꾸는 이상적 배우자는 전업주부였습니다. 가족임금은 이러한 이상을 현실화할 수 있는 수단이었습니다. 이를 반영하듯 젊은 여성들은 과거 세대보다 일찍 결혼하고 더많은 아이를 낳았습니다. 여성에게 대학교육의 기회가 열렸지만 공적 영역의 변화를 일구기보다 가정 안으로 회귀했습니다. 이 시기 젊은 남녀가 꾸린 가족은 기존의 가족보다 더욱더 핵가족 지향적이었습니다. 지역 공동체로부터 분리되어 고립된 핵가족 속에서 여성들은 '주부' 역할을 수행했으며과거의 여성들 못지않은 가정 중심성을 키워갔습니다.

도시 근교 전원지역에 자리 잡은 '안락한 스위트 홈'은 전통적인 성 역할규범에 충실했지만, 전통적이거나 낡은 구닥다리 관습에 얽매인 것만은 아니었습니다. 1950년대 미국에서 가정은 경제적 풍요의 상징이었고 '사생활'이라는 새로운 자유의 표현이었습니다. 페미니즘의 제1 물결을 만들어낸 여성들은 자유를 공적인 정치와 직결된 문제로 간주했지만, 그 이후 태어난세대는 사적인 가정과 풍요 속에서의 안락을 자유로 여겼습니다. 평등이라는 이슈는 중요한 문제로 여겨지지 않았습니다. 그러나 이러한 상태가 오래가지는 않았습니다. 가족의 풍요는 1960년대 이후 실질임금의 하락으로 흔들리고 있었고, 가족 내 성 불평등은 누구보다 여성의 자유를 위협했습니다. 또한 노동시장에 참여하는 기혼여성이 늘어나고 있었습니다. 평등과 자유를 향한 열망을 풍요와 소비에 기초를 둔 가족이 일부 대신하기는 했지만완전히 대체할 수는 없었습니다.

또한 여성의 참정권 획득 이후 남녀평등의 가치 속에서 성장한 청년들은급진적 문화를 발전시키며 기성세대의 가족 중심적 가치의 모순과 위선을 비판했습니다. 그러나 이 문화 속에서도 여성들은 자신들이 진정 자유로울 수 없음을 깨달았습니다. 남성의 성적 자유는 여성에게 폭력이 됐습니다.

이러한 배경에서 페미니즘의 두 번째 물결이 등장했습니다. 1960년대 후반부터 1970년대의 새로운 세대들에 의해 추동된 페미니즘의 제2 물결은 우선 여성 참정권 획득만으로 충분하지 않다는 인식에 바탕을 두었습니다. 영국의 유명한 작가 버지니아 울프(Virginia Woolf)가 1929년에 발표한『자기만의 방』이라는 에세이가 있습니다. 그녀가 이 책을 쓴 시기는 영국에서 여성들의 오랜 참정권 운동 끝에 30세 이상의 여성에게 참정권이 부여된 시기였습니다. 그녀는 이 책에서 자기가 겪었던 일화를 소개합니다. "내가 유산을 받게 됐다는 소식은 여성에게 투표권을 부여하는 법안이 통과되던 날 밤에 내 귀에 들려왔다. …… 고백하건대 투표권과 돈 중에서 돈이 무한히도 더 중요하게 여겨졌다." 버지니아 울프가 여기에서 투표권과 대비시킨 돈은 여성의 경제적 독립을 의미하고, 나아가 여성이 남성에게 얽매이지 않고 자유롭게 살아갈 수 있는 조건을 의미합니다. 원하지 않는 일을 하지 않을 자유, 남성으로부터 보호받는 성이 아닌 자신인 채로 당당하고 자유로울 수 있는 조건입니다. 그러나 투표권 획득은 여성에게 교육의 기회는 물론 직업선택의 자유도 허용되지 않는 남성 중심적인 사회구조 속에서 큰 의미가 없었습니다.

프랑스의 작가이자 철학자였던 시몬 드 보부아르(Simone de Beauvoir)는 1949년에『제2의 성』을 발표했습니다. 보부아르도 이 책에서 참정권에 대해 비슷하게 평가했습니다. 이 책은 프랑스혁명 이후 약 150년간의 참정권 투쟁 이후 여성 참정권이 인정된 1944년 직후에 발표됐습니다. 그녀는 추상적 권리, 법적인 권리들은 여성의 자유를 보장하기에 충분하지 않다고 하면서, "두 성 사이의 진정한 평등은 오늘날에도 존재하지 않는다"라고 단언했습니다. 그녀는 여성을 제2의 성으로 만드는 사회적·문화적 힘들이 사라지지 않는 한 성평등은 요원하다고 주장합니다. 여성 참정권 획득 직후에 쓰인 이 두 책은 참정권 이후 여성운동의 방향을 예고하는 듯합니다. 참정권 획득 이후 여성들은 참정권이 없을 때보다도 더 날카롭게 여성의 지속적인 사회적·심리적 종속 상태를 비판적으로 보게 됐습니다.

페미니즘의 제2 물결은 이전의 페미니스트들과 달리 사적 영역에 주목했습니다. 이것이 두 번째 특징입니다. 일반적으로 공적 영역이라고 하면 정치적 영역을 의미하고, 사적 영역은 경제적 영역을 의미하기도 하고 가족과 친밀성의 영역을 의미하기도 합니다. 페미니스트들이 주목하는 사적 영역은 가족을 말합니다. 공적 영역이 남성의 영역이었다면 사적 영역은 여성의 영역으로 간주됐습니다. 이러한 사적 영역은 공적 영역에 의해 은폐된 영역이었습니다. 공적 영역에서의 불평등과 배제는 눈에 분명하게 보였지만 사적 영역에서의 불평등과 폭력과 종속은 좀처럼 드러나지 않았습니다.

페미니스트들은 사적 영역으로 간주된 가족을 인간을 남성과 여성으로 길러내고 남성과 여성 간의 위계적인 관계를 구축하는 여성 억압의 핵심적인 제도로 재평가했습니다. 특히 급진주의 페미니스트들에 따르면, 남성은 아버지이자 남편으로서 권력을 독점하고 때로는 여성을 성적으로 착취하면서 남성지배체제를 구축하고 있으며, 이를 뒷받침하는 것이 섹슈얼리티와 재생산 기능이 집중된 가족이었던 것입니다. 가족에 대한 비판은 섹슈얼리티에 대한 비판과 함께 이뤄졌습니다. 당시 성에 대한 일반적 태도는 억압과 자유로 양분됐습니다. "성욕을 억눌러야 하는가 아니면 해방시켜야 하는가?"라고 보는 시각은 남성의 성에 기초를 둔 관념입니다. 여성들은 성에는 단순한 욕구의 차원만이 아니라 권력이 작동하는 정치적 차원도 있다고 지적했습니다. 남녀 사이의 성적인 관계에서 남성은 여성을 성적으로 지배하고 억압한다는 것입니다. 페미니즘의 제2 물결은 이처럼 지금까지 정치와는 무관하다고 여겨졌던 사적 영역에 주목했을 뿐 아니라 사적 영역의 문제를 정치적인 문제로 전환했습니다. 이를 통해 공과 사의 구분 자체를 문제시한 것입니다. "개인적인 것이 정치적이다"라는 구호는 바로 이를 표현합니다.

　페미니즘의 제2 물결은 여성의 정치적·경제적·심리적 종속의 문제의 근원에 '가부장제'라는 독립된 구조가 있다고 봤습니다. 지금까지 남성에 의한 여성의 지배는 정치적인 문제로 여겨지지 않았습니다. 급진적 페미니즘은 바로 이 남성에 의한 여성의 억압이 페미니즘이 맞서 싸워야 할 대상이라고 주장했습니다. 이러한 입장은 앞선 세대의 입장과 구별됩니다. 앞선 세대는 남성과 여성 사이의 대립 그 자체를 둘러싸고 투쟁하기보다, 근대 민주주의 혁명 이후 열린 보편적 시민권 이념을 둘러싸고 투쟁했습니다. 참정권 운동은 그러한 입장을 잘 보여줍니다. 물론 페미니즘의 제1 물결도 남성 중심주의와 싸워야 했습니다. 그러나 이 투쟁의 무기는 자유와 평등, 보편적 시민권의 이념이었다고 할 수 있습니다. 이와 달리 페미니즘의 제2 물결을 주도한 급진주의 페미니스트들에게 시민권은 투쟁을 통해 획득해야 할 욕망의 대상이 아니라, 이미 존재하는 현실이었습니다. 그것도 아주 성에 안 차는 현실이었을 것입니다. 시민권 개념으로는 여성의 종속 상태를 드러낼 수 없었습니다. 오히려 현실을 아무 문제없는 것으로 은폐할 뿐이라고 여겼습니다. 따라서 페미니스트들은 페미니즘 시각에서 정치적 문제를 새로 구성했습니다. 그것이 가부장제, 남성지배라는 대상이었고, 그에 맞서 싸우는 주체는 여성이었습니다.

　이처럼 제2세대 페미니스트들은 공적 영역에서 통용되는 성중립적이고 보편주의적인 기준 및 관념과 거리를 두었습니다. 그 대신에 이들은 '여성'과 '남성'이라는 이름 자체를 정치의 전면에 내세웠습니다. 사회는 남성지배적이고 여성은 이 사회에서 억압받고 있다는 것입니다. 페미니즘의 제1 물결에서 '시민' 또는 '여성시민'이 중심적인 역할을 했다면, 제2 물결에서는 '여성'이라는 새로운 주체가 핵심에 놓였습니다. 그런데 시민이라는 범주와 달리 여성이라는 범주의 정치적 의미는 모호했습니다. 여성은 열등한 성, 인간에 미달하는 존재, 억압받는 상태라는 부정적 의미도 지녔고, 억압과 차별에 맞서 능동적으로 실천하는 해방된 여성이라는 긍정적 의미도 지녔습니다. 여성이 억압받는 상태는 여성의 해방 요구를 정당화했습니다. 그러나 억압에서 해방으로, 피해자에서 실천하는 행위자로 어떻게 이행할 수 있을까요? 이 질문을 해결하지는 못했습니다.

지금까지 설명한 페미니즘의 제2 물결은 미국을 중심으로 하고 있었지만 그 특징은 비슷한 시기 수많은 나라의 페미니즘에서도 나타났습니다. 1990년대 이후 한국의 페미니즘에서도 일부를 공유하고 있습니다.

교육생 3 어릴 때부터 가정에서 아들딸을 구별해 아버지와 많이 싸웠습니다. 나중에는 왜 여성이 남성과 달리 차별받고 살아야 되는지 억울하다는 생각이 들었습니다. 아들인지 딸인지에 따라 가장 기본적인 교육은 물론 밥상까지 달라지는 등 차별을 당했습니다. 일단 저는 이렇게 남성과 여성을 구별하는 사람과는 결혼하지 않겠다고 다짐했고, 그런 다짐대로 결혼했습니다. 그렇지만 저도 알게 모르게 가부장제 사회에 살아서 그런지 그 문화에 젖어 있는 것이 많습니다. 공부를 계속하면서 깨우치게 되는 것은 (나는 다르다고 생각했지만) 나도 큰 차이는 없다는 것이었습니다.

개인적인 차원에서 모두 해결하기는 힘듭니다. 다른 사람의 태도를 적극적으로 비판하고 '나는 다르게 살아야지'라고 결심하더라도 개인의 의지만으로 해결하기는 어렵습니다. 우리는 사회 속에서 상호 작용하면서 다른 개인, 그리고 사회제도와 문화의 영향을 받으며 살아가기 때문입니다. 개인에서 사회로 시야를 넓히는 것이 여성운동뿐 아니라 모든 실천의 출발점이라고 할 수 있습니다.

교육생 4 저희 어머니는 좀 특별해서 자식들이 어렸을 때부터 아들딸 구별 없이 길렀습니다. 그래서 꽤나 평등한 사고를 가졌다고 자부했습니다. 그런데 결혼해 살다보니 저도 의식하지 못한 면들이 불쑥불쑥 나옵니다. 여성을 비하하는 말 같은 것 말입니다. 평등한 분위기에서 자랐다고 생각했지만 그게 아니었나 봅니다.

여성 스스로 여성을 열등한 존재로 본다든지, 여성을 남성에 못 미치거나 남성이 훨씬 더 우월하다고 본다든지 하는 태도를 체화하고 있다고 합니다. 마치 몸에 남아 있는 듯 불쑥 튀어나옵니다. 제게도 그런 순간이 있습니다. 앞서 페미니즘의 제2 물결 속에서 여성 억압의 구조가 강조됐다고 했는데, 이때 여성은 억압받는 여성 아니면 해방된 여성으로 양분되어 있었습니다. 아마도 페미니스트들은 자신을 해방된 여성으로 간주했을 것입니다. 그렇지만 완전히 억눌린 사람도 없고 완전히 해방된 사람도 없는 것 같습니다. 더욱이 억압에서 해방으로의 변화가 '의식적인 각성'을 통해 이뤄지는 것도 아니기 때문입니다. 사회적인 문제라고 했을 때 사회의 어느 한 부분, 예를 들어 가족이나 직장의 어느 한 부분이 변하면 다른 한 부분이 따라서 변하게 되는지도 의문스럽습니다.

교육생 5 가정 내에서 차별이 재생산될 수 있지만, 그렇지 않을 수도 있는 듯합니다. 고등학교 2학년 딸이 있는데, 아이와 함께 있는 시간은 하루에 두 시간도 되지 않습니다. 그 아이에게 영향을 주는 많은 부분은 동료, 선생님, 미디어인 셈입니다. TV에서 여자들이 잘 걸리는 자궁경부암은 의사 '선생님'과 상의하라고 하는데, 남자들이 잘 걸리는 전립선암은 의사와 상의하라고 합니다. 이러한 여러 맥락이 부지불식간에 흡수되므로 21세기에는 가정이 차별을 재생산한다고 보기는 어렵다고 생각합니다.

좋은 지적입니다. 가부장제라는 것이 하나의 특정한 제도로 환원될 수 없고, 가족이 없어진다고 해서 사회 전체가 평등해질 수 있는지는 의문입니다. 가족도 다른 사회제도와 얽혀 있습니다. 가족만이 성평등적인 방향으로 바뀐다는 것도 비현실적이고 그렇게 가족이 바뀐다고 했을 때 이 변화가 사회 전체의 변화를 견인할 힘을 가졌는지도 불분명합니다.

앞에서 여성운동이 상정하는 '여성'이 과연 무엇인지 불분명했다고 했습니다. 여성들이 남성 중심사회에서 억압받고 피해를 입는 존재라면 수동적인 여성들이 어떻게 자신을 해방시키는 실천적 주체로 거듭날 수 있겠습니까? 또한 여성이 이처럼 수동적인 존재라는 이야기는 과연 사실일까요?

1960년대 후반부터 1970년대까지 이어졌던 페미니즘의 제2 물결은 과거의 참정권 운동, 즉 제1세대 여성들처럼 자신을 시민으로 여기고 시민의 의미를 여성을 포함하도록 확장하는 운동이 아니라, 시민이 되기 이전에 여성이라는 열등한 성을 벗고 진정한 인간이 되어야 한다고 주장했습니다. 앞서 프랑스혁명을 설명하면서 인간과 시민이라는 범주가 등장했다고 했는데, 이때 인간은 보편성을 나타냅니다. 이 시기 페미니스트들에게 문제가 됐던 것은 여성도 동일한 인간인데 시민으로 인정하지 않는 정치적 시민권의 문제였습니다. 그만큼 정치적 권리는 중요한 힘을 가진 것으로 이해됐던 것입니다. 이와 달리 페미니즘의 제2 물결은 시민으로서의 지위는 인정되지만 그것이 실질적인 평등을 의미하지는 않는다는 사실에서 촉발됐습니다. 공적 영역과 사적 영역의 분리에 도전하면서, 페미니스트들은 사적 영역의 변화를 주장했습니다. 이 과정에서 정치의 주체로서 시민의 자리를 여성이라는 억압받고 해방되어야 할 주체가 대신하게 됐습니다. 그러나 이 페미니즘 실천의 주체로서 여성이라는 범주는 여성 자신에게서 심각한 도전을 받게 됩니다. 이른바 '차이'라는 쟁점입니다.

페미니즘의 제2 물결 이후: 차이의 문제와 페미니즘의 위기

최근 한국에서 페미니즘 논의의 핵심어는 무엇일까요? 1987년 '민주화' 이후 여성운동이 활발하게 전개됐고 법과 제도 차원에서 몇 가지 진전이 있었습니다. 과거 여성을 차별하고 억눌렀던 가부장적 제도들을 민주주의라는 틀에서 변형하려는 조직적인 흐름들이 만들어졌습니다. 그러나 2000년대 들어서면서 여성운동 내부에서도 몇 가지 자기반성의 의제들이 등장했는데, 그중 가장 핵심적인 쟁점은 아마도 '차이'일 것입니다.

여성 사이의 차이에 대한 인식은, 여성들의 삶의 조건을 규정하는 사회적 힘에는 성별만이 아니라 계급, 인종, 종족, 섹슈얼리티 등 다양한 기제들이 포함되어 있다는 인식이기도 합니다. 여성들의 사회적 위치를 젠더만으로 설명할 수 없다는 것입니다. 이러한 인식은 여성들이 동일한 사회적 위치에 있지 않다는 사실을 여성운동이 어떻게 끌어안아야 할 것인지의 문제로 나아갑니다. 중산층 여성과 빈민 여성, 한국 여성과 미등록이주자 여성, 이성애 여성과 동성애 여성, 장애인 여성과 비장애인 여성 등의 경험을 하나의 틀로 설명할 수 있을까요? 부족하나마 여성운동에 다양한 사회운동의 쟁점을 포함시켜야 하고, 여러 사회운동과의 연대가 필요하다고 답변할 수 있습니다.

그러나 여성들 사이의 차이는 궁극적으로 개인과 개인의 차이라는 다원주의 논의로 나아가기도 합니다. 예를 들어 노동계급이며 남아프리카계 흑인인 이성애자 여성이라면 서로 유사하며 의견이 같다고 할 수 있을까요? 한국인이며 중산층인 레즈비언 여성들을 동질적 집단이라 할 수 있을까요? 이에 대해 대답하기 어려운 만큼 여성운동, 여성주의는 위기라고 생각할 수 있습니다. 지금까지 반성폭력 운동을 포함한 한국의 여성운동은 한국 사회에서 여성들이 매우 비슷한 처지에 놓여 있음을 전제로 했기 때문입니다. 아까도 말했듯이 학력, 직업, 지역, 소득 등이 모두 다르더라도 한국 사회에서는 여성이기 때문에 비슷하거나 같은 경험을 하게 된다는 것이 운동의 중요한 자원이라고 생각해왔습니다. 그러한 공통의 경험 중 대표적인 것이 성폭력이라 할 수 있습니다. 앞서 설명한 페미니즘의 제2 물결을 낳은 힘도 여성들이 공유하는 억압의 경험을 정치화한 데 있었습니다. 여성들은 자신의 경험을 개인의 문제로 고립시키기보다 여성들이 공통으로 겪는 보편적인 문제로 여기면서 자신의 경험을 정치화해 갔습니다. 그러나 여성들 사이의 차이가 정치적 이슈가 되면서, 공통성에 기초를 둔 여성운동은 그 자체로 문제가 있다고 여겨지고 있습니다.

예를 들어 우리가 상담할 때는 성폭력 상황에 처한 여성들이 지닌 감정과 가해자가 드러내는 태도는 이러저러하리라고 가정합니다. 그런데 실제 상담을 해보니 내담자는 여러분이 전제했던 바와는 다른 말을 합니다. 여러분의 생각과 다른 이야기에 당황하거나 실망하고 놀라게 됩니다. 그렇기 때문에 우리는 이 모든 차이들에 민감해져야 한다는 지적을 받게 됩니다. 계급, 학력, 지역 차이 등이 성폭력의 경험에 분명히 포함되어 있습니다. 따라서 구체적인 상담 과정에서 여러분은 내담자의 성별뿐 아니라 이러한 차이들을 고려해야 합니다. 그런데 "민감해지자, 고려하자"라는 말이 담고 있는 정치적 의미는 무엇입니까? 내담자 의견에 전적으로 동의하면서 모두 수용해야 하는지, 내담자의 의견에 대해 내가 판단할 여지는 없는지, 그 차이를 어떻게 조율해야 하는지와 같은 문제들이 생겨납니다. 상대주의로 가지 않으면서 '다름'이라는 조건 속에서 의사소통을 하고 함께 나아갈 방향을 설정하는 것은 매우 어려운 문제입니다.

서로 다른 상황과 다른 지식, 다른 경험을 가진 여성들이 함께 세상을 바꾸는 공동의 행위로 나아가는 일은 이제 가능하지 않다는 생각이 들 수도 있습니다. 더욱이 이러한 차이들을 '특수'로 규정할 수 있게 한 '보편성'도 회의의 대상입니다. 페미니즘은 근대 사회의 정당성을 떠받든 이념인 보편주의에 가장 맹렬한 비판을 퍼부어왔습니다. 그래서 오늘날 함께 여성주의적 실천을 할 수 있는 행위의 범위를 좁히는 방식을 채택하기도 합니다. 전문성이나 지역성 등을 축으로 말입니다. 아니면 공동의 행위라는 목표 자체를 폐기하기도 합니다. 반대로 차이를 강조하는 입장 자체가 정치적으로 문제가 있다며 여성들이 차이가 있더라도 공유하는 실체적 기반을 찾고자 노력하는데, 이러한 시도는 그다지 성공적이지 못합니다.

페미니즘의 제2 물결과 더불어 '여성'이라는 범주는 단지 남성이라는 성과 구별되는 성별 범주가 아니라 정치적 의미를 가진 실천적인 의미를 부여받게 됐습니다. 그리고 여성이 정치적 의미를 가진 집단적 주체가 될 수 있는 조건은 '공통의 억압 경험'에서 나왔습니다. 이렇게 보면 여성의 억압 경험이 공통적이지 않다는 사실은 의미심장한 도전을 품고 있습니다.

그러나 문제는 '공통적이냐 아니냐'가 아니라 '억압 경험'이 정치적 행위의 조건이 된다는 인식에 있습니다. 여성은 억압당하기 때문에 억압에 저항한다는 논리입니다. 하지만 페미니즘, 여성운동은 단순히 억압당하는 경험에서 자동적으로 출현한 것이 아닙니다. 페미니즘은 모든 인간이 시민으로서의 권리를 갖는다는 근대 시민권 이념의 산물입니다. 여성이 이 이념을 자기 것으로 만들었을 때, 즉 스스로를 다른 모든 인간과 동등한 공동체의 구성원으로 상상할 수 있었을 때 페미니즘이 출현했습니다. 이러한 상상이 여성에 대한 지배와 배제를 낳는 제도와 문화를 비판하고 그에 저항할 수 있는 힘이 됐던 것입니다. 여성을 공동의 행위로 나아가게 했던 원천은 '공통의 경험'이기 이전에 '공통의 열망'이었던 것입니다.

현대사회의 제도들은 점점 더 사람과 사람 사이를 여러 가지 방식으로 분할하고 있습니다. 젠더, 계급, 인종, 출신지역, 학력 등등. 이러한 사회적 분할선을 따라 불평등이 심화될수록 여성들 사이의 차이는 사소하게 취급할 수 없는 중요한 정치적 의미를 띠게 됩니다. 그러나 이처럼 여러 가지 형태의 불평등이 부각된다는 것은 곧 그만큼 평등에 대한 열망이 확산되고 심화되고 있는 것이기도 합니다. 그러므로 페미니즘의 위기는 여성이 이제 동일한 경험을 공유하는 집단이 아니라는 사실이 아니라, 여성에 대한 상이한 형태의 지배와 차별을 명료하게 인식하고 그것을 비판하며 나아가 이에 맞서 싸울 수 있게 하는 '공통의 열망'을 구체화하지 못하는 데 있는 것입니다.

성평등을 위해 제거해야 할 것은 많습니다. 하지만 페미니스트 시민권 정치는 단순히 과거의 장벽을 없애는 정치에 머물 수는 없습니다. 시민권은 보편적 시민권이 실현되는 공동체 자체의 성격과 관련된 문제이기 때문입니다. 따라서 새로운 공동체를 구성하려는 상상력이 필요하고 그러한 상상력을 펼칠 수 있는 정치적 무대도 필요합니다.

페미니즘의 제2 물결과 급진주의 페미니즘은 공적 영역은 정치적으로 중요하고 사적 영역은 그렇지 않다는 관념에 도전했습니다. 이 도전으로 그동안 감춰져 있던 여성의 경험이 공적인 관심을 받게 됐습니다. 그러나 모든 것이 정치적인 것이 되면서 정치가 지닌 함의, 즉 공동체를 꾸리는 방식, 이 관계를 조율하는 원칙, 현실을 바꿔나갈 힘의 원천에 대한 문제 등이 축소됐습니다.

서양에서 전개된 페미니즘의 제1 물결과 제2 물결이 한국 여성운동의 경험과 일치하지는 않지만 유사한 성격을 보이고 있는 것 같습니다. 페미니즘이 성숙하면서 여성들은 문제가 외부에만 있는 것이 아님을 깨닫고 여성들 내부를 성찰합니다. 여성이라고 해서 모두 같을 수 없다는, 차이에 대한 관심도 제기됩니다. 그러나 여성이 자신의 경험을 해석하고 그러한 경험을 넘어선 더 나은 미래를 상상하게 하는 이상(理想)은 매우 불투명한 듯합니다. 1990년대 한국 여성운동에서 핵심적인 이슈였던 반성폭력 운동도 예외는 아닙니다.

5. 한국 반성폭력 운동과 시민권

미래에 대한 열망의 상실은 여성운동만의 문제는 아닙니다. 구체적인 실천 이슈는 많지만 이를 묶어줄 공통의 지향점이 잘 보이지 않는 상황은 대부분의 사회운동이 직면하고 있는 문제입니다. 이러한 맥락에서 페미니스트들을 포함한 진보적 지식인들은 근대 정치의 문을 열었던 '보편적 시민권'의 이념에 새로이 주목하고 있습니다.

시민권에는 두 가지 차원이 있습니다. 하나는 국가가 법을 통해 제도적으로 만든 시민권입니다. 이 시민권에는 포함되는 사람도 있고 배제되는 사람도 있습니다. 다른 하나는 상징적 시민권입니다. 실제의 내용이 아니라 시민권이라는 하나의 보편적 이상이 상징으로서의 힘을 지닌다는 것입니다.

현실로서의 시민권과 상징으로서의 시민권은 대개의 경우 동떨어져 있습니다. 이상과 현실이 언제나 일치하는 것은 아니라는 말이 여기에도 적용됩니다. 하지만 현실이 이상을 없애지는 못합니다. 이상으로서의 시민권은 현실을 평가하고 미래를 상상하는 척도로 사용되기도 합니다. 그러므로 현실로서의 시민권도 주어진 그대로 고정될 수 없습니다. 현실이 이상을 전혀 포함하지 못하면 견딜 수 없기 때문입니다. 지금까지 역사적으로 시민 범주에서 배제되어 있던 사람들이 현실을 움직이는 역할을 맡았습니다. 시민권을 확장시키는 것입니다. 시민권의 이상이 지닌 힘입니다. 그러나 이상은 현실이 아닙니다. 즉, 이상이 현실에 작용하는 계기가 없다면, 이상도 무의미합니다. 시민권의 이상과 현실 사이의 불일치에서 시민권 정치가 만들어집니다. 페미니스트 시민권의 정치, 반성폭력 운동도 마찬가지입니다. 역사적 현실에 개입하기 위해서는 페미니즘의 이상이 표현되어야 합니다.

서울대 조교 성희롱 사건을 기억하실 겁니다. 대법원에서 원고 유죄를 선고하고 배상하라는 판결을 내렸습니다. 이에 대해 일부 남성들과 언론은 말한마디 잘못했다가 몇 천만 원을 물어야 한다며 비아냥거렸습니다. 어떤 사람은 표현의 자유를 떠올렸을 수도 있습니다. 물론 여성의 권리를 옹호한다는 미명하에 중요한 인간의 기본 권리를 훼손하는 것은 옳지 않을 수 있습니다. 그러나 여성의 권리와 충돌하는 표현의 자유를 과연 인간의 기본 권리라고 할 수 있을까요? 성희롱으로 인한 개인적 고통은 물론이거니와 성희롱이 여성의 노동권과 나아가 공동체의 구성원으로서의 지위를 위협할 때, 그러한 성희롱이 옳지 않다는 공적인 판단은 표현의 자유를 옹호하는 것보다 더 크게 공동체에 기여합니다. 더욱 보편적인 것입니다. 이렇게 의미를 구성할 수 있을 때, 권리와 권리는 충돌되는 것이 아니라 보편성으로 수렴하게 됩니다.

그러므로 여성운동은 여성운동이 '없애고자 하는 것'을 강조하는 데 그치지 말고, 왜 없애려고 하며 그것이 없어진 자리에 무엇이 오게 될지, 새롭게 만들려는 것은 무엇인지를 좀 더 강조할 필요가 있습니다. 성폭력의 경우도 마찬가지입니다. 가해자에 대한 처벌은 우리 사회의 옳고 그름을 가르는 기준이 성폭력에 반대한다는 사실을 확인하는 작업입니다. 이것도 의미와 가치의 문제입니다. 가해자 처벌에 따른 직접적인 보상은 사실 크지 않습니다. 오히려 운동의 발목을 잡을 수도 있습니다.

성폭력은 1990년대 이후 한국 여성운동에서 매우 중요한 이슈였습니다. 운동 역량이 성폭력 문제에 집중됐고 그 과정에서 새로운 운동 주체들도 성장했습니다. 그렇다면 왜 이 시기에 성폭력 문제가 제기됐을까요? 성폭력이 이 시기에 많아졌기 때문인가요? 그렇다면 역사적으로 언제부터 성폭력이 있었을까요? 여러분이 말할 수 있는 가장 먼 과거로 소급될 것입니다. 여성의 육체에 대한, 여성의 성에 대한 남성의 강제적·폭력적인 침투는 조선시대에도 있었고 심지어 성경에도 나와 있습니다. 그렇다면 폭력이 있는 곳에 폭력에 반대하는 집단적 운동이 항상 있었을까요? 성폭력이 있다고 해서 반드시 성폭력에 대한 저항이 존재한 것은 아닙니다. 성폭력이 '문제화'되어야만 그에 대한 저항이 시작될 수 있습니다. 물론 성폭력에 대한 저항이 없다고 해서 성폭력을 당하는 피해자에게 그 폭력이 아무렇지 않은 당연한 것으로 여겨졌다는 말은 아닙니다. 분명히 어떤 고통을 남겼을 것입니다. 하지만 그 고통에 이름을 붙일 수 없었고, 따라서 타인에게 이 고통을 말로 전달하기도 어려웠습니다. 1995년 「성폭력특별법」 제정 및 형법 개정 이전까지 성폭력은 정조의 침해라는 말로 표현됐습니다. 정조라는 관념은 근본적으로 여성의 성을 남성, 즉 아버지나 남편의 재산으로 보는 관념입니다. 이때 강간의 궁극적 피해자는 여성이 아닌, 여성을 소유한 남성입니다. 이런 상황에서 성폭력을 중요한 정치적 문제로 제기할 수 있었을까요? 반성폭력 운동은 성폭력이 만연한 현실, 성폭력을 오히려 여성의 책임으로 돌리는 후 안무치한 법과 남성 중심적 문화, 성폭력이 개별 여성에게 남긴 상처 등에 대한 '분노'를 광범위하게 동원함으로써 1990년대 여성운동의 가장 중요한 의제로 부상했습니다. 저는 이 분노가 여성들이 원하고 추구하던 이상과 원칙에 반하는 현실에 대한 분노였다고 생각합니다. 우리는 우리의 분노에 '성폭력', '가부장제', '남성 중심주의' 같은 이름을 붙였습니다. 그렇다면 분노를 촉발한 우리의 이상, 우리가 원하는 것에 대해서는 어떤 이름을 붙였습니까? 성폭력의 경우 언제부턴가 우리가 원하는 것은 '성적 자기결정권'이라고 말하기 시작했습니다. 나는 내 성의 주인으로서 내 성을 결정할 권리, 침해받지 않을 권리가 있다고 말하기 시작했습니다. '나'를 중심으로 표현된 성적 자기결정권을 옹호하기 위해 '나'에게 간섭하지 말라는 개인주의를 주장하지는 않았습니다. '나'를 보호하기 위해 '우리'가 되어야 했기 때문입니다. 이 여러 명의 '나'가 서로 같아서 '우리'였던 것은 아니었다고 생각합니다. 어떤 것을 원하는 상태에서 그 열망을 중심으로 우리는 '고립된 개인', '서로 다른 개인'이 아니라 '우리'였습니다.

고대 그리스 사회의 민주주의가 성인 남성만의 것이었는데, 여성은 자신이 시민으로 인정받지 못한다는 사실로 상처를 받았을까요? 조선시대 여성은 어땠을까요? 근대적인 시선에서 재단할 수는 없겠지만, 남성 중심적인 사회였는데도 여성이 도전하지는 않았습니다. 우리가 인격을 침해당했다고 할 때 상처가 만들어지는 메커니즘이 있습니다. 우선 침해를 인지해야 합니다. 누군가가 나에게 모욕적인 말을 했는데 딴생각을 하느라 못 들었다면 상처가 없을 것입니다. 즉, 외부에서의 말이나 행동을 인지해야 내게 영향을 미칩니다. 즉, 내가 인지한 말과 행동이 있어야 합니다. 그러나 그렇다고 해서 상처가 생기는 것은 아닙니다. 어떤 말이나 행동이 내 기대를 무너뜨릴 때 상처를 받게 됩니다. 우리가 갖고 있는 자기 모습은 있는 그대로가 아니라 다분히 상상의 산물입니다. 그리고 이 상상적인 모습은 자기 마음대로 그려볼 수 있는 것도 아니고 자유자재로 변화하지도 않습니다. 우리는 다른 사람이 나에 대해 가진 이미지를 자신이라고 받아들입니다. 그러므로 자아는 타인과의 관계 속에서 형성되며, 타인에게 의존적인 만큼 내 뜻대로 되는 것이 아닙니다. 그런데 타인이 말과 행동으로 그러한 자아상을 훼손할 때, 우리는 상처를 받습니다. 마치 나를 '인간'으로 비춰주던 거울이 깨져 이제 예전의 나는 없고 조각난 얼굴로 바뀌는 것처럼 말입니다.

근대 사회에서 모든 사람은 인간으로서 권리를 가지고 있다고 생각합니다. 마치 개개인의 앞에 인권이라는 거울이 나타난 것과 같습니다. 인권이라는 거울을 통해 우리는 자신의 얼굴을 봅니다. 우리는 직접 자기 얼굴을 볼 수 없습니다. 거울을 믿고 거울에 비친 상을 자신이라고 믿는 것입니다. 이렇게 중요한 그 거울을 내 손으로 꼭 잡고 있을 수만 있다면 얼마나 좋을까요? 하지만 이 거울은 나를 향해 있지만 그것을 붙들고 있는 것은 내가 아닌 타인들, 그리고 개인을 넘어선 사회입니다. 불안합니다. 그래서 근대 사회에서는 불안을 최소화하기 위한 장치로 시민권의 테두리 안에 이 거울을 붙잡아 두고 있습니다. 시민 지위가 없는 사람들에게 이 거울은 시민권의 테두리에서 벗어나 있으므로 언제 깨질지 모르는 불안한 상태에 있거나 이미 깨진 상태일지도 모릅니다.

성폭력의 피해는 마치 자기 얼굴을 비춰주던 인권이라는 거울이 깨진 상태라고 할 수 있습니다. 여성의 완전한 시민적 지위가 보장되지 않는 상태에서 여성들은 누구나 자기 얼굴을 비춰주는 인권이라는 거울이 깨어질 위험 속에 있습니다. 그 위험은 성폭력이 될 수도 있고 다른 형태의 사회적 차별이 될 수도 있습니다. 고통 속에 있는 피해자에게 우리는 실제 네 얼굴이 상처 난 것이 아니라 단지 거울이 깨졌을 뿐이라고 이야기합니다. 힘을 내고 용기를 내라고 말하면서, 거울이 깨졌다는 사실은 무시해버리자고 말합니다. 하지만 상처를 치유하고 다시 용기를 얻기 위해 필요한 것은 거울 따위는 무시해도 좋다는 말이 아닙니다. 성폭력이 남긴 상처는 인권이라는 상상적 거울의 상실이 낳은 결과입니다. 상처는 다시 그녀의 얼굴을 비춰줄 거울을 새로 만들지 않는 한 치유되기 어렵습니다. 그리고 그 거울이 다시는 쉽게 깨지지 않도록 민주적 시민권이라는 안정적인 지지대 위에 올려놓아야 합니다.

성폭력에 맞선다는 것은 여성의 시민권이라는 새로운 거울을 만드는 일입니다. 이 시민권은 여성을 예외 범주로 만들지 않는 보편성을 가져야 하는 동시에 여성 개개인의 삶에서 향유되고 실천될 수 있을 만큼 구체적인 현실성을 가져야 할 것입니다. 지금까지 페미니즘 운동은 다양한 권리를 주장해왔습니다. 참정권, 노동권, 재생산권, 건강권, 교육권, 그리고 성적 자기결정권 등등. 이 다양한 권리는 이미 존재하는 것이 아니라 앞으로 만들어야 할 이상이자 열망이었습니다. 우리는 권리라는 이름으로 표현된 이 열망을 통해서 현실을 비판하고 분노할 수 있었습니다. 여성 참정권 운동과 참정권의 획득이 잘 보여주듯이, 이 열망은 제도에 기입되고 법에 명시되는 것으로 완전히 충족되지 않습니다. 이 권리가 시민들 사이의 관계에서 실천되고 향유될 수 있어야 합니다. 바로 그 점에서 여성의 시민권이라는 전망은 이 권리가 실천되고 향유될 수 있도록 공동체가 변화해야 한다는 요구를 품고 있습니다.

자유롭고 평등한 공동체에 대한 여성들 자신의 열망. 이 열망이 있었기에 반성폭력 운동을 비롯한 페미니즘 운동이 출현할 수 있었고, 이 열망이 있었기에 여성에 대한 폭력과 차별, 억압에 분노하고 맞서 싸울 수 있었습니다. 서두에 성폭력이 있다고 해서 항상 저항할 수 있는 것은 아니라고 했습니다. 성폭력을 성폭력이라고 말하기 위해 필요한 이 열망, 그것이 성폭력에 맞설 수 있는 힘이자 정당성입니다.

여성주의 인식론과 반성폭력 운동

정체성의 정치를 넘어

권김현영 __ 국민대학교 강사

1. 시작하며

1990년대 이전만 해도 성폭력은 개인적인 불행으로 여겨졌지만, 1990년대 이후 반성폭력 운동이 조직적으로 전개되면서 성폭력 문제는 개인적인 차원의 문제가 아니라 구조적인 차원의 문제로 알려지게 됐습니다. 일상적으로 성적 폭력을 경험하고 있었던 여성들, 특히 성폭력 피해 경험이 있거나 피해 경험에 대한 공포심을 가진 여성 피해자들은 집단적인 목소리를 통해 이 문제가 사회에서 해결되어야 한다고 주장했습니다. 반성폭력 운동에서는 지금까지 법원이 성폭력의 판단 기준을 남성 중심적으로 해석해온 것에 반대하고, 남성 중심적 성문화가 사회의 일반적인 상식이라고 판단해 피해자의 목소리를 존중하지 않는 판결에 대항했습니다. 그리고 성폭력의 판단 기준에서 가장 중요한 것은 피해자의 판단이라고 주장해왔습니다.

하지만 아직도 어디까지가 성폭력인지, 그리고 누가 성폭력이라고 판단할 수 있는지에 대한 논쟁은 계속 이어지고 있습니다. 이 강의에서는 피해 당사자의 의견을 경청하는 것을 통해 더 합리적이고 객관적인 판단을 할 수 있다고 생각하는 여성주의 인식론의 전제들을 검토하고, 한발 나아가 성폭력이라는 개념이 만들어지는 과정에서 여성이라는 정체성이 어떻게 구성되는지, 그리고 이렇게 구성된 여성 정체성을 통해 여성운동이 도전하고자 하는 성별 이분법과 생물학적 본질주의를 과연 어떻게 뛰어넘을 수 있는지 등에 대해 하나하나 살펴보고자 합니다.

다소 추상적인 개념에 쉽게 접근하기 위해 1957년에 시드니 루멧(Sidney Lumet) 감독이 만든 〈열두 명의 성난 사람들(12 Angry Men)〉이라는 영화를 가지고 이야기해보겠습니다. 이 영화를 통해 반증가능성과 반증 방법 등으로 구성되어온 기존의 합리성과 객관성 개념이 어떤 허점을 안고 있는지를 보려고 합니다.

2. 합리성이란 무엇인가

합리성의 네 가지 원칙

〈열두 명의 성난 사람들〉은 비록 흑백 영화지만 전혀 지루하지 않습니다. 성차(sexual difference)나 성별(gender), 시민권, 혹은 인식론과 같은 개념은 너무 추상적이고 형이상학적으로 들리겠지만, 이 영화를 보고 나면 이런 개념들이 아주 구체적인 현실을 해석할 때 얼마나 중요한지를 알 수 있게 될 겁니다.

〈열두 명의 성난 사람들〉 감독: 시드니 루멧 / 주연: 헨리 폰다

이 영화는 〈허공에의 질주〉, 〈개 같
은 날의 오후〉로 유명한 시드니 루멧
감독의 데뷔작입니다. 사회문제에 관
심이 깊었던 감독은 데뷔작에서 미국
배심원 제도의 장단점을 오직 대사를
통해서만 전달하는 놀라운 연출력을
선보입니다. 이 영화는 열두 명의 배심
원들이 아버지를 죽인 혐의로 잡혀온
한 라틴계 소년을 평결하는 과정을 다

룹니다. 열한 명의 배심원들이 유죄라고 하고, 단 한 명만이 유죄가 아니라
고 하는 상황에서 자명하다고 생각되던 진실이 하나씩 속내를 드러냅니다.
이 영화는 '합리적 의심(reasonable doubt)'을 통해 객관적이고 합리적이며
검증가능한 것을 진리라고 보는 논리실증주의적인 태도를 견지하는 것처
럼 보이지만, 결정적 반증은 모두 경험주의적으로 해결되는 아이러니를 잘
보여줍니다.

이 영화에 등장하는 인물은 열두 명의 배심원들입니다. 이들은 아버지를
살해했다는 혐의를 받고 있는 한 슬럼가 소년의 범죄 여부에 대한 판결을
하려고 모여 있습니다. 여기서 잠깐 배심원 제도에 대해 설명하자면, 독일
과 프랑스 등에서 채택하고 있는 대륙법계 제도에서는 법전을 중심으로 하
는 성문법을 채택하기 때문에 배심원 제도가 없습니다. 한국도 이러한 대륙

법계를 따르고 있습니다. 영미법계는 판례를 중심으로 하는 불문법이기 때문에 배심원 제도가 있습니다. 미국에서 배심원 제도는 미국 시민으로서 유권자 등록을 마친 사람에게 주어지는 권리 중 하나이며 열두 명의 사람들이 일종의 합의부 판사와 같은 역할을 하게 됩니다. 따라서 배심원 제도가 있는 나라에서 배심원이란 시민의 권리이자 의무로 인식되고 있습니다.

이 영화가 개봉 당시부터 지금까지 명작으로 인정받는 것은 토론 과정을 통해 민주주의가 얼마나 정의로운 제도인지를 매우 설득력 있게 그려내기 때문입니다. 정치체제로서의 민주주의는 정의를 판단할 수 있는, 교육받은 합리적 개인들 간의 합의(consensus)에 기반을 두고 있습니다. 이 영화에 나오는 배심원들은 그 사회의 평균적 시민을 대표합니다. 이들은 특권층도, 지식인도 아니며, 어느 정도의 교양을 지닌 '일반' 시민들입니다. 열두 명의 배심원들은 검사, 변호사가 제시하는 증거를 살피고 언쟁을 들으며 유무죄를 판단하며 반드시 만장일치에 의한 최종 합의를 이끌어내야 합니다.

영화는 열두 명의 배심원들 중 열한 명이 소년이 유죄라고 생각하는 것을 보여주며 시작됩니다. 오직 단 한 명, 헨리 폰다만이 반대 의견을 냅니다. 헨리 폰다는 자신이 손을 들면 만장일치가 되는데 그러면 소년의 운명이 단 5분 만에 결정되어 버린다며 조금만 시간을 두고 신중하게 다시 얘기해보자고 사람들을 설득합니다. 야구 경기를 예약해둔 사람과 더운 날씨에 땀을 연신 흘리고 있는 이들은 그의 반대 의견에 투덜대지만, 헨리 폰다는 끝내 포기하지 않습니다. 이제 열한 명의 다른 배심원들은 헨리 폰다에게 소년이 왜 유죄라고 생각했는지를 설득해야 합니다. 이들이 소년을 유죄라고 생각한 것은 다음과 같은 상황들 때문이었습니다.

첫째, 소년의 알리바이가 확실하지 않습니다. 용의자인 소년은 초기 진술에서 알리바이가 될 수 있는 영화제목을 기억하지 못합니다. 둘째, 현장에 떨어져 있던 범행도구인 칼이 소년의 것이었습니다. 이 칼에는 손잡이에 독특한 문양이 새겨져 있습니다. 셋째, 현장을 목격한 자들의 증언이 있습니다. 아래층 노인은 '죽여버릴거야'라는 소리를 듣고 바깥에 나가보니 소년이 계단에서 내려오고 있었다고 진술합니다. 이웃집 여성은 창문 너머로 소년이 아버지를 칼로 찌르는 것을 봤다고 합니다. 알리바이도 신빙성이 없고, 증거와 증인까지 있는 상황은 누가 봐도 소년이 아버지를 죽였다고 생각하기에 충분해 보입니다. 하지만 영화가 진행되면서 우리는 유죄라고 판단했던 증거들을 다시 의심할 만한 근거를 발견하게 됩니다. 영화에서는 이를 합리적 의심(reasonable doubt)이라고 부릅니다.

우선 첫째, 소년의 진술에 대한 문제입니다. 헨리 폰다는 다른 배심원에게 전날 먹은 저녁식사가 무엇이었냐고 묻습니다. 그리고 전날 먹은 점심식사, 아침식사 등을 차례로 묻습니다. 그는 잘 기억하지 못합니다. 헨리 폰다는 아버지를 잃은 소년이, 자신이 용의자로 의심받고 있는 상황에서 영화 제목과 거기 나오는 배우들을 제대로 기억하지 못하고 더듬거린 것은 충분히 있을 법한 일이 아니겠냐고 되묻습니다. 긴장하고 당황하고 불안했던 소년이 오히려 영화 제목을 정확하게 기억했다면 더 이상한 일이었을 겁니다.

둘째, 증거로 제시된 칼입니다. 범행 현장에서 나온 칼은 아무 데서나 볼 수 없는 희귀한 모양의 칼로 알려졌기에 소년이 그 칼을 소지하고 있었다는 사실은 그가 범인이라는 강력한 증거가 됩니다. 이때 반전이 일어납니다. 헨리 폰다가 그 칼과 똑같은 칼을 꺼냅니다. 사람들은 술렁거립니다. 그는 예상과는 달리 슬럼가 주변에서 이 칼을 쉽게 구할 수 있었다고 합니다.

셋째, 두 명의 목격자의 증언입니다. 우선 '죽여버릴거야'라는 말이 문제가 됐습니다. 하지만 말은 때로는 그저 감정의 표현이기도 하고, 때로는 의지의 표명이기도 합니다. 많은 경우 '죽여버린다'고 말했다고 해서 정말 죽이지는 않습니다. 언어학자인 오스틴(J. Austin)은 발화행위를 수행적 발화와 사실확인적 발화로 분류했는데, 이때 소년의 발화행위인 '죽여버릴거야'는 사실확인적 발화가 아니라 수행적 발화에 속합니다. 또한 의지의 표명이기는 하나 그 의지는 실제로 살인하겠다는 의미가 아니라 화가 많이 났다는 의미일 수도 있습니다. 이 중에서 당시 소년의 의도는 무엇이었을까요? 아마도 '죽여버릴거야'라는 말은 자신을 늘 학대해왔던 아버지에 대한 분노의 표현이지 않았을까요?

예를 들어 1970년대에 미국으로 이민을 간 한국 사람들은 세탁소와 슈퍼마켓을 운영하면서 아이를 맡길 곳이 없어 고생을 많이 했습니다. 지금 물가로 미국에서 아이를 오전 9시에서 오후 5시까지 맡기는 데 보통 한 달에 700~1,200달러가 든다고 하니 맡길 수가 없었을 겁니다. 그래서 미국으로 간 한인 이주자들은 아이를 집에 두고 나가는 일이 잦았고, 이때 아이들이 사고로 죽는 경우가 종종 있었습니다. 아이가 죽자 경찰이 와서 사인을 묻습니다. 한국인 엄마들은 가슴을 치며 "내가 죽였어요"라고 합니다. 한국적 정서에서 얼마든지 있을 수 있는 일입니다. 하지만 이 말을 곧바로 자백으로 간주해 존속살해범으로 감옥에 가두는 일이 있었습니다. 발화행위에 대한 문화적 차이를 이해하지 못한 것입니다. 한국은 육아에 대한 부담이 전적으로 엄마에게 있고, 아이가 잘못됐을 경우 엄마가 죄책감을 갖는 매우 가부장적인 문화가 지배합니다. 한국에서 아이가 죽었을 때 엄마가 고통에 찬 울음 끝에 "내가 죽였어요"라고 한 말을 자백으로 받아들여 경찰이 연행해갔다면 엄청난 공분이 일어났을 겁니다. 하지만 미국의 문화에서 "내가 죽였어요"라는 말은 자백으로 받아들여집니다. 자신의 감정이 아니라 행위를 표현하는 말로 이해됐던 겁니다.

물론 영화에서 이런 해석이 나오지는 않습니다. 다만 '죽여버리겠다'는 말이 정말 죽이겠다는 것이 아니라 아버지에게 오랫동안 소년이 구타당했고 그럴 때 화가 나면 험한 말도 한다는 것을, 어느 배심원 한 명이 화가 나서 '죽어버리겠다'는 말을 다른 배심원에게 내뱉었을 때에야 '아차' 하면서 자신의 말과 실제 일어난 행위 간에 차이가 있을 가능성을 받아들이는 장면이 나옵니다.

처음에는 사실이라고 믿어 의심하지 않았던 증거들이 이렇게 하나씩 반증되어가는 과정을 보면, 기존에 사실이라고 생각하던 것에 의심을 품기 위해서 필요한 것은 '용기'와 '성실'이라는 것을 알 수 있습니다. 모두가 아니라고 말할 때 다른 의견을 내는 것은 어려운 일입니다. 또한 그러한 용기를 발휘하기 위해서는 사람들을 설득할 수 있는 성실함이 필요합니다. 그렇다면 기존의 사실에 대한 합리적 의심을 통해 사실을 재구성할 수 있는 단계에서 필요한 것은 무엇일까요?

영화에서 헨리 폰다는 여기까지 얘기하고, 만약 단 한 사람도 마음을 돌리지 않는다면 자신이 생각을 돌리겠다고 하면서 다시 유죄인지 무죄인지 여부에 대한 투표를 진행하자고 합니다. 이때 한 사람이 마음을 돌립니다. 그렇다면 진술과 증거의 유죄판단력이 상실된 이후에도 나머지 사람들은 어째서 여전히 소년의 죄를 확신하고 있었을까요? 나머지 열 명은 처음엔 목격자의 증언 때문이었다고 답하지만, 이때부터는 슬슬 사람들이 가지고 있었던 선입견과 편견이 나오기 시작합니다. "슬럼가에 사는 소년들이 얼마나 위험한 존재인 줄 아느냐? 그들은 부모 자식도 몰라본다" 같은 말들이 나오자 이때 배심원 중 한 명이 자신도 슬럼가 출신이라면서 저지합니다. 그는 슬럼가 출신에 대한 편견 때문에 이 소년을 유죄라고 할 수는 없다면서 항변합니다. 칼이 찔린 위치가 소년의 키로는 닿을 수 없다는 점도 지적합니다. 다른 이들은 소년이 칼을 잡고 위에서 아래로 찔렀을 수도 있다고 하지만 슬럼가 출신의 배심원은 그렇게 칼을 위로 찌르도록 손잡이를 잡으면 쉽게 칼을 빼앗길 수 있기 때문에 슬럼가 출신이라면 아무도 그런 방식으로 칼을 잡지 않지 않는다고 답합니다.

편견과 무지를 들킨 사람들은 조금 머쓱해하지만 그래도 여전히 마음을 돌리지 않습니다. 두 명의 목격자 증언은 아직 반증되지 않았기 때문입니다. 이제 나머지 열 명의 사람들은 두 명의 목격자 증언이 있는데, 그들이 거짓말할 이유가 없지 않느냐는 데에 초점을 맞춥니다. 그러자 배심원 중 한 노인이 아래층 노인이 사람들의 관심과 주의를 좀 더 끌기 위해 거짓말을 했을 수도 있다면서, 증언이 과장됐을 가능성을 지적합니다. 화가 난 다른 배심원은 그걸 당신이 어떻게 아느냐고 묻습니다. 배심원 노인은 자신이 바로 노인이기 때문에 아래층 노인의 심정을 알 수 있다면서, 아무도 귀를 기울이지 않았을 때 자신이 얼마나 쓸모없게 느껴지고 고독한지 아느냐고 되묻습니다. 아래층 노인은 살인 사건의 목격자가 되어 다시 한 번 인생의 드라마에서 잊혀진 자신을 되찾고 싶었는지도 모르겠습니다. 배심원 노인의 말에 헨리 폰다는 증언 자체가 거짓일 수도 있다는 전제하에 증언의 신빙성을 위한 실험을 제안합니다. 이제 실제로 다리를 약간 저는 아래층 노인이 위층에서 나는 소리를 듣고 문을 열고 나와 소년이 내려가는 것을 보기 위해 필요한 시간과, '죽여버릴거야'라고 말하고 난 후 소년이 계단을 내려왔을 때에 걸린 시간을 계산합니다. 그리고 소년을 목격하기에는 시간이 턱없이 부족하다는 것이 밝혀집니다. 아버지가 칼로 찔리는 장면을 봤다고 증언한 이웃집 여성의 증언도 있었습니다. 한 배심원이 그 이웃집 여성의 콧등에 안경자국 같은 것이 있었음을 기억합니다. 그녀는 안경을 쓰지 않고 법정에 나왔지만 안경자국이 남아 있었습니다. 자고 있다가 비가 내리는 어두운 바깥을 흘깃 봤을 때 칼로 찌르는 장면까지 볼 수 있으려면 시력이 좋아야 할 겁니다. 그리고 안경을 쓴 배심원이 누구도 밤에 안경을 끼고 자지는 않는다며 일어나자마자 건너편 집의 그림자를 봤다는 것은 거짓일 수 있다고 암시합니다. 이렇게 되자 소년이 확실하게 유죄라는 것을 아무도 확신하지 못합니다. 열두 명의 배심원들은 소년이 '유죄가 아니다'라고 보고, 사건을 다시 법정으로 넘깁니다. 이들이 이런 판단을 할 수 있었던 것은 두 가지, 즉 '편견과 선입견'을 제거하는 것과 '경험자'의 말을 존중하는 것을 통해서였습니다.

우리는 이 영화를 보면서 진실은 합리성과 객관성에 의해서가 아니라 성실함, 용기, 타인에 대한 이해, 편견을 제거하고 경험을 존중하기 등을 통해 도달된다는 것을 알 수 있습니다. 이 네 가지가 바로 민주주의의 기본적인 원칙이면서 우리가 합리적 시민이 되는 방법인 것입니다.

3. 여성주의 인식론과 성폭력 경험

누가 어떻게 아는가

지금까지 정리한 합리성을 여성주의적으로 다시 보면 다음과 같은 문제를 발견할 수 있습니다. 첫째, 누가 배심원이 되는지의 문제입니다. 둘째, 편견과 선입견의 제거가 모두 경험적 우연에 의해 발견됐다는 점입니다. 이들 중 슬럼가 출신, 노인, 안경 쓴 사람이 있었던 것은 그저 우연입니다. 이들의 이러한 경험이 소년의 유무죄를 판결하는 데 매우 중요한 역할을 했는데도 이러한 경험을 가진 사람들이 반드시 배심원단으로 구성되어야 한다는 원칙이 없는 한, 여기에서의 합리성은 필연이 아니라 우연으로 볼 수밖에 없습니다.

그러므로 누가 배심원이 되는지의 문제가 중요합니다. 사회가 합의가능한 판단력을 가지고 있는 자를 누구라고 생각하는지의 문제이기 때문입니다. 영화에서 배심원은 사회의 평균적 시민을 표상합니다. 보통 배심원은 출신성분, 계급, 나이가 다른 사람들을 무작위로 추출합니다. 그러나 이들 간에는 놀라운 공통점이 있습니다. 모두 남자이고 백인이며 중산층이었던 것입니다. 그런데 우리는 영화를 보면서 특별히 이들의 지나친 공통성을 의식할 수 없습니다. 오히려 매우 자연스럽게 느껴집니다. 만약 열두 명의 배심원들이 모두 여자였거나 흑인이었다면 아마 가장 먼저 이들의 성별과 인종부터 의식했을 겁니다. 이렇듯 우리 인식체계 안에 남성 중심주의는 매우 자연스럽게 받아들여집니다. 용의자 소년이 흑인이고 여성이었다면 어땠을까요? 그리고 배심원 중에 슬럼가 출신이 없었다면 이 소년의 유죄 여부 판결은 어떻게 달라졌을까요? 헨리 폰다가 지닌 용기와 성실함만으로는 영화 속의 증거가 반증되지 못했을 겁니다. 이 영화는 실화를 다뤘고 열두 명의 배심원이 민주적으로 토론하는 것을 보여주면서 배심원 제도가 가진 시민 교육의 효과가 얼마나 뛰어난지에 대한 감동을 선사합니다. 관객은 민주주의에서 중요한 것은 편견을 제거하고 합리적 판단을 내리는 것이라 생각하고, 자유민주주의 제도의 형식적 완결성에 감탄하며 자신이 지닌 합리성을 고양시킬 의무감을 떠올립니다. 그러나 영화에서는 우리가 특정한 정체성, 즉 계급, 인종, 성별, 나이, 출신성분이라는 사회적으로 중요한 차이에 대한 지식을 어떻게 알 수 있으며, 누가 이에 대해 안다고 할 수 있는지의 문제는 제기되지 않습니다. 열두 명의 배심원이 만들어낸 평균적 시민의 형상은 모두 글을 알고, 교육받았으며, 합법적인 국적의 소유자이자, 납세자임을 전제합니다.

따라서 이 영화에는 용의자로 지목된 17세의 라틴계이고 하층계급 출신으로 슬럼가에 사는 소년이 이야기할 수 있는 공간은 존재하지 않습니다. 이 영화에서 중요한 것은 진리를 어떻게 알 수 있는가의 문제이고, 여기에서 중요한 것은 판단자의 합리성이기 때문입니다. 행위자의 삶의 맥락, 기억, 경험은 이 판단자의 합리성에 도움을 주지만 형식적으로는 배제되어 있는 예외이자 특수한 것으로 치부됩니다.

한국에서도 이처럼 법정에서의 객관성과 합리성은 철저하게 판단자의 입장에 서 있습니다. 성폭력 사건을 지원하다가 종종 공판에서 가해자 측 변호사가 피해자에게 성 경험 여부나 성력(sexual history)에 대해 무례하게 묻는 장면을 목격합니다. 제가 만났던 어느 가해자 측 변호사는 1차 공판 전까지 피해자를 이기는 비법은 피해자의 섹슈얼리티에 대한 역사를 다 '까발리는' 것이라고 공공연하게 말하기도 했습니다. 1차 공판 때 그렇게 '조져놓으면' 여간하지 않고서는 다음 공판 전까지 합의한다는 것이었습니다. 그리고 가해자 측 변호사가 쓸데없는 것을 질문할 때 검사들이 "이의 있습니다"라고 하는 광경은 벌어지지 않습니다. 심지어 어떤 검사들은 졸고 있다고 합니다. 이는 그 검사의 성실성 문제뿐 아니라 제도적인 차원의 문제이기도 합니다. 현재 한국 범죄수사체계에서 공판에 들어가는 검사와 수사를 하는 검사는 분리되어 있습니다. 공판 검사는 어렵게 기소해봤자 합의하기 일쑤인 성폭력 사건에 그다지 관심을 기울이지 않습니다. 다 점수화되어 있기 때문입니다. 그리고 공판에 들어오는 검사들은 경찰서에서 올라온 증거와 서류를 보고 기소를 결정하거나 재수사하는 수사 검사가 파악한 만큼 사건을 이해하지 못하기 때문에, 법정에서 가해자 측 변호사가 던지는 질문이 필요한 질문인지 필요 없는 질문인지 잘 모릅니다. 그러니 필요한 순간에 영화처럼 이의를 제기하기가 어려운 것입니다. 그렇다면 왜 굳이 이렇게 분리해 놓았을까요? 당사자와의 거리가 객관성을 보증한다고 생각하기 때문입니다. 법정에서 가장 객관적이라고 생각되는 사람은 판사이고 다음은 검사, 그리고 변호사입니다. 판단을 위해서는 주관성이나 경험을 배제하는 형식적 틀을 유지할 필요가 있다고 생각되기 때문에 이러한 위계를 만들어놓은 것입니다. 그리고 대개 상담소나 여성단체들은 증인이나 피해자의 '편'이라는 위치에 서게 됩니다. 그래서 법정에서는 상담소의 말이 객관적이지 않다고 여겨집니다. 그런데 여론을 형성해갈 때는 힘을 발휘합니다. 하지만 앞서 영화에서 살펴봤듯이 당사자의 생활 세계를 제대로 이해하지 못하고서 제대로 된 판단을 내리기는 어렵습니다. 법정에서는 당사자와 이해관계가 없는 사람이 더 정확한 판단을 할 수 있다고 간주되지만 누구도 완전하게 중립적인 입장을 가질 수는 없습니다. 배심원들은 당사자와 직접적인 관계가 없기 때문에 객관적인 위치에서 사건에 대한 판단을 할 수 있는 사람들처럼 보이지만 이들은 각자의 편견을 그대로 가지고 법정에 들어오게 되어 있습니다. 판사나 검사, 변호사들도 마찬가지일 겁니다. 그래서 완전한 중립적 입장이란 어디에도 존재할 수 없다고 전제를 변화시킬 필요가 있습니다.

상황적이고 부분적인 지식

지금까지 여성주의에서의 객관성·합리성을 비판하는 논제들은 공식적 장벽이 제거됐을 때 비공식적으로 차별이 지속되는 심리학적·사회적 기제를 규명하고 성차별주의, 인종차별주의, 동성애 공포증, 계급차별적인 사회적 기획 등을 폭로하고, 개념이 남성 중심적으로 정의된 방식을 지적하는 것 등으로 이뤄졌습니다. 여성주의 인식론에서 객관성이란 중립적인 위치에서 나오는 것이 아니라 경험을 합리적 지식으로 전환시킬 수 있는 능력에 있다고 봅니다. 여성주의 인식론을 크게 경험론과 입장론으로 나눌 수 있는데, 경험론은 차별받고 억압된 집단에 대한 지식을 더 잘 생산할 수 있는 위치는 바로 당사자에게 있다고 봅니다. 영화에서 칼을 잡는 방식을 제대로 알고 있던 것은 슬럼가 출신의 배심원이었던 것에서 알 수 있듯 차별을 당하는 사람만이 알고 있는 진실이 있기 마련이라는 것입니다. 편견을 제거하는 것만이 아니라 이들의 경험을 합리적 진실로 인정할 필요가 있다는 것이 여성주의 경험론이라면, 입장론은 좀 더 분명하게 권력관계의 문제를 제기합니다. 입장론에서는 피해당사자의 말이 존중받지 못하는 것은 그들이 당사자여서가 아니라 특정 집단이 그러한 피해와 차별을 받는 것에 사회가 익숙해져 있기 때문이라고 봅니다. 예를 들어 우리는 상류층 혹은 중산층 가족이 외부의 폭력에 의해 위험상태에 빠지는 것에 훨씬 더 감정이입을 잘하는 반면, 하층계급 사람이 겪는 차별과 폭력은 그들의 문화라고 이해하는 경향이 있습니다. 이렇듯 차별과 폭력 자체가 자연스러운 것으로 인식되는 현실을 변화시키기 위해서는 생산과 분배의 정치경제학(political economy)이 정의롭게 바뀌어야 한다는 것입니다. 그러나 한편 이와 같은 경험론과 입장론을 성폭력 문제에 대입시켜 보면, 우리는 또 하나의 난제를 만나게 됩니다. 모든 여성은 – 잠재적으로든 실제로든 – 성폭력 피해를 입으며, 모든 남성은 – 잠재적으로든 실제로든 – 성폭력 가해자라는 식의 이분법이 만들어지는 것입니다. 이때 여성들 간의 차이는 사라져버리고, 피해자로서의 여성에 자신을 동일시하는 여성만이 성폭력에 저항할 수 있게 되는 것입니다.

하지만 이런 식으로 사회가 변화할 수 있을까요? 아주 강력한 당사자주의, 혹은 정체성의 정치는 필연적으로 가해자를 더욱 대단하고 공포스러운 존재로 만들어내게 됩니다. 그리고 더 큰 문제는 이때 욕망하는 성적 주체로서의 여성이 이러한 피해 - 가해를 둘러싼 이분법적 성별 권력 관계에서는 존재할 수 없게 된다는 데 있습니다.

샌드라 하딩(Sandra Harding)은 페미니즘의 인식론적 문제는 명백하게 역설적인 상황에 설명을 제공하는 데에 관심을 가진다고 이야기합니다. 이는 "질문을 던질 때 사용한 용어로는 답을 제기할 수 없는" 문제와 연관됩니다. 여성이라는 정체성이 남성의 타자로서 정의내려진 이상, 여성이라는 정체성을 해체하지 않고서는 그것을 이용할 때의 위험성을 피할 수 없습니다. 그래서 '모든 여성은 잠재적 피해자다'라고 말하지 않으면서도, 피해에 대한 정치적 저항이 가능하게 하려면 '우리가 그것에 대한 안다'는 것은 언제나 부분적이고 경합적이며 상황적인 맥락에서 이뤄지며, 변화는 상황을 변화시키는 것을 통해 가능하다는 이야기를 할 필요가 있는 것입니다.

이를 더 잘 이해하기 위해 부분적이고 상황적 지식의 예를 몇 가지 들어보겠습니다. 우리나라가 극동이 된 것은 누구의 기준일까요? 나는 여기 있는데, 누군가의 시선에서는 여기가 동쪽의 끝이었던 것입니다. 이는 누구의 시선이었을까요? 그리고 어떻게 해서 그 시선이 특정한 공간의 지정학적 위치를 표시하는 지배적인 언어가 됐을까요? 또한 제주도민에게 남해는 어떤 의미일까요? 아시아, 남해는 모두 그저 언어이며 객관적인 사실 자체를 명명하는 것처럼 보입니다. 하지만 모든 언어는 현실 세계를 만들어내는 사회 관계와의 대화와 협상을 통해 만들어집니다. 극동은 영국을 기준으로 합니다. 17세기부터 19세기까지 세계 각지에 식민지를 만들어낸 영국은 1675년에 런던 교외의 그리니치 천문대를 경도의 원점으로 내세웁니다. 극동은 그 방위 개념에서 동쪽이라는 개념을 받아들인 단어입니다. 또한 제2차 세계대전 시기 미국이 한국, 중국, 일본에 대한 군사전략을 세우던 부서를 극동사령부라고 하면서 극동이라는 단어가 지금의 지역을 가리키는 단어가 됐습니다. 이렇게 지식생산의 위치를 이해하면, 지식이 만들어지는 방법 자체를 질문할 수 있게 됩니다. 예를 들어 서울 사람에게 남해는 그냥 남해입니다. 하지만 제주도 사람들은 북쪽에 바다가 있다고 생각하더라도, 서울 사람 기준에서 남쪽인 저 바다를 남해라고 불러야 혼란스럽지 않게 된다는 것을 알고, 그 언어를 지식으로 수행하는 과정을 겪습니다. 남해를 남해로 부르기 위해서는, 즉 규칙과 문법을 공유하고 있는 공동체의 일원이 되기 위해서는 자기 경험을 부정하는 방식을 따라야 합니다. 그러므로 주변이란 위치에서는 더 많은 정보를 가지고, 그 정보가 지식이 되는 과정과 협상해야 살아갈 수 있는 것입니다. 그러나 이렇게 말하면 아마 대부분의 서울 사람은 남해면 그냥 남해지 뭘 그리 복잡하게 생각하느냐고 할지 모릅니다. 이 지점에서 우리가 환기할 수 있는 것은 바로 특권은 지식이 아니라 무지에 의해서 만들어진다는 사실입니다. 우리는 흔히 지식을 더 많이 알수록 권리를 더 잘 조직할 수 있게 되며, 더 나은 개인으로 살아갈 수 있다고 믿습니다. 여성 참정권자였던 마사 피어스(Martha Pierce)의 말을 인용하면 "우리는 언제나 지식을 얻는 일이 인간이 되는 길이라고 생각"해온 것입니다. 하지만 실제로는 특정한 지식을 알지 못해도 살아가는 데 문제가 없는 인간과 알지 못하면 아예 살아갈 수 없는 인간이 있을 뿐입니다. 이때 은폐되는 것은 지식을 만드는 과정입니다. 지식이 객관적이거나 합리적으로 실재하는 어떤 것으로 간주되는 한, 주변적 위치에 있을수록 더 많은 것을 알아야 하고 중심일수록 자신이 어떤 과정을 통해 중심이 됐는지에 대해 알 필요가 없습니다. 그러므로 중요한 것은 지식 자체가 아니라, 상황과 관계 그리고 구조를 이해할 수 있는 시선입니다.

남성과 여성의 경우, 전업주부와 함께 사는 남편의 평균 가사 노동시간은 세차 및 가정과 관련된 모든 노동을 포함해 1주에 38분이라고 합니다. 하지만 남편들은 가사 노동 분담에 소극적인 것에 대해 자신이 돈을 번다는 말로 합리화합니다. 겉보기에는 그럴듯해 보이는 분업입니다. 하지만 맞벌이를 해도 남편의 평균 가사 노동시간은 겨우 1분 늘어난 39분에 불과합니다. 또한 보통 전업주부 아내들은 가사 노동을 남편과의 고용·계약 관계로 보고 정당한 대우나 휴가를 받고자 하기보다는 정서적 보상을 원합니다. 그러나 정서적 보상이라는 것은 회사 같은 공적 공간에서 적용되는 규칙이 아니기 때문에 이러한 요구는 종종 묵살됩니다. '집'에서는 쉬고 싶다고 생각하는 남편들은 아내의 요구를 잔소리, 즉 사소하고 중요하지 않은 요구라고 생각해버리는 것입니다. 하지만 다시 생각해보면 전업주부 아내들에게 집은 '쉬는 공간'이 아니라 '일하는 공간'입니다. 그런데도 남편은 자신의 삶을 기준으로 공간의 의미를 만들어냅니다. 이렇게 각자 집에 대해 다른 경험을 하고, 이에 대한 다른 해석이 이뤄지지만 사회에서는 남편의 해석에 더 큰 권위를 부여합니다. 한편 아내들이 자신이 집에 대해 가지고 있는 해석을 보편적인 해석으로 만들어내려고 하면 남편들은 그것은 '당신 생각일 뿐'이라며 입을 다물게 하고, 이러한 해석의 차이가 권력관계에서 나왔다는 점을 은폐시켜 버립니다.

그동안 페미니즘에서는 여성과 남성의 동등한 관계가 가정 내에서도 구현되어야 한다고 주장해왔습니다. 많은 여성이 주변의 위치에 머물지 않는 결혼이 가능하다고 생각했고, 선택으로서의 결혼을 지지했습니다. 그리고 한국에서도 1980년대 이후 연애결혼이 대세가 되면서, 여성은 평등한 부부관계를 형성할 수 있으리라고 기대했습니다. 하지만 막상 해보니 평등한 결혼 안에는 많은 어려움이 있음을 알게 됩니다. '집'에 대한 남성 중심적 해석이 가진 권위를 해체하지 못했기 때문입니다. 평등한 결혼의 꿈을 버리지 않은 부인들은 가사 노동을 남편이 분담해주기를 원하지만, 남편의 생각을 모두 바꿀 수는 없다고 생각해 타협안을 찾습니다. 가사 노동 중 그나마 '남자가 할 만한 일'을 찾아내서 맡기는 식으로 말입니다. 그래서 대부분의 아내들이 가사 노동 중에서 남자가 해도 괜찮을 만한 것으로 쓰레기 버리기를 골랐습니다. 언젠가 중년 여성의 우울증에 관한 강의를 마친 뒤였습니다. 한 여성이 제게 와서 한참 말문을 못 열다가 "저는 쓰레기예요"라는 말로 이야기를 시작했습니다. 나가는 길에 쓰레기를 버려달라고 늘 남편에게 말하지만 그는 언제나 "미안, 잊어버렸어"라고 할 뿐이랍니다. 그녀는 한 달이 지나고 두 달이 지나면서 "왜 그렇게 쓰레기를 안 버려. 나를 무시하는 거야?"라며 싸우기 시작했답니다. 하지만 남편은 이해를 못했습니다. 버리면 될 것을 왜 문제를 크게 만드느냐며 쓰레기를 들고 나가 담배를 피우고, 동네 아저씨들을 만나 아내의 바가지를 토로하면서 술 한잔 마시고 돌아옵니다. 대개 남자들은 여자들이 문제를 지나치게 심각하게 만든다고 생각합니다. 쓰레기 처리 같은 단순한 문제를 단순하게 풀지 않는다고 푸념합니다. 그러나 아내 입장에서 이는 단순히 쓰레기 문제가 아닙니다. 여기에서 쓰레기란 남편과 평등한 관계를 만드는 문제가 응축된 매우 현실적이자 상징적인 덩어리입니다. 집에 쓰레기를 쌓아놓으면 결국 아내가 욕을 먹습니다. 시댁 식구, 심지어 자기 친구에게도 잔소리를 듣게 됩니다. 집안 청결에 대한 책임은 여자에게 있다고 생각되기 때문입니다. 하지만 아내는 동등하고자 하는 모든 의지가 남편의 게으름으로 실현될 수 없게 되면, 엄청난 자괴감에 사로잡힙니다. "나를 무시하는 거야?"라는 말은 이 상황을 매우 정확하게 파악한 문제제기입니다. 그러나 남편은 쓰레기를 버리는 것 때문에 자존감까지 운운하는 것은 지나치다고 생각합니다. 자신을 존중하는 문제가 '쓰레기'라는 사소한 문제로 치부된 그녀는 전형적인 우울증 증세를 보이고 있었습니다. 우울증은 문제의 원인이 자신에게 있다고 생각하는 폐쇄회로

적 사고방식을 가질 때 종종 발생합니다. 쓰레기를 버려달라는 말이 존중되지 않았을 때, 자신의 행동과 요구가 경험이나 지식으로 존중받지 않았을 때, 보통 억압받는 집단들은 배제와 무시뿐 아니라 '사소화'라는 문제를 겪게 됩니다.

주체의 위치

존중되지 않는 모든 이야기는 들을 '가치'가 없는 말이 아니라 들을 '필요'가 없는 말들입니다. 그들의 말을 듣지 않아도 시스템에 별다른 문제가 생기지 않기 때문입니다. 사실 현대 사회를 살아가는 대부분의 사람은 타인의 필요, 타인의 고통에 시간을 보낼 정도로 여유 있는 삶을 살지 않습니다. 그러므로 아주 구체적인 이해관계로 연결된 자가 아닌 타인, 즉 주변인이자 경계에 존재하는 자들에 대한 이야기를 들을 수 있는 장을 만드는 것이 무엇보다 중요합니다. 그리스의 도시에 등장했던 최초의 시민들은 노동하지 않기에 공동체의 이익을 위해 시간을 쓸 수 있는 사람들이었습니다. 그들은 두말할 나위 없이 노예와 여성을 착취해 이런 잉여분을 얻었습니다. 그러므로 이러한 잉여를 통해 만들어진 특권을 소유한 자들이 시민의 보편성을 대표하는 상황이 전복되어야 합니다. 이처럼 추상적 보편성을 소유할 수 있는 자들이야말로 예외적인 특권을 누리는 자들이기 때문입니다.

페미니스트 인식론은 추상적 보편성과 객관성을 비판하면서 근대가 만들어낸 '안다고 가정된 개인'을 해체합니다. 누가 무엇을 어떻게 알 수 있는지 묻고 그에 대한 응답으로 샌드라 하딩은 '강한 객관성'을, 도나 해러웨이(Donna Haraway)는 '겸손한 목격자'라는 주체의 위치를 제안합니다. 하딩 같은 이들은 강한 객관성이라는 개념을 통해 기존의 편견과 선입견에 물들지 않은 더 강한 객관성을 주변인의 위치에서 확보할 수 있다고 봅니다. 〈열두 명의 성난 사람들〉에서, 당사자의 이야기를 듣지 않고 판단했다면 백인 남성 중산층의 특수한 이해를 반영할 수밖에 없습니다. 그렇지 않은 경험을 가진 사람들이 이야기하고, 구조적 차이를 선명하게 보여줄 때 더 보편타당한 지식이 만들어질 수 있다는 것입니다.

그러나 경험했다고 해서 무조건 인식론적으로 우월한 위치가 확보되는 것은 아닙니다. 성폭력 상담을 하다보면 "(성폭력)당해본 적 있으세요?"라는 질문을 받을 때가 있을 겁니다. 이때 (성폭력 피해 경험이) 있다고 하면 상담가가 중립적이지 않다고 생각할 것 같고, 없다고 하면 이해를 못한다고 할 것 같아 어떻게 답해야 할지 난감해집니다. 또 성교육 강의를 하러 나갔을 때 만난 10대 소녀들은 성교육이 얼마나 쓸모없는지를 성토하며 성교육에서는 원하지 않을 때 '아니오'라고 말하면 된다고 알려주지만, 상대방이 '아니오'라는 말을 들어주지 않는데 무슨 소용이냐고 지적합니다.

우리는 여성의 경험과 언어가 진정으로 존중받지 못하는 상황을 어떻게 해결해나가야 할까요? 우리는 남자들의 문법, 그리고 남자들이 여자에게 허용한 매우 좁고도 답답한 자리가 아니라 완전히 다른 방식의 읽고 쓰기를 배워야 합니다. 많은 경우, 여성이 남성에게 성과 관련해 싫다고 하는 의사 표현은 있는 그대로 받아들여지지 않습니다. 여성들이 모호하게 이야기하기 때문이라기보다는 여성들이 이 말을 할 때 싫다기보다는 두렵다고 하기 때문입니다. 설령 말로 싫다고 했을지라도 몸으로는 무서워하면서 움츠린 채 말합니다. 그리고 상대는 바로 그 메시지, 즉 무섭다는 말을 읽습니다. 몸의 언어와 입의 언어가 일치하지 않을 때 몸을 통해 정체성이 규정된 이들(여성이나 유색인종 등)의 입에서 나온 말의 권위는 쉽게 무시되고 맙니다.

이렇게 언어를 되도록 자신의 몸에서 멀리 떨어뜨릴 때 언어는 권력이 될 수 있습니다. 전문가의 말, 권위자의 말이 그런 언어입니다. 그러나 대부분의 여성의 경험은 몸과 관련됩니다. 그래서 여성의 경험은 지식이나 권력이 되는 것이 아니라, 경험했다는 것 자체에 너무 많은 의미가 담깁니다. 그래서 경험이 놓인 위치는 사라져버리고, 경험 여부(예를 들어 성 경험)만 남게 됩니다. 하지만 각자 다른 삶을 살아온 사람들에게 성폭력 경험은 똑같은 경험으로 환원되지 않습니다. 그런데도 앞서 말한 것처럼 많은 경우 성폭력 경험은 곧 성 경험으로 치환됩니다.

　이러한 환원론에 맞서기 위해 여성주의 인식론에서는 주체의 위치를 중요하게 여겼습니다. 해러웨이는 물리학에서 빌려온 회절(回折, diffraction)이라는 개념을 통해 동일성이 아니라 차이를 인식할 수 있는 방법을 제안합니다. 회절은 좁은 틈을 통과한 빛이 분산되면서 만들어지는 현상을 말하는데, 해러웨이는 회절은 반사와는 달리 똑같은 상을 만들지 않고 차이를 만드는 개념이라고 설명합니다. 이러한 회절이 가능해져야 기존 인식론의 폭력, 곧 더럽혀진 여성이라는 재현에 도전할 수 있게 된다는 것입니다. 동시에 폭력 자체를 비판할 수도 있게 됩니다. 해러웨이가 제안하고 있는 '겸손한 목격자'라는 위치는 특수한 이해관계에 귀속되지 않고, 시선의 대상이 되지 않으면서 기존의 권위 있는 서사에 기대지 않은 채 현실을 보고 읽고 쓰는 자입니다. 즉, 어떤 동일성에도 포획되지 않으며 경계에 있는 혼종적 존재, 곧 메스티자(mestiza)를 말합니다. 이 개념은 경험 자체에 빠지다보면 경험 외부를 볼 수 없음을 경계합니다.

　다시 강조하자면, 자기가 가진 지식을 권력으로 만드는 것이 중요하다는 것입니다. 아시아 학자들이 모인 심포지엄에서 타이완의 한 남성 학자가 일본 여성이 화끈하다는 말을 하면서, 그래서 젠더 연구도 잘한다는 말을 농담이랍시고 한 적이 있습니다. 모욕적인 말이었을 뿐 아니라 일본 여자 지식인의 작업을 전혀 공적인 언어로 이해하지 않은 말이기도 했습니다. 당사자만이 아니라 아시아의 여성 학자들이 그에게 문제제기를 해서 사과를 받아냈습니다. 그러면서 각 지역의 여성들에 대한 어떤 이미지들이 떠돌아다니는지에 대해 물었습니다. 이때 한국 여자에 대해 떠돈다는 얘기가 조금 충격이었습니다. 국제적인 교류를 하는 남자 지식인 사회에서 한국 여자들은 '세계에서 유일하게 콘돔을 요구하지 않는 여자'로 정평이 나 있다고 합니다. 이는 한국 여자들이 콘돔에 대한 지식이 없거나 접근권이 없어서가 아닙니다. 한국은 콘돔 판매 세계 2위 국가이기도 합니다. 콘돔이 무엇인지도 알고 콘돔을 살 수도 있지만, 남자에게 콘돔을 사용할 것을 요구하지 않을 때 그러한 지식은 아무 소용이 없습니다. 이 사례는 어떤 경험이 지식이 되는지, 이 지식을 언제 사용할 수 있는지, 그리고 이러한 지식의 사용 자체를 정당화할 수 있는지 등이 모두 지극히 정치적인 문제이자, 국가 - 개인(남성) - 개인(여성) 사이의 통치 질서에 대한 문제이기도 하다는 것을 극명하게 드러냅니다.

누가 어떻게 지식을 만들어내고, 그 지식을 유통시키느냐의 문제는 사회에서 여성이 어떻게 '우리'로 통합될 수 있는지를 둘러싼 투쟁이자, 기존의 남성 중심적으로 통합된 '우리'를 다시 해체하고 주체의 위치를 재배치하고자 하는 싸움인 것입니다.

4. 여성 정체성에 새겨진 폭력

여성에 대한 폭력에 대해 저항하는 것은 여성에게 일어나는 폭력의 구조에 저항하는 동시에, 폭력을 당한 여성이라는 위치를 불가능하게 만들려는 프로젝트입니다. 그렇기 때문에 여성 - 피해자라는 정체성은 언제나 싸움의 시작이지만, 그 자체로 싸움의 끝은 될 수 없습니다. 인간 사이의 폭력은 어째서 일어나는 것일까요? 폭력은 왜 나쁜 것일까요? 주먹질을 하고 난 후에 부둥켜 안고 화해하는 남자들 간의 우정은 그다지 나쁘게 느껴지지 않습니다. 우리가 폭력을 악(惡)으로 생각하는 것은 그것이 인간 사이의 차이를 말살하고 인간을 인간으로 취급하지 않을 때, 그래서 완전한 타자로서 취급될 때입니다.

1948년, 두 차례에 걸친 세계대전으로 인해 인간의 폭력성과 잔인함, 그리고 그로 인한 고통스러운 전후의 상처들을 치유하기 위해 '세계인권선언'이 제창됐습니다. 하지만 선언 이후에도 차별과 폭력은 줄어들지 않았습니다. 오히려 21세기는 더욱 야만적인 힘의 지배가 횡행한 시대였다고 보고되기도 합니다. 식민 지배 이후 독립한 많은 신생독립국에서는 내부 식민지인 여성에 대한 차별과 폭력이 더욱 극심해졌고, 종교적 신념이나 인종적 차이를 이유로 서로를 '청소'하는 끔찍한 학살들이 이어졌습니다. 그리고 이러한 폭력의 가해자들은 자신은 '인간'을 죽이거나 때리거나 학대하는 것이 아니라, 여자를, 동성애자를, 이교도를, 흑인을 처리하고 있다고 생각하면서 그 행동을 정당화했습니다. 잘 지내던 이웃 사람을 이슬람교도로 몰아붙이며 학살했던 것이 보스니아 내전에서 자행된 인종 청소 사건의 핵심 동력이었고, 같은 동네 사람이 어느 순간 빨갱이가 되어버린 것이 한국전쟁 전후에 일어난 수많은 민간인 학살사건의 원인이었으며, 식민지 상황에서 자존심이 구겨졌던 남성들이 민족문화를 강조하면서 종종 여성에 대한 차별과 폭력을 문화로 포장했던 것 등은 모두 제국주의의 식민 지배가 타자화된 집단에 뿌리 깊게 내려놓은 폭력의 씨앗들이었습니다. 인간에게 인간이 아닌 취급을 받았던 기억은 인간이 되기 위해 반드시 타자를 만들어내야 하는 비극을 낳았던 것입니다.

그래서 많은 경우, 이러한 폭력에 대한 복수극이 벌어지는 것이 오늘날 전 세계에서 일어나고 있는 '인종 청소(ethnic cleaning)', 혹은 민족 학살 사건들의 역사적 배경이 됩니다. 그리고 인간은 바로 이런 끝나지 않는 복수라는 비극을 일으키기 때문에 폭력을 악으로 생각하게 됐습니다. 하지만 여성에 대한 폭력 이후에 이 같은 복수의 참극으로 이어지는 경우는 드뭅니다. 여성에 대한 폭력은 너무나 일상적이거나 사적이어서 대개 가시화되지도 못합니다. 세계에서 여성을 살해하는 사람의 52퍼센트가 남편이고, 남편 혹은 남자 친구에게 죽는 여성이 전쟁에서 죽는 여성보다 많다는 것은 별로 알려지지 않았습니다. 그러나 우리는 가정폭력이나 데이트 폭력보다 전쟁을 더 중요한 사건이라고 생각합니다. 한편 남성의 폭력과 여성의 폭력을 대하는 태도도 다릅니다.

지금부터 저는 여성이라는 정체성에 '각인된 동시에 은폐된' 폭력에 대한 이야기를 하고자 합니다. 이 이야기의 주요 등장인물은 2004년에 검거된 희대의 연쇄살인범 유영철입니다. 영화 〈추격자〉가 이 사건을 모티브로 만들어졌습니다. 보통 연쇄살인은 전쟁이나 테러와 맞먹는 사회 시스템 전체의 위기로 이해됩니다. 하지만 아내들이 남편에게 그렇게 많이 맞아죽어도 시스템의 위기로 간주되지는 않습니다. 치정이나 사기 같은 경우는 그저 개인 간에 일어난 불행한 사건으로 여겨집니다. 하지만 연쇄살인에 대한 공포는 언제 누가 어떻게 죽일지 모르기에 전쟁이나 테러에 대한 공포와 유사하게 간주됩니다. 전쟁이나 테러는 동기가 분명하지만 희생자가 특정되지 않기에 문제라면, 연쇄살인은 동기도 희생자도 특정되지 않기 때문에 좀 더 사람들의 피부에 와 닿는 공포를 만들어내기도 합니다.

누가 누구를 죽일지 모른다는 공포는 개인이 합의한 국가 통치의 정당성을 기저부터 뒤흔드는 일입니다. 토머스 홉스(Thomas Hobbes)는 『리바이어던(Leviathan)』에서 만인의 만인에 대한 투쟁 상태를 막기 위해 모든 폭력을 국가로 이양하고, 공권력만이 정당한 폭력을 행사하는 국가를 고안했습니다. 물론 오랫동안 군부독재 통치를 경험한 한국에서는 그렇지 않은 적도 많았지만 적어도 민주공화국의 국가형식은 그렇습니다. 국가가 개인 간의 문제 해결을 위한 공권력을 합법적으로 보유하고 이를 기반으로 통치한다는 것입니다. 그런데 연쇄살인 사건은 이러한 국가 정당성을 보증하는 폭력의 통제가 무너졌음을 의미합니다. 따라서 연쇄살인은 시스템의 위기로 인식됩니다. 한번은 유영철을 취조한 형사와 사형제 폐지를 주장하며 유영철을 변호한 변호사의 강의를 접하게 된 적이 있는데, 그 변호사는 자신의 신념이 가장 흔들렸을 때가 유영철을 변호할 때였다고 하더군요. 또 최초로 유영철을 취조한 형사는 자신이 15년 동안 강력반에서 일했는데 유영철을 취조하다가 정신과 치료를 받아야 할 정도였다고 했습니다. 여러분은 잘 모르시겠지만 사건 당사자인 피해자의 유족 중 한 사람이 유영철이 사건을 재현하는 현장을 본 충격을 견디지 못해 결국 자살한 사건도 있었습니다. 이들은 개념상으로만 존재했던 끔찍한 종류의 폭력이 눈앞에서 펼쳐지는 것을 보고 큰 충격을 받은 사람들입니다. 이들이 받은 상처는 유영철 같은 인간을 키워낸 이 사회가 얼마나 무서운 곳인지를 깨달아 생긴 것입니다. 유영철과 내가 같은 인간이라는 사실이 상처가 되는 순간입니다. 제7회 여성영화제에 상영된 셀레스타 데이비스(Celesta Davis) 감독의 〈끔찍하게 정상적인(Awful Normal)〉은 성폭력 피해자 여성이 가해자를 찾아가는 내용을 담고 있습니다. 아버지의 친구가 가해자였는데, 영화가 거의 끝날 때쯤 그 여성은 가해자를 만나고 돌아와 울면서 "내가 정말 상처받은 것은 그가 괴물인 동시에 나와 같은 인간이라는 점에 있다"라고 말합니다. 흔히 성폭력은 여성의 성적 수치심을 야기한다고 생각됩니다. 그러나 상담 과정에서 많은 이들이 성폭력을 당한 것에 대한 상처의 핵심에는 자신이 인간답게 취급받지 못했다는 사실이 있다고 밝힙니다. 자신이 인간이 아니라 그저 '구멍'에 불과한 존재로 취급된 것에 상처를 받았다는 것입니다. 나를 인간으로 취급하지 않는데도 가해자가 처벌받지 않았을 때 사회적·정치적인 구조에 대한 분노가 생겨납니다. 이는 인간인 나를 포기하지 않는 마음과 이미 훼손된 여성으로 취급되는 것의 간극이 만들어낸 분노이기도 합니다. 그러나 많은 경우, 성폭력은 인간으로서의 여성에 대한 상처로 이야기되기보다는 오직 여성으로서의 정체성에 대한 훼손으로 이해됩니다. 그리고 이와 쌍을 이뤄 성폭력에 대한 동기도 남성적 욕망 때문이라고 이야기됩니다. 인간으로서의 여성, 인간으로서의 남성에 대한 질문은 사라집니다. 이런 식의 '동기' 혹은 '원인'이 남성적 욕망에 있고, 그들이 행위한 '결과'로서 피해자 여성이 존재한다는 언술이 반복되는 한 성폭력 문제는 보편적인 문제가 아니라 욕망을 통제하지 못한 일부 남성과 운이 나빴던 일부 여성의 문제로 특수화됩니다.

〈추격자〉란 영화에서 유영철 역할을 맡은 김영민(하정우 분)은 "어떤 동기로 죽였냐?"라는 경찰의 질문에 답하지 않습니다. 어떤 방법으로 죽였는지를 이야기할 뿐입니다. 진술서에 살해 동기 부분이 빈 채로 보고를 올리니 상사는 담당 형사의 머리를 때리면서 다시 해오라고 합니다. 그리고 바로 다음에 범죄심리학자가 등장해 범행 동기를 추적하고 발견하는 장면이 나옵니다. 범죄심리학자가 거울이 달린 방에서 범인과 이야기합니다. 이 과정에서 범인이 출장마사지사 여성과 연애했다는 사실이 밝혀지고, 범인이 발기부전이었다는 여자의 증언이 나옵니다. 관객들은 범인이 성적으로 무능력한 인물이었고, 그에 대한 열등감을 해소하기 위해 여자들을 죽였으리라고 짐작하게 됩니다. 그가 (여성에 대한) 실패자라고 이해되면서 그의 악마성은 다소 약화됩니다. 그가 다시 악마화되는 순간은 출장마사지사가 아니라 '일반 사람'인 노점상을 죽였다는 것이 밝혀지면서입니다. 그 전의 언론보도에서 출장마사지사 여성들의 죽음이 알려졌을 때는 살인범의 동기가 무엇이었는지에 관심이 집중됐습니다. 그러나 그가 출장마사지사 여성이 아닌 '일반 사람'을 죽였다는 것이 알려지자 사람들은 동기를 궁금해하지 않고 주저 없이 그를 악마로 형상화합니다.

아래는 유영철 사건 발생 당시 신문기사들의 제목입니다.

연쇄살인마 "여자 몸가짐 잘 하고 부자 각성하라"

(≪내일신문≫, 2004년 7월 19일자)

엽기 연쇄살인 / 출장마사지사 아닌 여성도 살해

(≪동아일보≫, 2004년 7월 21일자)

범죄사각 보도방 2주간 일제단속

(≪세계일보≫, 2004년 7월 22일자)

경찰 '보도방' 집중단속 동행취재 … 적발 주부도우미 "생계 어려워" 울먹

(≪문화일보≫, 2004년 7월 22일자)

기사 제목만 봐도 출장마사지사 여성과 '일반' 여성을 철저하게 구분하고, 이 문제의 해결을 보도방 일제단속으로 한 다음, 적발된 주부도우미를 추궁하고 있는 신문기사의 흐름을 확인할 수 있습니다. 이 사건이 알려진 후 4일이 지난 후 노래방 도우미 32명을 성폭행한 범죄자가 검거됐는데, 신문에서는 성폭력 가해자의 말을 그대로 인용해서 표제로 뽑기까지 했습니다("품행나쁜 여자들 혼내주고 싶었다", ≪경향신문≫, 2004년 7월 23일자).

앞서 연쇄살인은 누가 피해자가 될지 모르기 때문에 사회 시스템의 위기로 인식된다고 했습니다. 하지만 연쇄살인범의 대상은 누구나가 아니라 대부분 여성, 그중에서도 성매매 여성이었습니다. 그렇다면 왜 그들을 죽였을까요? 답은 간단합니다. 그들이 가장 쉬운 표적이기 때문입니다. 성매매 여성은 사회 시스템에서 보호받지 못하는 존재입니다. 그들과 연락이 하루 이상 단절된다 해도 그들을 찾을 가족이나 공동체는 없습니다. 그러나 연쇄살인 보도에서 성매매 여성이 얼마나 취약한 존재였고 사회 시스템에서 소외되어 있었는지에 대해서는 다뤄지지 않았습니다. 그 대신 유영철의 동기에 초점을 맞춘 언론들은 그가 부자와 여자에 대한 증오심을 가졌다는 말을 대서특필했습니다. 그러나 실제로 초반 몇 번의 살인 외에 대부분의 범행 대상은 출장마사지사 여성이었습니다. 그러나 이러한 특징은 중요한 문제로 부각되지 않습니다. 그의 동기를 추적하는 과정에서 그가 어릴 때 부모가 이혼했고 부인이 도망갔다는 이야기가 등장했고, 이야기는 점점 의미심장한 교훈의 색조를 띠기 시작했습니다. 연쇄살인범의 표적은 (성매매) 여성이며, 이 여성이 이렇게 살해당한 이유는 (부인과 엄마라는) 여성 때문이라는 것입니다. 이렇게 시스템의 위기는 문제의 원인인 여성에 대한 비난으로 해결됐습니다. 2004년 사건 당시 신문들은 "출장마사지, 주부도 있어 충격"이라는 식으로 기사를 써댔습니다. 연쇄살인을 막기 위해서는 여성이 아이를 잘 키우면 되고, 남편을 잘 모시고, 가족을 평화롭게 유지하면 된다는 식의 이야기가 자연스럽게 이어졌습니다.

흔히 유영철 같은 연쇄살인범은 동기를 알 수 없고, 그래서 이해할 수 없다고 생각됩니다. 그래서 그들에게는 지적으로는 문제가 없지만 윤리적 지체자를 의미하는 '사이코패스'라는 진단이 내려집니다. 하지만 우리는 많은 독재자들이 윤리적 지체자라는 것을 역사적 경험에서 배웠습니다. 그리고 이러한 독재자들의 문제는 '사이코패스'가 아니라 지나친 권력욕과 지배욕이라는 것을 알고 있습니다. 독재자들까지 살펴보지 않더라도 당장 텔레비전 뉴스에서 아프리카, 르완다, 관타나모 수용소 등 인간이 인간으로 취급되지 않는 전 세계적으로 진행되는 살인을 목격하지만 대부분의 사람은 이 같은 폭력에 무관심합니다. '사이코패스'는 도처에 있는 현상입니다. 하지만 유영철의 살인은 이렇게 가부장제라는 이름으로 보편화되고, 정신병이라는 이름으로 특수화됩니다. 그리고 연쇄살인범 유영철이 불러일으킨 위기는 젠더 범주 안에서 재정화되고 시스템은 여성을 희생양으로 삼으면서 다시 안정되는 것입니다.

이번에는 또 다른 연쇄살인범 이야기를 해보겠습니다. 최초의 여성 연쇄살인범으로 알려진 에일린 우르노스(Aileen Wuornos)에 대해서입니다. 이 사건 역시 〈몬스터〉라는 영화로 만들어졌습니다. 에일린은 여섯 명의 남자를 죽였습니다. 에일린은 자기를 강간한 남자, 길거리에서 여성을 때린 남자, 자기 여자 친구를 강간한 남자 등을 골라 연쇄살인을 저지릅니다. 복수심 때문에 연쇄살인을 저지른 에일린의 살해동기는 유영철이 '여자들 몸가짐 조심하라고 경고하고 싶었'다는 이유로 출장 마사지사 여성들을 죽인 것보다는 이해할 만했습니다. 하지만 에일린의 연쇄살인은 동기가 있기 때문에 계획적이고 고의적이었다고 판단됩니다. 그리고 논란의 여지없이 2년 만에 사형장에서 처형됐습니다. 유영철은 아직 사형집행이 되지 않았습니다. 그리고 대부분의 다른 남성 연쇄살인범에 대한 사형집행도 사형제 폐지 여부에 대한 논란을 일으키며 지연되는 것이 상례입니다. 보통 사형제 폐지 여부에 대한 논란은 인간성에 대한 책임 있는 질문이 제기될 때 일어나는데, 인간이 저지른 죄를 벌하기 위해 신이 주신 생명을 빼앗을 권리가 있느냐는 종교적인 질문이 제기되는가 하면 인간의 문명을 반성하는 계기가 되기도 합니다. 그런데 에일린의 경우에는 전혀 이런 논란이 일어나지 않았습니다. 무슨 의미일까요? 에일린의 살인은 좀 더 이해할 만하기 때문에 사이코패스라고 규정되지도 않고 인간성에 대한 의구심을 불러일으키지도 않습니다.

여성이 사용하는 폭력은 사회적으로 좀처럼 이해되지도 않고, 인간 모두의 비극으로 인정되지도 않습니다. 또 다른 예를 들어보자면 가정폭력 피해 여성이 술 마시고 자는 남편을 죽이는 경우가 있습니다. 여성단체에서는 사건의 정당성을 주장하기 위해 정당방위였다고 옹호합니다. 우리가 머릿속에서 떠올리는 전형적인 정당방위 장면은 강도가 칼을 들고 위협할 때 집에 있던 다른 무기로 강도로 때려눕히는 것입니다. 이렇게 정당방위에서 무엇보다 중요한 것은 '현재의 부당한 침해'라는 요건입니다. 하지만 남편을 살해한 여성들은 남편의 폭력이 '현재' 일어나고 있을 때가 아니라 '과거'에 있었던 폭력에 대한 분노에서, 혹은 '미래'에 있을 폭력에 대한 공포에서 살인을 저지르게 됩니다. 현재성을 중시하는 전형적인 정당방위 장면들은 서로 신체적으로 비슷한 조건인 사람들 간에 일어난다고 생각됩니다. 하지만 남편에게 20년 동안 맞고 산 아내가 남편이 깨어 있을 때 같이 치고받고 싸우다가 죽이는 장면을 떠올리기는 어렵습니다. 가정폭력 가해 남성을 죽인 여성의 공통된 증언은 남편이 술 마시고 잠들었다가 깨면 또 때리는데, 남편이 이번에 일어났을 때 맞으면 정말 죽을 것 같아서 죽였다는 말입니다. 자신이 죽고 싶지 않아서 죽였다는 것입니다. 그러나 이 살인은 몹시 고의적이고 계획적인 살인으로 여겨집니다. 그래서 여성단체들은 용의자가 20년 동안 맞아왔기 때문에 정신적 외상에 시달린 상태에서 판단능력을 상실했기 때문에 형량을 줄여달라고 요구하기도 하고, 이런 상태 자체를 정당방위로 인정해야 한다고 주장하기도 합니다. 남성적 신체조건을 중심으로 구성된 정당방위의 성립요건 자체가 문제라는 것입니다. 기존의 정당방위에 대한 이미지에 부합하는 것은 자기 몸을 지키기 위해 상대 몸을 해할 수밖에 없다고 판단하는 '남성' 주체뿐입니다. 그러나 어떤 여성도 이런 식으로는 존재할 수 없습니다. 애초에 여성에게 합리성이나 정당성을 보장할 수 없는 방식의 규칙이 만들어졌기 때문입니다. 하지만 법원에서는 이렇게 정당방위 자체를 재구성하도록 요구하는 것보다 여성이 판단력을 잃은 심신상실 상태라고 주장하는 것을 더 쉽게 받아들입니다. 그래서 여성단체들은 그 여성이 선택하지 않을 수 없던 상황을 합리적으로 설명하기보다 다시 여성의 무력함과 정신적 불안정 상태를 제시하는 것이 법이 알아듣는 문법임을 깨닫게 됩니다. 이게 바로 여성 정체성을 둘러싼 딜레마입니다. 그러므로 여성은 남성과 완전히 동등하다고 주장하는 것도, 여성이라는 정체성을 인정해달라고 이야기하는 것도 하나같이 덫에 걸리는 상황에 놓입니다.

5. 정체성 정치의 한계와 딜레마

여성 정체성에 기반을 둔 운동은 피해자로서의 여성만을 강조하게 되고, 남성과의 동등권을 주장하는 운동은 남성이라는 기준에 도전하지 못하게 되는 딜레마를 풀기 위해 수많은 여성주의가 만들어졌다고 해도 과언은 아닙니다. 보호와 평등의 딜레마라고 부르기도 하지만, 이는 마치 보호와 평등 중에 하나를 선택해야 하는 것처럼 보이기 때문에 이 딜레마를 풀기 위해서는 다른 식의 접근이 필요합니다. 조금 어렵겠지만 이렇게 다시 질문해 보겠습니다. 성차로서 정의된 여성을 다시 (분석 범주로) 해체하면서도 저항의 주체를 만드는 것이 가능할까요? 이때 여성은 사라지는 것일까요? 아니면 의미가 완전히 변한 여성이 되는 것일까요? 여성을 해체하면서, 여성이라는 이름으로 정치적인 투쟁을 가능하게 하려면 기존의 젠더 문법 바깥에서 다른 식의 선택을 해왔던 여성들의 이야기가 필요할 것입니다.

왜 여성은 폭력의 희생자가 되나

이러한 여성들에 대한 이야기를 하기 전에, 우선 멕시코 국경에서 사라지고 있는 여성들에 대한 이야기를 하려고 합니다. 루데스 포르틸로(Lourdes Portillo) 감독의 〈사라진 여성들(Senorita Extraviada)〉이라는 다큐멘터리 영화는 멕시코 국경지대의 공장에서 일하는 여성들이 지난 10년간 거의 1,000명(공식 통계 250명) 가까이 죽은 실화를 다루고 있습니다. 사라진 여성들은 아마 국제 마약상이 신종 마약 테스트에 사용하고 죽였을 가능성이 높아 보입니다. 하지만 2008년 현재에도 이 문제는 해결되지 않고 있습니다. 영화에서는 멕시코 여성들의 납치·살해 사건을 막기 위한 다양한 방편이 나옵니다. 멕시코 정부는 테러·마약과의 전쟁을 선포하고, 수많은 정치적 캠페인과 액션을 펼칩니다. 국경지대에 살고 있는 남성들에게는 총기가 지급되고 자경단이 꾸려집니다. 하지만 그런 모든 노력에도 계속해서 밤늦게까지 야근을 하고 돌아오는 여성들은 하나 둘 사라져갑니다.

이 영화는 보통 "여성과 인권"이라는 제목의 강연회에 여성에 대한 폭력을 고발하는 영상으로 사용되어 왔습니다. 저 역시 관련 강연회에 강연자로 나간 적이 있습니다. 보통 이러한 내용의 강연회에서 사람들이 제게 기대하는 것은 여성들이 세계적으로 얼마나 심각하게 학대당하고 살해당하고 있는지 그리고 이러한 여성들을 위해 우리가 할 수 있는 일이 무엇인지 등에 대한 이야기였습니다. 하지만 제가 영화를 보면서 내내 궁금했던 것은 다른 지점이었습니다. 대체 왜 그렇게 위험한 상황에서도 정작 여성들에게는 총

〈사라진 여성들〉 감독: 루데스 포르틸로

〈사라진 여성들〉은 멕시코 국경지대 후아네스에서 실종된 여성들의 실화를 다루고 있는 영화입니다. 이곳에서는 1993년부터 최소 250명 이상의 여성들이 사라졌으며, 이들의 시체는 지금도 종종 발견되고 있다고 합니다. 한국에는 제6회 서울인권영화제에서 소개됐습니다.

기가 지급되지 않았을까요?

잠시 다른 시대, 다른 장소의 이야기로 넘어가 보겠습니다. 1970년대에 텍사스 주에서 여성을 대상으로 한 연쇄살인이 일어납니다. 술집 여성을 대상으로 한 연쇄살인이었습니다. 네 명이 연달아 죽어나가기 시작하자, 술집 여성들이 모여서 이 문제를 해결하기 위해서는 총이 필요하다는 결론을 내립니다. 그리고 자신들에게 총기사용법을 가르쳐달라고 지역사회에 요구합니다. 이때 한 여성단체가 여성들에게 총기 다루는 법을 가르치는 프로그램을 진행하기로 합니다. 미국 사회에서는 총기 규제와 관련된 뚜렷한 정치적 입장이 존재합니다. 미국의 민주당파, 진보주의자들은 총기를 허용하지 말자는 입장인데 친(親)민주당파인 여성단체가 이런 상황에서 여성에게 총기를 지급하고 훈련을 하자 많은 비난을 받기도 했습니다. 민주당파 사람들은 총기 소지는 폭력을 통제하는 것이 아니라 더욱 강화한다는 이유로 총기 소지에 반대해왔는데 여성들에게 총기를 지급하고 훈련하는 것은 평화에 반하는 행동이라며 공격해왔고, 공화당파인 보수주의자들은 여성들에게 총이 지급되는 그 순간부터 여성다움이 점점 사라질 것이라고 개탄했습니다. 그런데 그 프로그램이 생겨나고 그곳 여성들이 총기를 지녔다는 말이 돌면서 표적이 됐던 여성 연쇄살인은 더는 일어나지 않았습니다.

하지만 멕시코 국경지대 여성에게는 총기가 지급되지 않았습니다. 동네 남자들에게는 자치경찰대라는 이름으로 총기가 지급됐는데도 말입니다. 왜 이런 일이 생겼을까요? 언제부터 이렇게 여성은 수동적이고 무력한 존재로 인식됐고, 스스로 자신을 보호하려고 하는 것이 문화적으로 금기시됐을까요? 폭력을 방어하기 위한 무장은 왜 남성들에게만 허용되어 있을까요? 여성의 신체적 약함을 극복하기 위해 왜 과학기술의 힘을 빌리는 것이 적극적으로 추진되지 않았을까요? 그리고 이러한 수동적이면서 유혹적이나 무력한 여성들을 원하는 사회는 어떤 사회일까요?

근대적 여성성의 형성과 여성운동의 저항

남자들과 같아질 것이냐 혹은 다르게 대우받을 것이냐를 둘러싼 보호와 평등이라는 잘못된 딜레마가 만들어진 것은 근대 산업사회의 형성과 밀접한 관련이 있습니다. 이는 노동력과 병력으로 사용가능한 젊은 남성이 근대 산업사회의 주인공으로 등장하면서부터 생겨난 관념입니다. 하지만 처음부터 젊은 남성들이 근대 산업사회의 주인공이었던 것은 아니었습니다. 산업혁명 이후 초기에 공장에 취직한 것은 대부분 여성과 아이들이었습니다. 인도 등지에서 들어오는 값싼 면직물과 경쟁하기 위해 대량기계생산을 했던 직물·방직업에 취직하는 이들은 주로 여성이었고, 공장의 증기 펌프를 돌리는 데 사용될 석탄을 캐는 탄광에서 일했던 것은 주로 아이들이었습니다. 처음 도시에 만들어진 공장에는 지역 공동체를 지키는 남성이 아니라 가족 내에서 잉여 노동력이었던 여성과 아이들이 들어오기 시작합니다. 한국에서도 경공업에서의 경쟁력인 저임금 장시간 노동력은 대부분 여성들로 채워졌었습니다. 농촌 중심의 물물교환식 농업경제는 도시 중심의 시장경제로 점차 전환되기 시작했고, 전후 남편을 잃은 전쟁미망인들이 봇짐을 들고 장사를 시작하며 요식업 등 3차 산업이 극도로 팽창했습니다. 그리고 정부에서는 도시 중심의 근대화 프로젝트를 진행하면서 저곡가 정책 등을 통해 농촌에 사는 것을 더욱 어렵게 했습니다. 서유럽 사회에서는 전쟁 이후 여성들이 공장에서 다시 집으로 돌아가지 않으려 해서 남성들과 다툼이 있었지만, 한국에서는 전쟁터에서 돌아온 남성들이 취직할 공장도 농사지을 땅도 없는 상태였습니다. 방직·제분 산업 등에서 일하는 공장노동자 여성들을 대상으로 한 각종 서비스업과 같은 3차 산업에 종사하거나 아니면 잠재적인 사회불만세력으로서 길거리를 방황할 뿐이었습니다. 군사독재시대를 열었던 박정희 정권은 거리 정화라는 차원에서 이들을 감옥에 보내거나 강제적으로 징집합니다. 국가로서는 젊은 남성들의 분노가 폭력적으로 폭발하는 것이 매우 두려웠을 것입니다. 이들에게 적당한 일자리를 주고 국가에 충성하도록 할 필요가 있었습니다.

서유럽 사회의 경우에는 산업사회 초반에 여성과 아이들을 핵심 노동력으로 쓰면서 학교, 가족 모두가 붕괴될 처지에 빠지자 저임금 정책에서 고임금 정책으로 변화가 일어납니다. 대표적인 것이 포디즘입니다. 포디즘이란 포드사가 내세운 임금 - 소비 정책으로 포드사의 노동자들이 포드 자동차를 살 수 있는 소비자가 됨으로써 경기를 부양하는 방법을 말합니다. 포디즘 시대 이전을 테일러리즘이라고 부르는데, 테일러리즘에서는 노동 전

(초) 과정에 걸리는 시간을 재고, 가장 효율적으로 생산성을 극대화하면서 단위노동시간 안에 최대한의 이익을 취해 잉여를 최대한으로 만들려는 축적 양식이었습니다. 그런데 이 방식은 필연적으로 한계에 부딪힙니다. 사람의 몸을 쥐어짜는 데 한계가 있기 때문입니다. 그러자 포드사는 자동차를 살 수 있는 중산층을 많이 만들어내는 방식, 즉 소비를 통한 성장을 내세웠습니다. 이전 임금의 세 배를 책정하면서 가족임금제가 도입되고 이를 통해 아이들은 학교에, 여성은 가정에 있는 것이 가능해집니다. 지금 한국의 자동차·건설 업계도 이와 비슷한 구조를 가지고 있습니다. 가족임금제는 한 가족당 한 사람, 즉 남성이 가족 모두를 먹여 살릴 수 있을 정도의 임금을 받는 것을 말합니다. 자동차 산업이 시작되면서 비로소 미국 사회에서 중산층이 만들어졌고, 이는 한국도 마찬가지였습니다.

남성 노동자 중심의 생산양식하에서 여성들은 필연적으로 남편이 벌어다 주는 돈을 받아 살아가는 기생적인 존재로 인식됩니다. 성별분업과 가족임금제, 핵가족화로 인해 중산층 남성들의 생활양식이 안정화되면서 일부 여성만이 남자가 벌어오는 돈으로 생활할 수 있게 됐는데도 생산되는 것들이 모두 남자들의 경제활동 때문이었다는 생각이 지배적입니다. 우리는 많은 경우 근대사회에서 여성들이 임노동을 하면서 평등할 수 있는 조건을 갖췄다고 생각하지만, 아이러니하게도 현대 사회의 가장 심각하고 가시적인 여성문제는 항상 직종분리와 임금차별 등 노동 영역의 문제들입니다. 근대가 여성들은 더욱 척박한 상황에 내몰리게 만들었다고도 볼 수 있습니다. 하지만 이 모든 것은 보호와 평등의 딜레마로만 해석되어 버립니다. 예를 들어 한국에서 생리휴가제, 모성보호제가 도입된 근거는 공장에서 일하는 여자들이 생리대를 교체할 시간도 없을 정도였기 때문이었습니다. 보호하기 위해서가 아니라 애초에 너무 심하게 착취했기 때문에 만들어진 것입니다. 보호정책은 보호와 평등 사이의 선택이 아니라 극단적 착취 혹은 억압적 상황에서의 저항을 막기 위해 고안되는 것으로, 체제를 변혁하기보다는 유지하는 성격을 가지고 있습니다.

　산업사회에서 성별 정치학의 정치경제학이 위와 같은 식으로 전개됐다면, 결혼과 가족 그리고 성을 둘러싼 사회문화적 변화 양상은 다음과 같은 역사적 과정을 거칩니다. 1950년대, 즉 제2차 세계대전 이후 성과 관련된 굵직한 변화들이 생겨납니다. 미국의 경우에는 제2차 세계대전 중 군수공장에 여자들을 고용할 필요가 생기면서 여자들을 산업현장으로 끌어들이려는 캠페인이 진행됐습니다. 여성들을 공장으로 불러내기 위해 강인한 여성이 그려진 "우린 할 수 있다(we can do it)"라는 포스터가 만들어지기도 합니다. 하지만 전쟁터에서 남자들이 다시 돌아오면서 공장에 취업했던 여자들을 다시 집으로 보낼 필요가 생깁니다. 이때부터 '안락한 스위트 홈'이라는 중산층 핵가족 이미지에 대한 신화적인 찬양이 시작됩니다. 그리고 이런 맥락에서 1910년대에 유럽의 정신분석학회에서는 미친놈 취급을 받았던 지그문트 프로이트(Sigmund Freud)가 전후 미국에서 대환영을 받게 됩니다. 프로이트가 주장한 아동의 성장발달서사는 '집에 엄마가 없으면 아이들이 정상적인 어른으로 성장하지 못한다'는 전제에 기반을 둔 이론적 구조를 가지고 있습니다. 프로이트의 성욕에 관한 세 편의 에세이와 자아구조론 등을 보면 어머니가 어렸을 때 제대로 돌보지 않으면 아이들이 동성애자나 변태가 될 수 있다는 생각이 들 정도입니다. 물론 프로이트를 이해하는 방법은 이 외에도 여러 가지가 있지만 전후 미국에서 프로이트가 받은 대대적인 환호는 오이디푸스 콤플렉스와 남근 선망에 기반을 둔 아동발달서사가 핵가족 모델의 요구와 정확하게 부합하기 때문이었음을 부인할 수는 없을 것입니다. 그리고 이는 공장으로 갔던 여성들을 모두 집으로 불러오는 매우 효과적인 이데올로기 장치가 됩니다. 하지만 정상가족 이데올로기가 언제나 승승장구했던 것은 아니었습니다. 1960년대에는 미국의 절반 이상의 주에서 엄격하게 금지되어 있던 흑백 인종 간 결혼 금지 정책과 흑백 분리 정책에 반대하며 흑인 민권 운동이 부상하고 베트남전을 계기로 반전운동과 대항청년문화가 싹트게 됩니다. 전 세계적으로는 68혁명세대가 등장하면서 문화적으로 경제구조의 문제뿐 아니라 개인에 기반을 둔 성적·문화적 자유가 강조됐습니다. 한국에서도 1960년대 말과 1970년대 초에 성적·문화적 자유를 향유하려는 욕망의 분출지였던 명동을 중심으로 한 청년문화가 있었습니다. 하지만 1973년에 웃지 못할 일이 생깁니다. 경찰이 자를 들고 여자들의 미니스커트 길이를 재고 다닌 겁니다.

성해방과 표현의 자유를 둘러싼 세계적인 저항의 흐름은 근대 사회가 약속하고 전제했던 시민적 평등이 어떤 내용으로 채워져야 하는지를 알려줍니다. 법의 선언만으로는 흑인이나 여성처럼 지금까지 사회적으로 차별받았던 집단에 자유와 평등이 주어지기에 턱없이 부족했던 것입니다. 이렇게 사회에서 배제되어왔던 집단에 대한 급진적인 인식 변화 없이는 근대가 약속했던 평등한 시민권이 보장될 수 없다는 인식이 급속하게 확산되면서 조직적·집단적인 사회운동들이 일어나기 시작합니다. 성과 관련해서는 성해방 운동과 급진적 여성운동이 대중적 힘을 갖추는 시기이기도 했습니다.

그리고 1980년대에 본격적으로 성 전쟁(sex war)이 시작됩니다. 성매매 찬반 논쟁, 포르노 찬반 논쟁, 퀴어에 대한 논쟁, 동성애와 페미니즘의 논쟁이 벌어집니다. 한국에서는 1990년대 들어 주류 페미니즘과 인디 페미니즘, 비주류 페미니즘이 경합하지만, 한편에서는 주류 페미니즘이 제도화 정치 안에서 권력을 일정 부분 획득하며 주도권을 가지게 됩니다. 이 시기에는 정부와의 협치가 강조되고 일부 엘리트 여성의 정치 세력화가 모든 여성을 위한 것으로 포장되면서 페미니즘이 급진성과 계급성을 많은 부분 잃어버리는 계기가 되기도 합니다. 사실상 한국에서는 미국에서와 같은 성 전쟁은 없었습니다. 한국은 1970~1980년대에 여성노동운동이 여성운동의 주요한 이슈가 되고, 1990년대에 섹슈얼리티가 중요한 문제로 등장합니다. 그런데 이렇게 여성의 일과 성에 대한 문제제기들이 합쳐져 여성에 대한 공통된 이해가 무엇인지에 대한 토론이 이뤄지지는 못했습니다. 이렇게 된 데에는 1970년대 이후부터 글로벌 페미니즘 차원에서의 국제적 표준화 전략이 만들어진 것과 연결되기도 합니다. 1979년 여성차별철폐협약, 1993년 여성폭력철폐선언 등이 채택되고, 1995년 베이징 세계여성대회에서 베이징 여성헌장을 통해 국제 표준화된 여성 권리가 만들어지는데 이런 국제적 페미니즘의 헌장들은 지역 현장에서 나온 문제의식을 사장하는 나쁜 효과를 낳기도 했습니다. 예를 들어 필리핀에서 여성들을 헬스 프로그램에 보내는 여성 건강 프로젝트가 진행되고, 한국에서는 여성 리더십 프로그램들이 정부나 정책 단위에서 시도되지만 실제로 여성의 빈곤 문제, 고용시장 불평등 문제 등은 해결되지 않는 것이 그러한 예입니다. 이런 국제 표준화에 기반을 둔 글로벌 페미니즘에서 백인·여성·중산층이라는 또 하나의 보편화된 여성주체가 여성들 내부의 차이를 삭제하는 방식으로 구조화·권력화됩니다.

또 다른 면에서는 성인지적(gender analysis) 관점의 정책 방향이 잡히면서 페미니즘은 점점 분화되고 전문화된 국제용어이자 정부정책평가의 한 축이 되어가고, 이는 주류 사회에서 일정 정도의 지분을 얻는 데는 성공했을지 몰라도 페미니즘이 점차 대중적 힘을 잃어가게 되는 계기가 되기도 합니다. 동시에 국제 페미니즘의 표준화된 기준과 지표들을 충족시킴으로써, 문명화의 사명을 완수했다고 홍보하고 싶어 하는 국가와 페미니즘이 파트너가 되는 시기를 맞이하고 있습니다. 이렇게 국제 표준화된 페미니즘에 맞추는 것이 선진화의 길이라는 식으로 설명해내는 것이 중요한 페미니즘 전략이 되면서 여기에서 여성은 누구인가, 우리는 앞으로 어떤 여성들이고 싶은가 등에 대한 질문은 사라지고 있습니다. 물론 영페미니스트들과 동성애 권리를 옹호하는 퀴어활동가를 중심으로 보편적 여성 범주란 무엇이며, 정체성의 정치학이 가능한지 등에 대한 문제가 제기되기도 하지만 이러한 다른 목소리들은 묻히곤 했습니다.

여성의 비대칭적 구성

한편으로는 반성폭력 운동이 강력한 여성운동의 주제로 채택되면서 여성 경험의 공통성 명제가 강화되기도 합니다. 이 경험은 여성이 성적으로 피해를 받고 무력한 상태에 있으며, 성적 자기결정권이 없는 상태로 재현됩니다. 문제는 이것이 곧 여성 정체성의 내용을 전면적으로 장악한다는 데 있습니다.

정체성(identification)은 나를 무엇과 동일시하는가의 문제입니다. 우리는 살면서 여자, 한국인, 서울 사람 등 다양한 조건으로 자신을 범주화합니다. 그리고 대부분 이러한 정체성들은 기존의 지배 언어에 의해 호명됩니다. 그러므로 정체성의 정치는 언제나 억압을 생산하는 지배 구조 자체에 도전하기보다는 자칫 그 구조에서 파생되고 반영되는 정체성에 매몰될 우려가 있습니다.

예를 들어 전통과 국가를 강조하는 한국 민족주의는 정체성의 정치학이 내부의 차이를 삭제하고 동일성을 강제하면서 폭력을 재생산한다는 측면에서 대표적으로 문제적인 '정체성의 정치'입니다. 식민지 시대인 1920~1940년대에 반일(反日)은 혁명적 · 저항적 의미였겠지만, 지금은 오히려 미국과의 관계에서 반미(反美)를 하는 것이 더 저항적일 겁니다. 이렇게 변화하는 사회관계에서 새롭게 만들어지는 것이 아니라 '한민족'이라는 것에 기반을 둔 정체성 정치 자체를 유지하고자 할 때는 정체성의 정치적인 맥락이 사라집니다. 식민지 시기에 민족주의가 중요했던 것은 주권이 없는 상태에서 나를 어디에 동일화할지가 문제됐고, 식민지 국가에서 국가를 통해 자신의 정체성을 확립하기 어려웠기 때문에 민족이 중요한 범주로 구성됐습니다.

이렇게 차이라는 것은 역사적으로 그 순간마다 획득됩니다. 사회마다 시대적 맥락에서 무엇이 중요한 기호가 되는지는 달라집니다. 여성이 형성되어온 역사에서 여성은 여성 정체성과의 동일시에 이중적 감정을 가지게 됩니다. 어떨 때는 '나를 여성으로 취급했기 때문에' 피해를 입었다고 느끼게 하고, 어떨 때는 '나를 여성으로 인정하지 않았기 때문에' 차별을 받았다고 생각하는 것입니다. 어떻게 보면 매우 모순적이고 비일관적으로 보이지만 이는 여성이라는 정체성이 애초에 여성 스스로 형성해낸 호명체계 안에서 구성된 것이 아니라 여성을 타자로 만드는 남성 중심적 호명체계 안에서 등장하고 사용되어왔기 때문에 생기는 문제입니다. 여성은 그냥 존재하는 것이 아니라 항상 남성과의 관계에서 존재해왔습니다. 남성은 보편적 인간을 대표했지만, 여성은 인간 중 일부만을 대표하고 있었습니다. 이렇게 여성성 (feminity)이 남성성(masculinity)과의 관계에서 비대칭적으로 구성되는 방식을 알게 되면 여성성과 남성성이 사회와 맺고 있는 관계의 차이에 대해서 인식할 수 있게 됩니다.

여성다움과 남성다움이라는 형용명사가 사용되는 문법을 이해하면 됩니다. 이때 우리가 알고 있는 개별 남성 혹은 여성의 이미지를 떠올리는 대신, '남자답다, 여자답다'라고 할 때 무엇을 가리키는지 생각하면 됩니다. 우리는 '찌질하고' 예민한 남자에게 남자답다고 하지는 않습니다. 또한 적극적이고 대범한 여성에게 여자답다고 하지는 않습니다. 남자답다는 말은 보통 힘세고, 적극적이고, 추진력 있고, 의리 있고, 좌중을 휘어잡는 카리스마를 지닌 경우를 표현할 때 사용됩니다. 그 반면 여자답다는 말은 얌전하고, 상냥하고, 깨끗하고, 예민하고, 사랑스럽고, 아름답고, 수동적임을 표현할 때 사용됩니다. 이렇게 볼 때 남자다움과 여자다움은 생물학적인 특질이라기보다는 일종의 규범으로 작동하는 것을 알 수 있습니다. 그렇다면 이 규범이 누구를 위해 사용되는지 볼까요? 수강생들에게 보통 좋아하는 연예인이 누구냐고 물으면 남자는 장동건, 조인성, 강동원, 소지섭, 원빈이 빠지지 않고 등장하고, 여자는 이영애, 김태희, 송혜교, 전지현, 손예진 등을 얘기합니다. 그런데 위에서 살펴본 남자다움에 담긴 이미지와 여자들이 좋아하는 남자 연예인들의 이미지는 일치하지 않습니다. 여자들이 좋아하는 남자 연예인들은 어딘가 여리고 감성적이며 경계에 서 있는 듯한 남자들입니다. 오히려 남자다운 것을 대표하는 연예인으로는 최민수, 강호동, 이대근을 떠올리게 되는데 이들은 여자들이 선호하는 연예인들은 아닙니다. 하지만 여자 연예인들과 여자다움은 어느 정도 일치합니다. 이렇게 좋아하는 여자 연예인과 여자다움은 일치하고, 좋아하는 남자 연예인과 남자다움은 일치하지 않는 현상에서 우리는 여자다움은 남자들이 원하는 것으로, 남자다움은 사회가 원하는 것으로 '비대칭적'으로 구성된다는 사실을 발견할 수 있습니다.

남성적 매력과 여성적 매력이 발현된 몸은 어떨까요? 여자의 이상적이고 매력적인 몸은 긴 생머리에 가냘프고 손톱은 길며 다리는 가는 몸으로 형상화됩니다. 그런데 바로 이 몸은 폭력적 상황에서 무력하고, 노동을 하기에 무능한 몸입니다. 바로 이런 몸을 남자들이 원한다는 사실은 의미심장합니다. 그 반면 매력적인 남자들의 몸은 폭력적 상황에서 유력하고 노동자로서 유능한 몸으로 재현됩니다. 남성에게 정체성은 남성이라는 것이 아니라 국민, 민족으로 구성되고 이것과 동일화할 수 있게 만들어집니다. 하지만 여성은 국민과 민족이라는 정체성과 동일시되지 않고 여성이라는 범주에 갇힌 정체성으로 재현되는 것입니다.

또한 남녀가 성적 권력을 획득하거나 행사하는 방식도 다릅니다. 배용준이 일본에서 얼마나 인기가 있는지를 보여주고 싶을 때 미디어는 엄청나게 많은 인파가 몰린 나리타 공항에서 배용준을 신처럼 모시면서 열광하는 장면을 보여주고, 최지우가 일본에서 얼마나 인기가 있는지를 보여줄 때는 당시 일본의 최고권력자였던 고이즈미 전 총리 옆에서 웃고 있는 장면을 보여줍니다. 남성의 성적 매력은 '모든 여자를 소유할 권리'로, 여자의 성적 매력은 '가장 센 남자 옆에 있을 권리'로 보여지는 셈입니다. 성적 매력은 이렇게 종종 개인의 취향으로 독립되는 것이 아니라 비대칭적인 남자다움과 여자다움의 정의 속에서 작동합니다. 남자다움이 권력과 동일시되고, 여자다움은 권력을 위해 소비·소유되는 상황에서 여성 정체성의 정치학을 밀고 나가는 것은 큰 곤란을 겪게 됩니다.

정체성이라는 것은 어떤 방식으로 살고, 어떤 얼굴을 하며, 어떤 문화를 공유하는지에 대한 상상을 통해 확립될 수 있습니다. 그런데 여성 정체성은 여성다움 안에서 어디에 위치해 있는가, 즉 마른 여자인가, 예쁜 여자인가, (섹스를) 해본 여자인가, 아이를 낳은 여자인가 등에 의해 형성됩니다. 그 반면 남성이라는 정체성은 인간으로서의 모든 자연스러운 삶 자체를 상상하게 합니다. 이처럼 정체성은 무엇과 동일시하느냐에 대한 잠재성과 상상가능성 차원에서 끝없이 대화를 요구하는 사회적·정치적 개념입니다.

이렇게 차이 자체가 만들어지는 구조를 이해해야 차이의 정치를 이야기할 때 똑같이 인정하면 된다는 식의 '동일성의 상대주의'로 빠지지 않을 수 있습니다. 어떤 권리에 대한 요구는 그 자체로 중립적인 개념이 아니라 정치적인 과정을 통해 만들어지는 것입니다. 이러한 정치적인 것의 의미와 맥락을 잘 사용해야 성적 자기결정권과 같이 반성폭력 운동이 만들어낸 영역이 다시 탈정치화되는 것을 막을 수 있습니다.

성적 자기결정권은 누구에게나 똑같이 적용되는 보편적 권리가 아니라 성별 권력관계로 인한 차이를 조정하기 위해 만들어진 개념인데, 자칫 이 권리를 어디에나 똑같이 적용하려고 할 때 문제가 생깁니다. 가령 내가 싫다고 해도 계속 내 몸을 만지고 있는 남자를 거부해야 하는데 말을 듣지 않는 상황에서 성적 자기결정권은 거부권이자 선택권으로 의미 있게 작동하는 정치적 권리로 인식됩니다. 하지만 성적 자기결정권이 모든 여성에게 같은 방식으로 적용되지는 않습니다. 20대 여성에게는 자기를 욕망하는 남성을 통제하는 것이 문제라면 더 나이든 세대는 욕망을 표현할 대상을 찾아내는 것이 문제가 됩니다. 50대 여성에게는 아무도 자기를 욕망하지 않는 것이 제일 중요한 성적 자기결정권 문제일 수 있습니다. 어떤 사람에게 성적 자기결정권은 경제적인 것이 핵심일 수 있고, 다른 이에게는 이성애 관계가 핵심일 수 있고, 가족이 성적 자기결정권의 핵심일 수도 있습니다. 이러한 관계를 고려하지 않는 성적 자기결정권 개념은 존재할 수 없습니다. 성 자체가 관계적인 성격을 가지고 있다는 것을 고려하면 더욱 그렇습니다. 이렇게 자신의 위치와 처한 맥락 등에 대해 끊임없이 사유하는 것이 개념적 일관성을 유지하는 것보다 더 어렵고, 그렇기 때문에 더 급진적인 것입니다.

6. 법과의 싸움에서 연대의 정치로

법은 애초에 폭력을 통제하는 통치의 한 형식으로 고안됐습니다. 우리가 성폭력의 문제를 법을 통해 해결하기 위해서는 폭력과 법의 속성을 이해해야 합니다. 여성은 폭력이 무조건 나쁘다고 하지만, 남성은 그렇게 생각하지 않습니다. 남자들은 치고받고 싸운 뒤에도 '비 온 뒤에 땅이 굳는다'며 둘도 없는 친구가 되는 일이 종종 있습니다. 하지만 여자들이 머리채를 잡고 싸우면 그 관계는 다시 회복하기 힘들어집니다. 이 말은 남자들처럼 우리도 서로 때리고 싸워서 친해져야 한다거나 신체적 차이를 극복하도록 총을 가져야 한다는 얘기가 아니라 폭력에 대한 무조건적인 반대나 폭력을 악으로 치부하는 것만으로는 변화를 가져오기 어렵다는 말입니다. 사실 많은 경우 여자들은 폭력이 곧 악이라고 생각하기보다는, 폭력의 피해자가 되는 것을 수치스러워합니다. 정말 악이라고 생각했다면 악과 맞서 싸우면 될 것인데, 어째서 수치심이 생기는 것일까요?

올해 31세인 S는 지난 2년간 데이트를 하던 남자 친구가 자신을 때렸을 때, 맞았다는 사실보다는 자기가 '여자를 때리는 남자'와 사귀고 있었다는 것이 더 충격이었다고 했습니다. 그리고 자기가 남자한테 맞는 여자가 됐다는 것이 이차적 충격으로 다가왔다고 합니다. 이것이 일단 폭력이 벌어지고 나면 종종 씻을 수 없는 상처가 되는 원인입니다. '여자를 때리는 남자', '남자한테 맞는 여자'는 남자 친구들끼리 주먹질을 하는 것과는 달리 성별 간에 존재하는 위계질서가 은폐되지 않고 발가벗겨진 상태로 드러나버리기 때문에 수치심으로 먼저 다가오게 되는 것입니다.

하지만 보통 남자들 사이에서 일어나는 폭력은 일종의 낭만이자 신화로 동경의 대상이 되기도 하고, 법과 제도 더 나아가 국가와 세계를 만드는 데 필수적인 힘을 의미하기도 합니다. 남자들은 자기보다 신체적으로 열등하고 힘이 약하며 동등하지 않은 사람에게 폭력을 사용하는 것을 남자답지 못한 행동이라고 교육받지만 결코 폭력 자체가 원천적으로 봉쇄되어야 할 악함 그 자체라고 교육받지는 않습니다. 구타하는 선생님을 결국 존경하게 됐다는 이야기나, 사랑의 매를 든 아버지의 이미지들은 폭력과 권위가 상호 교환가능한 가치로 인식되어 있는 매우 통속적이고 반복되는 표상입니다.

여성과 아이에 대한 폭력이 법으로 금지된 것도 비교적 최근의 일이었습니다. 여자와 북어는 3일에 한 번씩 패야 한다는 끔찍한 속담을 환기하지 않더라도, 여자에 대한 폭력 행위는 가족 안에서의 남자의 통치 행위로서 사회적으로 오랫동안 용인되어 왔습니다. 한국에서는 1993년이 되어서야 성폭력이 법으로 금지됐고, 1997년에야 「가정폭력방지법」이 제정됐습니다. 그나마도 많은 판결에서 아직까지도 이 법들을 무시하고 있습니다. 여전히 법정은 성폭력을 일부 남성의 이상심리 문제이거나 남자답지 못한 남자의 행동 혹은 남자라면 그럴 수도 있는 문제라며 관용적으로 이해합니다. 법정에서 판사들은 '전도유망한 남성'의 미래를 걱정하며 황당한 양형을 내리고는 했습니다. 남자다움은 곧 인간다움이자 사회가 원하는 모습인데, 그 남자다움을 차마 처벌할 수 없었던 것입니다. 그리고 남자들은 섹슈얼리티에 대한 법제도의 규제는 남자다움에 대한 위협이라고 생각하기도 합니다. 그리고 이러한 위협을 행복추구권의 침해로 보고 표현의 자유, 성을 구매할 권리, 여성을 욕망할 권리 등이 침해된다고 주장하는 이들조차 있습니다.

그렇기 때문에 반성폭력 운동은 여성의 권리투쟁일 뿐 아니라 기존의 남자다움에 포함되던 인간이라는 보편적 형상을 다시 특수한 것으로 해체하는 운동이기도 했습니다. 한국 최초의 성희롱 재판이었던 서울대 조교 성희롱 사건 이후 "이것도 성희롱이냐"라고 묻는 남자들에게 "3,000만 원 있으면 해보시던지"라고 응수할 수 있는 무기가 생긴 것은 법의 힘을 빌려 남성적 욕망을 통제하고자 했던 반성폭력 운동의 성과라고 볼 수 있습니다.

법의 한계

　입법운동은 근대적 법체계를 인정하고 그 안에서의 권리를 추구한다는 한계를 언제나 지니고 있었습니다. 법은 기본적으로 사유재산을 가장 먼저 보호합니다. 이것이 자유주의적 국가입니다. 가부장의 사유재산에 아내와 아이가 들어 있으며, 아내와 아이가 관련된 문제는 가부장의 권리에 포함되므로 가부장에 의해 폭력이 자행되든 착취가 발생하든 문제시되지 않던 역사가 존재했습니다. 그러다가 아내와 아이가 남편과 아버지의 사유재산이 아니라 여성 혹은 어린이라는 개인으로 등장하기 시작했습니다. 그런데 법에서 보호받을 수 있는 사람은 납세의 의무를 다하고 있는 합법적인 개인이고, 법적인 보호를 요청할 자원을 가져야 합니다. 하지만 아내라는 지위, 아이라는 지위로 이런 개인으로서의 위치를 얻기는 불가능합니다. 자유주의 법체계의 한계입니다. 또 다른 문제는 이 법 자체를 제정하거나 구성하는 권력을 가진 이들이 극도로 '서울, 남성, 고학력, 고소득자'에 편중되어 있다는 것입니다. 이렇게 되면 법도 민주사회를 유지하는 근간으로서 민주적 정치체제의 독립된 형식이 아니라 특정 이해관계의 대변자로 전락합니다.

　입법운동의 또 다른 한계는 법의 절대성에 의문을 갖지 않고 법에 사회적 토론과 판단을 모두 위탁해버린다는 데 있습니다. 법신주의(法神主義)의 함정에 빠지게 될 우려가 있습니다. 하지만 법은 필연적으로 배제와 포함의 원리를 통해 누가 공동체 구성원인지를 판단하는 역할을 합니다. 법의 바깥에 있는 자들은 법의 보호를 받을 수 없게 되는 것입니다. 예를 들면 우리는 미등록 이주노동자를 불법이라고 합니다. 이들은 법 안에 존재하지 않습니다. 근대 법은 종종 이런 예외적 존재들을 만들어냅니다. 소유를 보호하는 법신주의의 절대성이 강화되고, 법이 포함과 배제를 통해 작동하는 방식에서는 우리 모두가 포함되기는커녕 점점 규칙을 익히기 어려운 사람들이 증가합니다. 국민국가의 동질성을 유지하기 위해 법은 되도록 국민 간의 차이를 소멸시키고 존재를 아예 지워버리기도 합니다.

여성은 이렇게 불법적인 존재는 아니지만, 여성에게 부여된 합법적인 지위는 매우 제한적이고 특수한 상황에서만 적용된다는 문제가 있습니다. 물론 여성이라는 자기 정체성은 중요합니다. 하지만 여성은 이미 비대칭의 범주적 폭력에 의해 부서져 버린 정체성으로 등장한다는 것을 잊지 않아야 합니다. 하지만 정체성의 정치는 성적 차이가 문제가 아니라 범주의 폭력이 문제였다는 것을 어느 순간 망각해버리게 합니다. 여성 정체성의 정치는 보편적 인간의 형상으로 보인 이들을 남성이라는 정체성으로 재호명하고, 이러한 정체성들을 다시 해체하고 재구성하려는 부분적이고도 상황적인 기획입니다. 그런 의미에서 이제 남성을 적대적으로 보는 분리주의 정치는 그만둘 때가 됐는지도 모릅니다. 남성을 적대화하는 것은 여성을 뭉치게 하는 데는 좋지만, 어떤 남성과 적대해야 하는가를 분명하게 드러내지는 못했기 때문입니다.

정체성의 정치를 넘어 연대의 정치로

이제 우리는 여성 간의 차이, 남성 간의 차이에 대한 이야기를 할 필요가 있습니다. 계급, 인종, 국적, 나이에 따른 차이가 섹슈얼리티와 만났을 때 어떤 결과를 가져오는지에 대한 이해 없이는 반성폭력 운동은 중산층 이성애자들을 위한 성보수주의가 될 위험이 있기 때문입니다. 때로 젠더 정치는 계급적 적대를 은폐하는 데 사용됩니다. 만약 최상층의 남자들이 자원의 98퍼센트를 가졌고, 최상층의 여자들이 2퍼센트를 가졌다고 했을 때, 가진 것이 없다는 하층계급 남자들의 분노는 어디로 향할까요? 98퍼센트를 가진 상층 남성들이 아니라 2퍼센트를 가진 여성들에게 투사됩니다. 그런데 실제로 이러한 분노가 현실의 폭력으로 분출될 때 그 대상은 누구일까요? 불행히도 그러한 폭력은 대부분 하층계급 여자에게 가해집니다. 이때 하층계급 여자들은 누굴 미워하게 될까요? 상층계급 여자들을 미워합니다. 그리고 하층계급 남성들에게는 분노가 아니라 연민을 가집니다. 이들은 상층계급 남자들을 욕망하기 때문입니다. 이처럼 잘못 그어진 화살표가 지금의 상황을 유지하는 핵심 메커니즘입니다. 이 상황에서 가장 안전한 것은 상층계급 남성들입니다. 이들은 여성을 서로 미워하고 질투하며 시기하게 하고, 노동계급 남성이 상층 남성을 미워하지 않게 합니다.

이러한 잘못된 분노의 방향들을 변화시키기 위해서는 정체성을 넘어선 새로운 연대의 전략들이 필요합니다. 이를 위해서는 우선 정체성을 타인과 맺는 관계에 따라 자아에 대한 감각을 형성하게 하는, 변화하고 구성 중인 것으로 이해할 필요가 있습니다.

다시 반성폭력 운동으로 돌아가보면, 과연 성폭력을 당했다는 주장을 통해 우리가 만들려고 하는 정체성은 무엇인가를 질문해볼 수 있습니다. 어떤 여성들은 자신이 원해서 일어난 일이 아니라는 것을 남편과 남자 친구에게 증명하기 위해 법정으로 가기도 합니다. 여기서는 성적 자기결정권의 문제가 아니라 여전히 정조의 문제로 성폭력이 문제화됩니다. 또한 성폭력 범죄를 저지르고 1년 이상의 실형을 사는 사람들은 대부분 하층계급 남성들이라는 점을 기억해둘 필요가 있습니다. 하층계급 여성들은 하층계급 남성들을 욕망하지 않습니다. 상층계급 남성들은 대부분 성폭력이 아니라 관계에서의 우월적 지위를 바탕으로 여성들의 섹슈얼리티와 감정을 통제하고 독점합니다. 이때 여성들은 하층계급 남성들이 가진 계급적 분노의 표적이 되고

― 여대생을 납치해서 강간하고 결국 자신을 욕망하게 만드는 하층계급 남성이 주인공으로 나오는, 김기덕 감독의 영화 〈나쁜 남자〉가 전형적인 예가 될 수 있습니다 ― 이러한 분노가 자신에게 돌아오는 것을 두려워하는 상층계급 남성들은 성폭력 문제를 사소화하는 데 공모하게 됩니다. 남성들 간의 이러한 공모관계가 폭로되고 해체되는 동시에, 섹슈얼리티를 자원으로 삼아서 살아가도록 강제된 여성 정체성이 변화되어야 성폭력을 근절하는 것이 사회 전체의 정의가 될 수 있을 것입니다.

그래서 우리는 차이를 만들어낸 사회적 조건에 대한 연대 책임을 인식할 필요가 있습니다. 여기에서의 연대는 단순한 동일화나 관용과는 다른 것입니다. 여성에게 분노를 표출하는 하층계급 남성들과 동일시하거나 그들에게 연민을 가진다고 해서 문제가 해결되지는 않습니다. 그렇다고 해서 상층계급 남성들의 관용과 합리성을 요구해서 법적 평등을 주장해봤자 그것은 이미 그들을 위해 만들어진 법이라는 테두리 안에서의 배제와 포함이 될 뿐입니다. 성적 시민권을 주장하는 셰인 펠란(Shane Pelan)은 "연대 없이는 법적 평등은 쓸모없는 것이 된다"라며, 이는 "계속되는 배제의 허구적인 표면이거나, 절차적 포함에 불과"하다고 지적합니다. 그리고 여성들끼리의 자매애를 강조하면서 동일성에 기반을 둔 여성 정체성을 만들어 분리주의 전략을 유지하는 것도 언어 - 지식 - 권력을 생산하는 체제 자체에 대한 저항이 될 수 없기 때문에 곧바로 한계에 부딪힙니다.

연대의 정치의 핵심은 공동체의 모든 구성원이 각자의 위치에서 이 문제와 깊숙하게 연루되어 있다는 것을 인정하는 데서 시작합니다. 반성폭력 운동은 성폭력을 비판하는 동시에 성폭력이 발생할 수밖에 없는 사회를 치유하고자 하는 운동입니다. 그러므로 이는 법의 문제를 넘어, 정체성의 정치를 넘어, 연대의 정치학을 만나게 할 것입니다.

지은이 약력(수록순)

이미경 mkleesan@hanmail.net

이화여자대학교 여성학과 박사과정을 수료했다. 한국성폭력상담소 창립멤버이며 지난 20년간 총무, 부소장, 소장, 이사 등의 역할을 하였고 현재 소장으로 활동하고 있다. 전국성폭력상담소협의회 상임대표, 성폭력수사·재판시민감시단장, 법무부 정책위원 등을 역임했다. 성폭력 피해생존자의 권리 확보를 위한 법·정책 연구, 여성운동의 제도화와 자율성 등에 관심을 갖고 있다.

허은주 chateau77@naver.com

이화여자대학교 여성학과 석사과정을 졸업했다. 2007년부터 약 2년난 한국성폭력 상담소에서 활동했다. 현재 전북대학교 수의학과에 재학하며 새로운 배움의 길을 가고 있다. 공저로『청소녀를 위한 호신가이드』,『청소녀 학교 체육활동 경험 보고서』, 논문으로「여성 격투가의 '몸-체험'과 여성 주체성에 대한 연구」가 있다.

김민혜정 daffodils@naver.com

대학교에서 학생운동을 했고 졸업 무렵 여성주의자의 시선과 삶에 눈을 번득 떴다. 자원활동가 시절에『청소녀를 위한 호신가이드』를 함께 만들며 팀을 이룬 '자기방어 프로젝트'에서 성폭력 규범과 질서를 뒤흔드는 여자들의 몸살이에 매료되어 상담소 활동을 시작했다. 이후 '성폭력 피해자 치유프로그램'에서「여성주의 자기방어훈련」편을 쓰고, '10대 여성 다른몸되기 프로젝트'를 기획·진행했다. 흥미진진한 자기방어훈련 대중서를 만들 꿈을 가지고 있으며, 여자들의 몸과 마음 건강에 두루 관심이 많다.

장다혜 isiva@hanmail.net

대학에서 여성주의 운동을 접하면서 법학도로서 여성주의와 법의 만남에 대해 고민하게 되었다. 서울대학교 법학과 박사과정을 졸업했으며, 피해경험의 언어와 법 언어의 괴리에 관심을 기울여 법해석 영역에 대한 연구를 진행해왔다. 공저로 『성폭력 법정에 서다: 여성의 시각에서 본 법담론』, 논문으로 「성폭력 '형사합의'에 관한 페미니즘 법학적 경험연구」, 「단순강간(simple rape)의 형사법상 판단기준에 관한 여성주의적 연구」, 「형사소송절차상 관행으로서 형사합의에 관한 실증적 연구」 등이 있다.

최선영 vicwom@gmail.com

서울대학교 사회학과 대학원에서 박사과정을 수료했다. 현재 건국대학교에서 사회학 교양강의를 하고 있다. 페미니즘과 시민권에 관해 공부해왔고, 최근에는 민주화 이후 핵가족의 변화를 젠더 정치의 틀에서 설명하는 논문을 준비하고 있다. 공저로 「성분업의 근대적 재구성」, 「기혼여성의 자아와 가족질서의 균열-봉합」, 「압축산업화 시대 노동계급가족 가부장제의 물질적 모순」이 있다.

권김현영 sidestory101@empal.com

이화여자대학교에서 여성학을 공부하며 섹슈얼리티를 전공했다. 연구 및 강의노동자로 일하면서 박사학위 논문을 준비 중이다. 편저로 『언니네 방 1·2』, 『남성성과 젠더』가 있고, 공저로 『20세기 여성사건사』, 『페니스 파시즘』, 『10대의 섹스 유쾌한 섹슈얼리티』, 『성의 정치 성의 권리』 외 여러 권이 있다.

한울아카데미 1101

성폭력에 맞서다 사례·담론·전망

ⓒ 사단법인 한국성폭력상담소, 2009

지은이 ㅣ 이미경·허은주·김민혜정·장다혜·최선영·권김현영
펴낸이 ㅣ 김종수
펴낸곳 ㅣ 한울엠플러스(주)

초판 1쇄 인쇄 ㅣ 2009년 1월 12일
초판 3쇄 발행 ㅣ 2016년 2월 1일

주소 ㅣ 10881 경기도 파주시 광인사길 153 한울시소빌딩 3층
전화 ㅣ 031-955-0655
팩스 ㅣ 031-955-0656
홈페이지 ㅣ www.hanulmplus.kr
등록번호 ㅣ 제406-2015-000143호

Printed in Korea.
ISBN 978-89-460-6122-4 93330

* 가격은 겉표지에 표시되어 있습니다.